天下·文化
BELIEVE IN READING

高效信任力
達成目標的極速能量

小史蒂芬‧柯維（Stephen M.R. Covey）
茹貝卡‧梅瑞爾（Rebecca R. Merrill）

錢基蓮　譯

作者簡介

小史蒂芬‧柯維（Stephen M. R. Covey）

柯維林克國際公司（CoveyLink Worldwide）的創辦人之一兼執行長，也是各方競相邀請的信任、領導、道德與高效能等主題的演說家、作家以及顧問，聽眾遍布全球。

擁有哈佛企管碩士學位的小史蒂芬‧柯維，是前柯維領導力中心執行長，在他的管理之下，公司迅速獲利成長，躋身全美成長最快速的五百大企業排行榜，受到肯定。他擔任董事長兼執行長時，使營收增加將近一倍，到一億一千萬美元，同時使盈利激增十二倍。在那段期間內，顧客和員工的信任度創下新高，公司業務規模擴大到全球四十餘國。

柯維並且大幅提升柯維領導力中心的品牌與企業價值；他被任命為執行長時，公司的身價只有兩百四十萬美元。在短短三年內，他與Franklin Quest精心安排合併為富蘭克林柯維公司，使股東價值提高到一億六千萬美元，柯維領導力中心因此成為全球最大規模的領導力發展公司之一。

多年來，小史蒂芬‧柯維深受「財星五百大企業」的主管與領導人，以及他提供諮詢的中、小型民營與公營組織的尊敬，顧客也肯定他以執行長的實務經驗，針對各種組織問題所提出的獨特觀點。

小史蒂芬‧柯維目前偕同妻子與兒女定居在洛杉磯附近。

茹貝卡‧梅瑞爾（Rebecca Merrill）

廣受歡迎的作家。多年來，她除了以家庭為重之外，也與史蒂芬‧柯維博士、羅傑‧梅瑞爾（Roger Merrill）合著紐約時報暢銷書《與時間有約》，並與羅傑‧梅瑞爾合著《預約圓滿人生》，也協助柯維博士撰寫《與成功有約》、《與幸福有約》。

譯者簡介

錢基蓮

英文系畢業，從事翻譯工作十餘年。譯著包括《大洪水》、《吃火的人》、《鯨怪步兵團》、《心事爆爆網》（以上皆為小天下出版）等、《杜普蕾的愛恨生死》（合譯）、《背痛不再來》（以上為聯經出版）、《不要胖嘟嘟》（原水文化出版）、《愛無國界》、《與未來有約》（天下文化出版）。

名家推薦

「處於商業管理條例的制定和監督從嚴的時代，注重基本原則很要緊，而信任就是一個具體的資產，有助確保任何組織或企業永續經營。拜本書之賜，未來我們可望順利提高組織的信任資產了。」——美國德勤會計師事務所資深合夥人 威廉‧帕雷特（William G. Parrett）

「信任是捷藍航空成功的核心，是成長快速的關鍵。本書比其他的書更清楚有力的說明，信任是改變一切的力量——在生意上和在生活中皆是如此。有了高度的信任以後，成功會來得更快、更好，而且成本更低。」——捷藍航空公司（Jet Blue）創辦人暨執行長 大衛‧尼爾曼（David Neeleman）

「小史蒂芬‧柯維很清楚的把注意力放在領導人在新千禧年面臨的挑戰，亦即培養與促進信任感。這是所有有抱負的領導人『必讀』的一本書。」——金寶湯公司（Campbell Soup Company）董事長暨執行長 道格拉斯‧康楠（Douglas R. Conant）

「這本書爲個人和爲組織提供一份清晰的路線圖，助他們的成就推向顛峰。而且這本書最奇葩之處在於，它是世界通用的，因爲它是運用常識且非常有效的方法，並結合坦率直言的引導，促進生活中所有的人際關係。」——萬豪國際公司總裁兼執行長 萬豪（J. W. Marriott, Jr.）

「組織內部缺乏信任會消耗掉組織的能量，助長懷疑猜測的風氣，完全破壞團隊合作，並被辦公室政治取而代之。最終的結果就是士氣低落，以及因士氣不振而造成的績效低標準。小史蒂芬‧柯維的書及時提醒領導人組織內眞正重要的是什麼。」——前新加坡航空公司總裁、星展銀行主席 許文輝

「本書不但是商業領導人必讀，也是人人必讀的好書。小史蒂芬用最精確的方式定義信任，讀者受益無窮。」——杭次曼國際集團（Huntsman International）強‧杭次曼（Jon M. Huntsman）

「小史蒂芬的父親使我相信,信任是使企業(組織)創造成功最重要的領導特質。二十年來托羅公司(Toro)就因爲如此而蓬勃發展。現在,小史蒂芬·柯維用令人信服的方式告訴大家爲什麼當組織信任它的領導人,而且每一個人變得值得信任時,大家做起事情來就可以發揮協同作用,可以用快許多的速度獲得最佳成果。」——前托羅公司總裁兼執行長 肯·梅洛斯(Ken Melrose)

「小史蒂芬是你可以信賴的人。這是一本非常好的書。你的影響圈裡讀這本書的人愈多,你的日子會愈好過,就從你自己開始。」——如新企業(Nu Skin Enterprise)總裁 布雷克·羅百禮(Blake M. Roney)

「這本書完全切合時下的商業領導人所需。作者清晰暢達的提出眞知灼見,從根本探討如何經由品德和能力培養信任,以及『贏得信任』的領導人和組織如何表現愈好、執行速度愈快、成本愈低。每一個人都應該騰出時間看這本書。」——布雷克戴克公司(The Black & Decker Corporation)總裁 諾蘭·阿奇博(Nolan D. Archibald)

「這是我引領企盼的書!信任絕對可以創造出盈餘、成功,與繁榮。小史蒂芬·柯維旁徵博引,讓我們知道何以掌握信任的價值,正是美國及其他國家未來在全球化這個大趨勢中的競爭之道!」——《2010大趨勢》作者 派翠西雅·奧柏汀(Patricia Aburdene)

「合作是我們今日享有的生活標準的基礎,而信任則是膠水。這本書首開先例教導大家信任的『內容』和『方法』,是所有階層的領導人不容錯過的書。」——《成長力》作者夏藍(Ram Charan)

「小史蒂芬·柯維確認信任是全球新經濟關鍵的領導力,侃侃談論如何在社會上和世界各地建立、培養、付出、重建這個重要的特質。這是所有人必看的一本書。」——《一分鐘經理人》、《秘密》共同作者肯·布蘭佳(Ken Blanchard)

「《高效信任力》帶領你展開一個最重要的旅程,每天產生和建立信任感。如果你循著這條路走,你的人生就會不斷神奇的開展。」——《三個深呼吸》作者 湯姆·克倫(Tom Crum)

「這本書是激發世界各地組織績效倍增的宣言。可是柯維並未止於此,他也提供我們一份促成實際成果的藍圖。「信任」會是爲未來數十年人類合作行爲奠基的重要工作。」——暢銷書作家 喬瑟夫·葛瑞尼

（Joseph Grenny）

「本書發現一個在社會上被漠視太久的原則：信任。作者不但告訴我們如何在職場、人際關係、組織裡培養信任感，同時也告訴大家如何在這些環境裡重建失去的信任感。這是一本任何人閱讀都會深受其惠的書。」——富蘭克林柯維公司創辦人之一 海崙·史密斯（Hyrum Smith）

「柯維的書凸顯出二十一世紀任何組織成功（或失敗）的單一關鍵因素：信任。這是一本勇敢、富有想像力、有先見之明，以經驗和分析為依據的好書。」——《傑出領導者的誕生》（*On Becoming a Leader*）作者 華倫·班尼斯（Warren Bennis）

「消費者對政府機構無止境的腐化日益不滿，乾脆自己著手解決社會問題，不再相信政府機構的處理能力。《高效信任力》提供一條通往公開透明的路徑，而公開透明正是人們對品牌、企業，和政治人物愈來愈重視的一點。」——《爆米花報告》作者 波普康（Faith Popcorn）

「行銷的一切全指向這個事實，即獲利的企業都贏得了社會大眾的信心。小史蒂芬·柯維加以深入探討，不但證明信心的重要性，也證明贏得信心的方式一樣重要。《高效信任力》是完美的實用手冊。」——行銷大師 勒文森（Jay Conrad Levinson）

「優秀的領導人釐清他們的方向，而追隨者便信任那是正確的方向。沒有信任，寸步難行。」——《定位》（*Positioning*）作者之一 屈特（Jack Trout）

「在法律界和政治界，缺乏信任造成了小柯維所說的一切：加深分歧、理想幻滅、以法規為主的官僚關係日益嚴重，到最後產生破壞自由與社會的觀念和行為。《高效信任力》對每一個美國人都非常寶貴，因為它提供大家工具，恢復國家所需的公開透明、誠實、信心。」——前法官、節目主持人 克萊爾（Catherine Crier）

「想要發揮令人難以抵擋的正面影響力嗎？把個人責任結合同理心與尊重他人的態度。想知道如何完滿做到這一點嗎？讀《高效信任力》就對了。」—— 國際聯合廣播節目主持人 史萊辛爾（Dr. Laura Schlessinger）

「《高效信任力》絕對是適合當代的書——具有勵志性、增權賦能，而且立刻派得上用場。各個階層和世界各地的人都會從書中傳達的重要訊息受惠，因爲在誠信方面下功夫，獲得信任紅利的碩果，便可以強化業務和豐富生活。」——暢銷書作家 肯特（Rosabeth Moss Kanter）

「小史蒂芬・柯維不但提出深刻見解和指導，同時也告訴大家禁忌與訣竅，幫助大家在工作、運動、政治和生活上建立真正的信任關係。『柯維』已經代表了卓越。這本書延續了這個傳統。」——《全力以赴》（My Personal Best）作者 伍登（John R. Wooden）

「這本書很棒，可讀性高、實用、有重要的實用價值。任何需要在更快速、更有效、減少摩擦的情況下做好重要事情的人，都應該讀一讀。」——哈佛商學院企管系教授 克里斯汀生（Clayton M. Christensen）

「小史蒂芬・柯維寫了一本關於信任的重要性的好書，我們所有的校長閱讀這本書都會受益無窮。這本書可以幫助老師們建立信任感，而老師們則會建立學生們的信任感。這本書是一本必讀好書。」——納許維爾大都會區公立學校總監、教育博士 加西亞（Pedro Garcia）

「小史蒂芬和他的團隊去年與德州大學醫學院的領導群合作，讓我們深刻的了解要如何消除『信任稅』和名副其實成爲一個有生產力的社區，同時提供我們可持續使用的工具。他提出了一個世界通用的原則和行動計畫。」——德州大學醫學院院長與教務長 巴瑞西（Valerie M. Parisi）

「我每天都會發現信任的關係會產生速度與帶來愉悅感，而小史蒂芬的行爲原則使我們得以用更快的速度做出最棘手的決定，大幅減少擔心和不安的程度。這本書有很大的力量，可以改變你的生活和你的組織。」——佛州夏洛特郡督學 蓋勒博士（Dave Gayler）

「禁得起時間考驗的人際關係，是建立在恆久的信任上面。小史蒂芬提供我們學習的藍圖，教大家如何把這個原則應用在生活中重要的人身上的藍圖。」——《男女大不同》作者 格蘭（John Gray, Ph.D.）

「用繩子把彼此綁在一起走過裂隙處處的冰原，就是信任的最佳寫照。在高山之上時，我的性命緊握於隊友的手中，而他們的性命也握在我的手中。這種承諾是根植於莫大的信任，一如生活裡絕大部分的情形。小史蒂芬的書有維持和建立信任的充實內容，是一本必讀的書。」

—— 《走在世界最高峰》（*Touch the Top of the World*）作者 魏亨梅爾（Erik Weihenmayer）

「如果你想要快速致富，就必須擁有無條件的信任，才能實現最大贏利。這本好書會告訴你方法。」——排行榜暢銷書系列《心靈雞湯》創設者之一 韓森（Mark Victor Hansen）

「我受到信任時比較開心，我相信你們也一樣。小史蒂芬‧柯維做了一件很出色的事情，就是使大家領悟信任是受我們的行為制約，而且我們可以刻意改變自己的行為，贏得信任。這個領悟足以使你的人生改觀，這是自《與成功有約》以來最好的一本書。」——《別為小事抓狂》作者 卡爾森（Richard Carlson）

「建立信任是今日社會面臨的最重要挑戰之一。《高效信任力》是天上掉下來的禮物，是所有領導人在這三個方面建立與激發整個組織信任時必備的對策。『五圈信任的漣漪』會成為未來有原則、有效率領導人的強力後盾。」——領導與領導學會（Leader to Leader Institute）總裁賀賽蘋（Frances Hesselbein）

「信任是任何牢不可破的關係典型的基礎。小史蒂芬在這本非常用心刻畫的書中，幫助所有人深入探討如何使信任成為個人與工作生活中的要件。」——摩托羅拉大學前董事長與學習長 哈柏格（Fred Harburg）

「信任是結合人才、流程、環境的黏著劑，可以確保成功的久長。如果缺乏這個重要的成分，其他每一件事情都會失敗。小史蒂芬‧柯維一針見血、提供大家思考過程與結構，以便在生活中每一方面建立、修補、追求一生一世的信任關係。現在就讓這個療癒修復的過程開始吧！」——前西南航空公司人員培訓大學（University for People）總監貝利（Rita Bailey）

「在『逢迎拍馬』的世界，信任是大幅提高學習、人際關係和成果的『祕密武器』。柯維認為信任是一種能力，這個見解具有突破性，富有創新精神，也十分切合實際。所有執行長若能把本書當成一種可靠的和可以付諸行動的策略（亦即一個藍圖），一定能提高組織與領導人的效率。」——學習聯盟執行長（The Learning Consortium） 梅西（Elliott Masie）

The
Speed of
The One Thing that Changes Everything
Trust

高效信任力／目錄

改變一切的力量／021

信任如何影響生活（個人的和工作上的）軌跡與結果，
以及我們要如何改變它。

第一圈漣漪──自我信任／067

信用的原則：個人信用何以是所有信任的基礎，
以及要如何建立個人信用。

Societal Trust
Market Trust
Self Trust
Relationship
Organizational Trust

謝辭

　　我萬分感激許許多多協助本書付梓的人，他們的付出令我感到謙卑、蒙福。若非這麼多人提供讓我銘感五內的協助，本書是不可能完成的。

　　我要特別感謝梅瑞爾（Rebecca Merrill）的鼎力協助，尤其是她對寫作的見地，若沒有她運用創意提供協助，我們直到現在仍會處於討論的階段，而非看見本書的出版。

　　我還要感謝：

- 林克（Greg Link）──柯維林克（CoveyLink）國際公司的「林克」，他是一位不同凡響的朋友，也是一位有遠見的合夥人，感謝他的卓見、熱情、勇氣和影響力。

- 瑞拉福（Barry Rellaford），感謝他從一開始就提供寶貴的合作、指導、鼓勵。

- 賈德（Gary Judd），感謝他不凡的構想、勇氣，和樂於冒險的精神。

- 柯維林克外展團隊的其他成員，感謝他們持續的支援、協助與鼓勵。

- 感謝我姊姊辛西雅（Cynthia Haller）的諸多貢獻，尤其是她提供的構想，使本書讀起來更有趣。
- 感謝我妹妹瑪麗亞（Maria Cole）和凱薩琳（Catherine Sages）的靈感，以及對手稿的建議與忠告。
- 感謝沃許（Pam Walsh）與柯普（Kevin Cope）給我勇氣做這個案子。
- 感謝我的編輯安富索（Dominick Anfuso）從一開始就對這本書有信心，也感謝賽門舒斯特出版社（Simon & Schuster）全體的寶貴貢獻。
- 我們的許多客戶提供了可不斷進行實驗的實驗室，讓本書中的方法得以應用與獲得證實。還有許多人提供寶貴意見——尤其是日舞（Sundance）這個包括狄寶璐（Beth DiPaolo）、史達敦（Sandy Staton）、寶拉慈（Joan Porraz）等人的高度互動小組，針對「聰明的信任」提供了獨到見解。
- 還有許多人在不同的階段幫忙閱讀與整理手稿，他們的意見非常具有建設性，而且永遠是肯定的。

　　我懷著感恩的心，感謝我的父母史蒂芬‧柯維和珊卓對我的生活與想法產生的深遠影響。我也要感謝許多先知先覺的領導人，對我的思考和本書發展十年以來的影響。

　　最重要的是，我要感謝上帝在整個出書的過程中賜福予我，讓我有所領悟，同時給予我支持。對我而言，祂是為生活帶來喜樂和成功的一切原則的源泉。

序 I 唯有信任讓成效綿延不絕

——成功學大師 史蒂芬・柯維（Stephen Covey）

　　爲人父者如何才能做到「吹捧」自己的兒子，又沒有老王賣瓜之嫌——尤其要談的是關於信任的書？

　　提供你一個參考吧。我把柯維領導力中心（Covey Leadership Center）的總裁一職交棒給小史蒂芬後，三年之內公司的業務量增加將近一倍，利潤成長百分之一千兩百以上，並在四十國設立分公司。後來在他安排之下，與法蘭克林公司（Franklin Quest）合併爲法蘭克林柯維公司（FranklinCovey）時，股東價值已從兩百四十萬美元激增到一億六千萬美元。

　　他如何領導大家做到這一切？一言以蔽之——就是信任。小史蒂芬的個性和能力爲他贏得信任，而他也信任別人。受別人信任和信任別人的協同作用，在公司激盪出一種前所未見的績效，幾乎每一個經歷這些過程的人，都把這個轉變視爲個人事業生涯中最重要、最令人振奮、最鼓舞人心的經驗。

　　對了，小史蒂芬就是我在《與成功有約》一書中說的那個「綠油油和乾乾淨淨」的七歲兒子。你會有興趣在這本書中讀到「他對這件事情的說法」。從我的觀點看來，小史蒂芬學會

如何使我家的院子「綠油油和乾乾淨淨」，而這個學習為他樹立了一個卓越的模式，讓他終生奉行不渝，並充分顯現在他改變我公司的模式、貫徹許多成功的領導、訓練、諮詢計畫、出版這本書，以及所做的每一件事情上。

我喜歡這本書的三個原因

有三個原因讓我認為這本書會成為經典之作。

首先，這本書教人**釜底抽薪**。哲學家梭羅說：「一千個人揮砍罪惡之葉，只有一個人會砍去樹根。」從其他方面亦一眼可見「釜底抽薪」的重要性。例如，當你把預防疾病和治療疾病，或對預防犯罪和打擊犯罪的效果做比較就知道了。在本書裡，你開始在企業裡看到這個做法，因為企業現在已把重心從遵守法規，移到藉由培養道德品格、公開透明的動機、優異的能力，產生持續高人一等的成效，盡可能的優化企業。

然而說來諷刺，從我自己走遍全球的經驗看來，沙賓法案（Sarbanes-Oxley Compliance，注：沙賓法案是美國因安隆公司、世界通訊公司等財務詐欺事件破產而立的法規，以監督公司的內控，亦簡稱「SOX法案」。）或同等效力的法案的重要性，已超越對例如信任等柔性做法的重視。各企業的財務長和稽核員取代了權力核心裡的人力資源開發師，以及以策略為重的人力資源專員。在此同時，倫理道德成為當前最熱門的話題之一，各式各樣的討論、課程、訓練、規範等，層出不窮。這本書顯示，倫理道德至為重要，缺之不可，然而又絕對不敷所需，而大家誤以為的柔性做法，其實是堅實、可測量的，而且會影響人際關係、組織、市場、社會裡的每一件事情。商業的

成功來自於市場的成功，市場的成功則得自於職場的成功，而所有這一切的核心與靈魂，就在於信任。

本書不但遠遠超越我所做的一切，也超越任何我在書報雜誌上讀過有關信任這個主題的討論範圍；超越領導人的道德行為，超越區區的「遵守法規」。此書深入一個人內心真正的「立意」和目的，然後更深入值得持續獲得公眾信任的「能力」。想想看，不論你是否把信任定義為對彼此的信心、忠誠或道德行為，或是否正在享受信任的成果，也就是增權益能（empowerment）、團隊合作的精神和協同作用，信任都是影響力最根本的基礎和來源。

閱讀本書會激發你像「社會生態學家」一樣的思考，看清所有事情之間的關係，以及所有的事情如何根植於信任。這本書放大你的視角，讓你能夠循序漸進，使信任低落的文化搖身成為高度信任的文化。

第二，本書提供一個**深入**、**實用**，和**全面性**的信任模型，用蘊乎中、形於外的方式，讓你了解信任的五圈漣漪。這就像把一塊石頭投進池塘，它會從自己開始，擴散到和他人之間的關係，再擴大到和所有利害關係人（包括社會在內）之間的關係。本書透過有力的例證，讓你了解這些原則如何放諸四海皆準，舉凡個人或是一對一的關係、家庭、企業、學校、醫院、政府部門、軍事單位或非營利團體，盡皆適用。

第三，這本書充滿了**希望**。當你依序閱讀書中各章，就會開始感覺樂觀和受到鼓舞，不論置身何種情況或信任感多麼低落，你都會成為積極建立或恢復信任感，以及重建人際關係的有效媒介，而且用不著花「一輩子」的時間。看到史蒂芬和大

家分享他自己以及別人扭轉了不和諧、有害的、代價慘重的、散漫沒有活力的處境的同時，你會肯定自我，讓一股力量油然而生。你相信自己做得到、想要去做，而且是用一種可以持續下去的方式去做。

全球經濟的關鍵因素

隨著全球社會快步加速透明化，同時相互倚賴性加深，信任對事業的重要性前所未見。我和世界各地企業領導人的互動，更凸顯「進入市場的速度」已成為競爭最根本的利器這個事實。

信任低會造成摩擦，不論這個摩擦是由不道德的行為，抑或合乎道德但能力不足的行為造成（因為就算是立意再良好，仍永遠無法取代不良的判斷）。信賴感低是生活和組織（包括家庭在內）最大的成本。低信任會製造隱藏的目的、政治、人和人之間的衝突、部門之間的對立、一方得利另一方受損的思考、防衛性和保護性的溝通，因而減緩了做每一件事情的速度，包括每一個決定、每一次溝通，和每一個關係。

反之，信任會產生速度。如史蒂芬指出，建立信任最大的關鍵就是「成效」。成效會建立品牌忠誠度，會激勵和激發出贏的文化。持續展現成效不僅會使顧客的訂單源源不斷，也會使他們不斷向別人推薦你。因此，顧客成為你主要的推展人員、主要的銷售和行銷人員。除此之外，成效也為你贏得實事求是的主管和員工的信心。始終如一展現績效也會使供應商成為策略性合夥人，而這點在這個世界級、以智識型員工為主的全球新經濟體系中尤為重要。

信任就像地下含水層，是個在地面下的巨大水池，為地下水井供水。在日常工作和生活中，這些「地下水井」通常被稱為創新、輔助團隊、合作、增權益能、六個標準差以及其他「全面品質管理」的說法、品牌忠誠度，或其他策略行動。這些水井本身是為人與人之間的互動、買賣生意，以及磋商交易這些河川溪流供水，持續為所有的關係，包括家庭關係、部門與部門之間的關係、供應商與顧客日常的關係提供生活品質——事實上，也就是任何做出持續貢獻的努力。

結語

本書不但可讀性高，而且實事求是的討論在我們現今新的「平世界」（flat world）中，一個非常合時宜的話題。書中不但有趣聞事例與個人經驗，同時佐以實證研究，證明信任的速度可以量化，可以放進所有組織和各種關係內舉足輕重的矩陣中計算。測量就是使信任清晰明確、實際和可信的方法。

看到小史蒂芬向下鑽研如此之深，超越我自己的思考，並加入許多新知與深刻的見解，使我非常以他為榮，同時心懷感恩和感到謙卑。在生活中這個單一、最緊要的需求和課題——信任，我相信小史蒂芬身體力行樹立典範，而且以嚴謹的態度、卓越的能力引領這個觀念，攀越另一座高峰。

我衷心希望你喜歡這本書，並從中得到幫助。我知道我自己的確如此。

序 II　魚最後發現水的存在

——美商睿仕管理顧問有限公司台灣區總經理　林志榮

　　閱讀小史蒂芬・柯維（我們在台灣習慣稱呼他為小史蒂芬・柯維，以別於他鼎鼎大名的父親——《與成功有約》的作者史蒂芬・柯維先生）所寫的這本論如何建立信任的書的時候，「魚最後發現水的存在」這句小史蒂芬在書中使用過的法國諺語，反覆的出現在我的腦海裡。水之於魚，如同信任之於人，是柯維在苦口婆心談信任時，企圖喚醒你我對信任的重視所用的比喻。魚最後發現水的存在時，魚可能已面臨生命危險；那人最後才發現信任的存在時，又是面臨甚麼樣的光景呢？

　　我回想起多年前的一個困惑。話說那年，我在全世界最大的顧問公司 Accenture 任職。身為全球合夥人之一，擔任台灣區副總裁，我需要參與公司的三百六十度評量。所謂的三百六十度評量，對熟悉人資領域，或身處國際企業的專業經理人而言，不會陌生。它是用四個面向，主管、同事、部屬及自己，提供回饋給身為經理人或領導人的一種評量方式。

　　自認為平日待人以誠、和善可親的我，應該不會有令人訝

異的評量結果。哪知拿到報告後，有些錯愕。有少數一兩位平時工作較密集的部屬，在回答他們對我的信任時，對我的評價是負面的！

我依稀記得，自己在看到這份報告時的驚訝。當然，我可以選擇只看好的而選擇忽略驚訝的部分。但是，人的性情大多數不是這樣！注意力會集中在那沒有得到好評的地方，所以有了驚訝、困惑。驚訝，是因為完全沒有預期，那困惑呢？我的困惑在於，建立誠信，以誠待人不就可以了？而且對部屬們都一視同仁，何來大不相同的回饋？

多年後的今天，我因閱讀柯維的書而想起這個困惑，也從柯維談信任的四個核心、五個漣漪、十三個行為，乃至於因信任所產生的速度，有所啓發。自己除了困惑得以解答外，也對當時的情境能有深入的詮釋，也更明瞭信任這個課題的奧妙與深邃。

信任，眞是今天所有跨國企業（所謂全球企業）所講究的。跨國企業使用三百六十度評量來了解專業經理人及領導人的信任情況，只是一個例子，其他的諸多跨國企業在價值宣言裡就明白揭櫫有信任這樣的價值內容，則是不勝枚舉。

速度，也是所有的企業在激烈的全球競爭中所要求的。研發新產品的速度要快，進入市場要快，對變動的反應要快，連人才的培育都要快。快！快！快！要快，別忘了最根本的信任，那才是快與慢的決定因素！而把信任與速度作連結的，柯維應是第一人。

信任的速度，無所不在。比如，看到一位慈愛母親，放手讓小嬰孩自己跌跌撞撞學走路，那是最快學走路的方法。或

者，目睹一位辭世老者安詳地將自己的生命交托在上帝手裡，那是進入永恆最穩妥的步履。又比如，回到歷史的世界，三國志裡，諸葛亮前出師表，臨表涕泣的二十一年，乃至在更古遠的西奈曠野，以色列人跟隨摩西出埃及，四十年後才入應許地，那都是信任的速度所換來的歲月。

生活面、歷史面，信任是那關鍵速度。商業面更是如此。例如，品牌的背後是商譽，商譽就是顧客與公司間信任關係的函數。掌舵可口可樂公司達十七年，美國企業史上為眾多股東創造財富排名第一，傳奇的前執行長古茲維塔（Roberto Goizueta）說得好：「誠信的員工才是建立企業商譽的人」。企業砸大錢作廣告，企圖快速建立形象之時，不是更應該仔細玩味古茲維塔的這句名言！

所以柯維談信任與信任的速度絕不只是停留在概念的層次。作為一位推動領導力與職業倫理的國際級作家、演說家與專業顧問，他在為員工與組織如何建立信任的領域上，開啟了一扇學習的門，清楚又具體的指出一條操練的途徑。這個途徑，小史蒂芬‧柯維明確的指出信任的五圈漣漪，並用大約三分之一的篇幅，介紹如何產生第一圈自我信任的四個核心，分別是誠信、立意、才能與成效。

有了自我信任，這本書又用了大約三分之一的篇幅，說明如何展開十三個行為，來累積人際關係信任。這十三個行為非常實際又具體，可以使我們在如何贏得信任的課題上，有確切的遵行模式。這本書最後三分之一的篇幅，除了繼續介紹組織信任、市場信任與社會信任，這三個大家關心的課題外，柯維先生很用心的，特別提出如何激勵信任的做法。激勵信任？一

個人不僅有自我信任，他所在之處，又能散播信任的種子，激發信任，這一個人豈不也是盼望的使者，乃至於愛的傳人！小史蒂芬·柯維便是這樣的一個人，他企圖加速信任的速度。

幾個月前，二〇〇七年的九月，小史蒂芬·柯維受邀專程來台北，在一個有關人力資本的大會上發表以信任的速度為題的演說。我有幸參與盛會，並在演說後陪同他走到本書英文版的簽書會場。印象非常深刻的是，他在結束近千人出席的演講後汗流滿面，需要不停用紙巾擦臉及脖子。他說他演講時，就像在激烈運動，全心全意，整個人都投入般盡情揮灑，所以會流很多的汗。他講的題目，就是這本書的主題。他講的精髓，就是這本書的精髓。他的能量，席捲整個會場。他的信息，深扣每個人的心門。我可以感受到，他自己要成為激勵信任的推手，與信任的速度劃上等號！

簽書會完後，我們一起離開會場，他用他那大而厚實的手搭著我的肩膀，邀請我一定要在台灣推動這套能幫助人與組織建立信任的課程，我答應了他。幾個月後的今天，我所服務的、以協助組織及個人累積人才資本為己任的美商睿仕管理顧問公司，已著手在大中華地區開始推動這套信任的速度的課程，傳授建立信任的做法，嘉惠有心突破的個人、領袖與組織。我對這樣的使命，感到興奮，也對能推動信任的建立，有期待。信任啊！信任！我們不追求、擁抱，更待何時呢？如同魚非要有水，我們也要創造、激勵信任，並享受信任的速度所帶來的豐盛與榮耀！熱情的邀請您與您的組織一同搭乘這信任的速度列車！

改變一切的力量

有一個力量，對世界各地的每一個個人、關係、團隊、家庭、組織、國家、經濟、文化而言是共同的，這個力量如果被去除，即使最強大的政府、最成功的企業、最繁榮的經濟、最有影響力的領導人、最偉大的友誼、最堅強的個性、最深的愛也會毀滅。

反之，若善加培養並提升，這個力量就有潛能在生活的每一個面向締造空前的成功與榮景。然而，這個力量在這個時代是最不被了解、最被忽略、可能性最被低估的。

它就是信任。

信任一天二十四小時，一星期七天，一年三百六十五天都在影響我們。它是每一種關係、每一次溝通、每一個工作計畫、每一個事業投資，以及投入每一分努力的基礎，也深深影響這些事情。它改變人們生命中每個當下的品質，同時也改變

生命中每個未來的軌跡與結果，就個人或工作上而言皆是如此。

　　和大多數人的想法相反的是，信任並非可遇不可求，也不是柔性、不切實際的特質；說得確切一點，信任是一種務實的、具體的、有行動力的資產，不但可以創造，而且速度遠超乎想像。

　　雖然企業醜聞、恐怖份子威脅、辦公室政治以及破裂的關係，幾乎在每一個方面都導致信賴感低落，但我要強調的是，建立、培養、付出、重建信任感不但對個人的福祉、人與人之間的和諧異常重要，更是全球新經濟體系中的關鍵領導力。

　　我也相信，沒有任何方式的速度比得上信任。而且，和一般觀念相反的是，信任是可以設法改善的事情。事實上，你還可以是創造信任的高手！

信任的速度無可比擬

當人們真正信任彼此的時候……速度就出現了。

——馬歇爾（Edward Marshall）

不夠快，你就死定了。

——威爾許（Jack Welch）

　　我永遠忘不了數年前在紐約一家大型投資銀行短期工作的經驗。那天我們剛開完一個累死人的會議，而且在會議中明顯看出公司內部有嚴重的信任問題。這些問題拖緩做事的速度，對工作的執行也產生負面影響。公司的資深領導人私下對我說：「這些會議的機能性不足，根本在浪費時間。我不信任『麥克』。我不信任『艾倫』。老實說，我覺得很難信任這個團體裡的任何人。」

　　我說：「那你為什麼不下點功夫培養信任感？」

　　他轉身面向我，一臉嚴肅的回答：「史蒂芬，你必須了解一件事。信任這種事可遇不可求。我們沒有信任感，這是強求不來的。」

　　我對他的說法非常不以為然。事實上，二十年來，不論是個人生活或企業專業講師的工作，都讓我深信改善的方法**多**的是。我們**可以**提高信任感，而且速度會比想像中更快，同時在

生活品質與可達致的成果上，也會產生很大的影響力。

> 縱使你擁有所有事實和統計資料，以及所有支援你的證據、想要的支援，只要你沒有贏得信任，仍然會一事無成。
>
> ——前聯合利華公司（Unilever）總裁
> 費茲傑羅（Naill Fitzgerald）

信任問題影響每一個人

我對世界各地的聽眾談到信任的速度時，一再聽到諸如此類挫敗和灰心喪氣的話：

- 我受不了辦公室政治，快被那些同事搞得透不過氣。每一個人好像都在不擇手段的往上爬。
- 我以前受過慘痛的教訓，所以怎麼會再信任任何人，建立真正的關係？
- 我在被官僚作風搞得烏煙瘴氣的組織裡工作。做一件事得花老半天，連買枝鉛筆都得等主管批准。
- 我的子女年紀愈大，愈不聽我的。我要怎麼辦？
- 我覺得自己對工作的貢獻不太受到肯定。
- 我愚昧的辜負了一個對我而言極為重要的人的信任。要是能按下「倒轉」鍵，做出不同的抉擇，我會立刻這麼做，可是我不能。我還能不能重新建立對方對我的信任？

- 我在工作上必須步步為營。若是我說出真正的想法，就會被炒魷魚……至少也會被「晾」在一旁。
- 我的上司對我和辦公室裡每一個人的大小事情都要管，好像我們全都不值得信任。
- 今日社會醜聞、貪瀆、不道德的事情滿天飛，讓我覺得好像某一個人突然就會不支援我，我再也不知道什麼事情或什麼人可以信任了。

換成是你，你會怎麼辦？如果你置身以上任何一個狀況——或是處於一個因為信任度不足而產生政治和官僚作風的環境下，或因為信任不足而拖累做事速度時，你會只把它視為做生意的成本而接受？或是你可以想辦法對抗，甚至扭轉局勢？

我肯定的是，你**可以**改變這種情況。事實上，只要學習如何建立、培養、付出，和恢復信任，你絕對可以積極並大幅改變生活中當下與未來每一刻的軌道。

了解信任

信任是什麼？我不會說一些複雜難懂的定義，而比較喜歡引用前奇異公司總裁威爾許的話：「你感覺到它的時候，就懂了。」

簡單的說，信任的意思就是**信心**。信任的相反——不信任，就是**懷疑**。你信任別人時，會對他們的誠信和能力都有信心。當情況相反時，就會懷疑他們的誠信、目的、能力、過去的表現。就是這麼簡單。我們的經驗證實，建立在信任之上的關係，和不是建立在信任之上的關係是有差別的。而且這個差

異並不小，甚至可說是十分顯著。

現在花一分鐘去想一個你非常信任的人，這個人也許是你的上司、同事、顧客、配偶、父母親、兄弟姊妹、子女，或者朋友。形容一下你們之間的關係。你們的關係是什麼情形？有什麼樣的感覺？你們之間的溝通有多麼良好？你們做事情有多快？你們有多麼喜歡彼此的關係？

現在，想一個你不太信任的人。同樣的，這個人可以是和工作有關的人或是親友。形容一下彼此的關係。這個關係是什麼情形？感覺如何？你們之間的溝通如何？你們的溝通是很快而且無拘無束……還是總覺得像走在地雷區和被誤解？你們會合作很快把事情做完，還是要花一大堆時間和力氣，才能達到共識和付諸行動？你喜歡這個關係，還是覺得乏味、麻煩、累人？

高信任和低信任關係之間的差別顯而易見！以溝通為例，擁有高信任的關係時，你可能說錯話，但是大家依然懂你的意思；處於低信任的關係時，你可能字斟句酌，甚至可說用字精準，但是大家還是誤解你的意思。

你不妨想像一下，如果能夠在生活中重要的個人和工作關係中提高信任度，會有什麼樣的差異？

嚴峻的考驗

我個人在提升信任感方面最重要的經驗之一，發生在數年前，那是法蘭克林公司和柯維領導力中心合併時。任何經歷過合併或購併案的人就知道，這個過程絕對不輕鬆。被合併的公司有一些不容忽視的優勢。我們則擁有傑出的人才、精湛的內

容、忠誠的顧客、生產的工具，然而融合兩種文化證明是一項艱巨的挑戰。

我以教育訓練單位總長的身分前往華府，針對我們這個事業單位的策略，對公司約三分之一的顧問人員談話。然而一場原本應讓我滿心期待的會議，卻簡直令我感到厭惡。

開會前數週，一些嚴重的問題和磨擦使原本看來大有可為的合併案顯得荊棘密布，公司新任執行長在心灰意冷（我們全都如此）之餘，安排公司所有顧問人員開了一次會。為了讓每一個人「吐露」心聲，他定了一個模式，要身為領導人的我們只能專心聆聽，而不能做出任何回應。

會議原定進行四小時，結果演變成十小時的「倒垃圾」時間。因為任何人都不准修正、糾正、補充漏失的資料、討論這些問題的另一面，或指出牽涉到的難題，所以在會議中說的那些事情裡，只有一小部分是正確的。大部分事情都被錯誤解讀、操弄、扭曲，有些則是錯上加錯，而且有很多的假想、懷疑、指控、灰心喪氣。可是，我們這些領導人事前已經百般不願的同意這個不能發言的會議模式。

最後，我們一共開了十二次以上這樣的會議。這整個經驗令人難以忍受，而且我以領導人的立場來看，認為這些事情全是針對我而來的。我在華爾街工作的經驗告訴我，合併的過程通常是艱辛的，只是我以為大家會做一切必須做的事，使這項合併案共竟其功。

問題出在我太視一切為理所當然。我犯的錯誤是，沒有把重點放在讓新合併的公司成員建立對我的信任，而以為自己的信譽和誠信人盡皆知。事實並非如此，於是有一半的人信任

我，一半的人不信任我，而且差不多就是以柯維中心和法蘭克林公司劃分「黨派」路線。

了解我、曾經與我共事過的柯維陣營，基本上認為我的每一個決策是真心誠意以客觀、外在的標準衡量，而且都是以公司的最佳利益為出發點，而不是想強迫推銷「柯維式」做法⋯⋯事實上，有時候還會矯枉過正的避免這種情形。可是不了解我、沒有和我共事過也不信任我的人，就用完全相反的模式度量我做的每一個決策。

舉一個例子。有人針對使用「日舞度假中心」做為一項領導力課程的場地提出質疑。「日舞」當時是有點不太好合作，所以有人認為應改到另一個場地舉辦課程。然而專案總監強烈想要繼續在「日舞」上課，因為顧客們喜歡那個場地，而且財務資料顯示，我們在那裡舉辦的課程，平均每一次總收入都比其他場地多出將近四成。我說：「因為經濟效益較好，而且專案總監強力建議維持在那裡進行，所以我們會找出比較好的模式與『日舞』合作。」這個做法展現出嚴謹的經營決策，我以為大家都會了解。

然而不信任我的人並不了解。他們以為我在設法推展「柯維式」做法。有的人甚至懷疑我是不是暗中拿了回扣，因為我以社區領導人的身分，受邀在「日舞兒童劇場」的諮詢委員會無償擔任某個職務。因為信任度低，所以這種感覺就是：「這件事一定別有居心。」

另一次，我決定把來自柯維陣營且才華過人的經理榮恩調到另一個職位，因為他和許多人一樣也陷入合併案的政治，使這兩個陣營更加兩極化。我決定向組織外部找尋替補榮恩的

人，這樣新任經理就不會被認爲是「柯維人」或「法蘭克林
人」。

> 一個人的動機一旦受到懷疑，他做的每一件事都變得不
> 純正。
>
> ——甘地

　　我宣布這件事以後，以爲大家會因爲我引進新人才而雀
躍，可是那些不信任我的人，沒有一個人把我這麼做的原委聽
進去；他們聽到的是榮恩還在公司裡，而且他們一心想把他攆
走。

　　一次又一次的，我的行動被誤解、動機受到猜疑，就算我
讓柯維和法蘭克林陣營的人參與這些決策過程也一樣。你可以
想像，不了解我過去有哪些作爲的人自然而然認爲，我之所以
擔任領導人、位居要津，完全因爲我是史蒂芬・柯維的兒子，
我本身毫無信用可言。

　　因爲這一切，我做決策時必須把速度放慢一點。我盡量去
推想自己的每一個決策將會如何被這兩個文化解讀。我開始擔
心包袱和風險，同時開始玩以前從未玩過的政治遊戲。我以前
從來**不必**玩這種遊戲，因爲這根本不符合我的個性。

　　我思索每一件發生的事，開始明白要是不直接處理那些棘
手的問題，這種情況就會永遠存在，說不定還會每況愈下。我
的每個決策都會在背後受到批評和被政治化，做每一件事都像
穿越黏稠的糖漿一樣難。我們面臨愈來愈多的官僚作風、政

治、工作不投入。這是在浪費大把的時間、力氣和金錢，付出了極大的成本。

何況，我心想，當時的情況已那麼糟，我有什麼可損失的？

所以當我那天在華府走進那場經營管理顧問會議時，我說：「我們開這項會議是要討論策略。如果那是你們想討論的事，那麼我們就來討論。可是如果你們寧可談一談你們心中真正關心的合併問題，那麼我們就來談那些問題。你們提出任何尖銳的問題，我們都會談，包括誰會留下來、誰會走？誰在做哪些決策？標準是什麼？我們為什麼不能充分被告知？我們若是不信任那些做決策的人要怎麼辦？如果我們不能放心讓你——史蒂芬，做某些決策呢？」

起初大家都愣住了，我竟然主動提出這些「麻辣」的問題，而且還包括他們對我的看法。許多人也在納悶我到底是在打什麼算盤。可是他們很快就了解，我知無不言，言無不盡，是真心想要開誠布公。隨著會議的進行，他們看得出來我心中坦蕩蕩，只是試圖在做出正確的經營決策。

結果，這項原定一小時的策略會議變成一整天的討論，討論他們關心的事，包括我們要用誰的辦公大樓？我們要使用哪一邊的加給制度？我們要用誰的業務模式？你，史蒂芬，是不是真有能力做這些決策？你以前有什麼成就？你的標準又是什麼？

我公開承認這些問題的確挑戰性十足。我坦誠的告訴大家，我做的決策背後的思惟和理由，以及這些決策正在經歷的過程。我把能說出來的資料告訴大家，不能告知的就解釋原

因。我聆聽和嘗試了解他們擔心的事，並根據他們的建議，做了若干改善的承諾。

那天結束時，大家重新感到振奮與充滿希望。一名與會者告訴我，他在一天之內建立的信任感，遠勝於之前數月的總合。更重要的是，我明白這是一個起點，向大家確認了這種坦率溝通的價值。我也明白，真正的考驗在於我如何兌現自己開出的支票。至少現在，大家能夠用新的眼光看我的行為。

這次會議的成效散布得很快，接下來幾個月，我得以和其他顧問人員開會，經歷同樣的過程並獲得同樣的結果。然後我用類似的方法和其他團體與部門談話。結果在非常短的時間內，我們建立了整個業務單位的信任感。就我的單位而言，信任度的提升改變了一切。我們得以在所有方面都加快速度、降低成本、改善成效。

雖然我後來離開法蘭克林柯維公司，開創自己的公司並撰寫此書，我依然很高興告訴各位，他們已平安度過合併案風暴，現在做得有聲有色。就個人而言，雖然我在合併案之前便受到高度信任，而且順利推動專案，然而這個經驗卻使我比那時更清楚了解信任的影響力。

首先，我理解到自己太把一切視為理所當然。我自以為信任大家，但事實上不然。我以為大家都知道我以往表現如何，也知道柯維領導力中心過去的成績斐然，其實並非如此。我以為我在自己的祕密會議中已「喬」好棘手的事情，並且根據客觀的商業標準做出決策，這一點會由上往下布達，然而也沒有。

我也認知到自己在政治上是幼稚的。是的，我犯了嚴重錯

誤，可是不是別人指責我的那些錯誤，而是沒有更積極的建立和提升信任。結果，我親身體驗到低信任毫不容情在社會層面以及經濟效益方面造成的後果。

除此之外，我也體認到，信任真的可以改變一切。一旦建立互信，真正以個性和能力為基礎的信任，幾乎每一件事都會就定位。

信任的危機

你不需要花很大的力氣就會發現，現在是一個全球化的社會，需要處理與信任有關的危機。不妨思考一下最近的新聞標題吧：

- 員工的新格言：不要相信任何人
- 企業被鼓勵重建信任
- 雙方違背對方的信任
- 二十名紐約證券交易所交易員被起訴
- 須加強道德觀念才能重建民眾的信任
- 信任度降低，人際關係破裂
- 現在你信任誰？

新聞標題顯示出的症狀，都是無庸置疑的事實：低信任無所不在，深入全球化的社會、市場、組織、人際關係、個人生活，引起懷疑和譏誚嘲諷，而且會自我延續，導致向下的循環，代價不菲。

想想看我們整個社會。幾乎每一個機構（政府、媒體、企業、醫療保健、教會、政黨等等）之內，信任都比二、三十年

前低一大截，而且許多情況都到達歷史新低。以美國為例，二
○○五年做的一項哈里斯民調（Harris poll）顯示，只有百分
之二十二的受訪者信任媒體，只有百分之八的受訪者信任政
黨，只有百分之二十七的受訪者信任政府，只有百分之十二的
受訪者信任大企業。

　　或許更明顯的是，人們失去對彼此的信任。英國社會學家
哈本（David Halpern）最近做的一項調查顯示，只有百分之三
十四的美國人相信別人是可信賴的；在拉丁美洲，這個比例是
百分之二十三，在非洲則只有百分之十八。哈本的研究也顯
示，英國在四十年前，有百分之六十的人口認為別人是可信賴
的，這個比例如今已降至百分之二十九。

　　相對於這項研究而言的「好消息」是，百分之六十八的斯
堪地納維亞人（丹麥、瑞典、挪威）和百分之六十的荷蘭人，
認為別人是可信任的；這表示還是有一些高信任的社會。墨西
哥的比例雖然只有百分之三十一，但已高於一九八三年的百分
之十九；這表示提升社會信任是可能的事。

> 不論是一個運動團隊、在辦公室，或是家庭的一份子，
> 如果你們不能信任彼此，就麻煩了。
>
> ——賓州州立大學手球教練 培特諾（Joe Paterno）

　　就組織的層面來說，企業內部的信任也銳減了。只要看一
看研究的發現就知道了：

- 只有百分之五十一的員工信賴高層管理人員，對他們有信心。
- 只有百分之三十六的員工認為他們的領導人本著誠信做事情。
- 過去十二個月中，百分之七十六的員工注意到工作上有違法或不道德的行為，而且這類行為一旦曝光，會嚴重違反社會大眾的信任。

在個人關係的層面，信任度又如何？這當然會因為不同的關係而異，然而對大部分人而言，至少在某些關係裡面（而且多半是他們最重要的關係，例如和上司、同事，或是和配偶或子女的關係），信任都是一大問題。

再思考一下這些：

- 人們離職的頭號原因就是與上司的關係不佳。
- 每兩椿婚姻就有一椿以離婚收場。

所有類型的關係都建立在信任上，並以信任維繫。這些關係也會因為缺乏信任而破裂。試著想像有哪一個有意義的關係是可以沒有信任的？事實上，低信任就是關係不好的根本定義。

就個人的層面而言，信任度如何？你可以參考以下坦承為了提升念研究所的機率而作弊的學生比例吧：

- 文學系學生——四十三％
- 教育系學生——五十二％
- 醫學系學生——六十三％

- 法律系學生──六十三％
- 商業系學生──七十五％

即將爲你開刀的這位醫師，在求學時代曾經作弊的機率在五成以上，你對這一點有什麼想法？或是，你即將服務的那家公司，有七十五％的機率是由一個不認爲誠實重要的人所領導，會如何？

最近，我把這個資料告訴一群律師時，他們爲自己不是最後一名而倍感興奮　而且反過來數落我的不是，因爲有工商管理碩士（MBA）學位的我才是最後一名！

這不就是信任危機嗎！

除了社會、組織，和人際關係之外，還有一個更基本、更有力的面向，就是自我信任。我們常常會對自己許下承諾，像是設定目標或新年新希望，卻做不到。於是，我們開始覺得連自己也無法信任。如果我們不能信任自己，就不容易信任別人。這種個人的不一致通常是我們懷疑別人的源頭。我父親常說，我們是以自己的用意來評斷自己，以別人的行爲評斷對方。這也就是何以恢復信任最快的方法，就是對自己和對別人信守承諾，即使是再小的承諾也一樣。

的確，我們現在面臨信任危機，而且這個危機對每一個層面──社會、機構、組織、人際關係、個人的影響，綿綿無盡。很多人或許可以很快就重建信任，然而每一次發生背信或企業醜聞，重建信任的速度就會減慢一點。大家會想其背後是否還有不爲人知的事，於是對別人的疑心愈來愈重，開始用少數人的行爲去臆測多數人，結果付出巨大的代價。

信任的經濟效益

憤世嫉俗的人可能會問：「那又如何？難道信任真的不只是一個可有可無的社會美德嗎？你能清楚說明信任如何有力的帶動經濟嗎？」我打算在這本書中，證明信任在商業上具有影響力和實際的應用，以加強對這些問題的回答。

下面這個簡單的公式，可以讓你把信任從一個無形和無法量化的變數，變成一個必不可缺、可以量化的具體要素。這個公式根據的是一個重要的觀點，也就是信任永遠會影響兩個結果——速度和成本。信任往下降時，速度也會跟著往下降，成本則會上升。

$$\downarrow 信任 = \downarrow 速度 \uparrow 成本$$
$$\uparrow 信任 = \uparrow 速度 \downarrow 成本$$

事情就是那麼簡單，那麼真實，那麼可以預期。讓我告訴你幾個例子吧。

就在九一一恐怖攻擊事件之後，我對在美國境內搭飛機的信心大幅下降。因為我們心裡知道有恐怖份子下決心要傷害我們，而保護旅客安全的系統不夠堅強。

在九一一之前，我向來在飛機起飛前約半小時到達附近的機場，然後很快通過安全檢查。可是九一一之後，實施了更多嚴格的安檢程序和系統，以提高飛行的安全和信賴感。雖然這些程序達到所要的效果，卻使我的旅程花掉更多時間，旅行成本也因而提高。我一般必須在國內航班起飛前一個半小時，國

際航班起飛前兩、三小時抵達機場，才能確保有足夠的時間通關。我每次買一張機票，還得支付新徵收的九一一安全稅。所以，信任降低時，速度也會減低，而成本則會提高。

再看看另一個例子。美國因為安隆（Enron）、世界通訊（WorldCom）以及其他企業醜聞，而通過沙賓法案。雖然表面上看起來，沙賓法案對改善或者至少維持公開市場的信任有正面作用，然而代價顯然非常可觀。問問看受沙賓法案管制的那些公司裡的執行長、財務長或財務人員，就知道遵守這項法案的規定要花多少時間，以及增加多少成本。事實上，最近一項針對實施沙賓法案的研究發現，成本高達三百五十億美元之譜，是美國證券交易委員會原先估計的二十八倍！遵守這些法規，如同因為缺乏信任而裝上動作遲緩且價格昂貴的義肢。現在我們又回到這個關鍵的認知：信任度低落時，速度隨之低降，成本卻開始攀升。

> 違反重大法律時，得到的不是自由，甚至也不致於進入無秩序的狀態。你得到的是法律的細則。
>
> ——英國作家 卻斯特頓（G. K. Chesterton）

反之，當信任很高，速度就會往上走，成本往下降。不妨參考波克夏哈薩威（Berkshire Hathaway）公司總裁華倫·巴菲特（Warren Buffett）的例子。巴菲特被視為世上最受信賴的領導人之一，前不久剛從沃爾瑪（Wal-Mart）買下麥克連物流公司（McLane Distribution）。波克夏哈薩威和沃爾瑪都是上市公

司，所以要受到市場和監管部門各種嚴格的審查。一般而言，這種規模的購併案都要費時數月才能完成，而且要聘請會計師、審查員、律師去驗證和確認所有資料正確無誤，費用動輒在數百萬美元之譜。然而這件購併案因為雙方都擁有高信任度，所以只經過兩小時會議就握手定案。不到一個月，購併案就大功告成。

巴菲特在二〇〇四年年度報告中的一封管理信中說：「我們沒有做『正當注意調查』（注：正當注意調查（due diligence）一般包括財務方面和法律方面的查核）。我們知道每一件事都會完全如沃爾瑪所言，結果也的確如此。」想想看，不到一個月（不是六個月或更久的時間），也沒有「正當注意調查」的開銷（一般都在數百萬美元之譜）！高信任，高速度，低成本。

> 世界變化得非常快。大的再也無法擊敗小的，而是快的會擊敗慢的。
>
> ——新聞公司（News Corp.）總裁暨執行長 梅鐸（Rupert Murdoch）

再來看另一位傳奇領導人，西南航空公司總裁和前執行長凱樂爾（Herb Kelleher）的例子。庫柏（Robert K. Cooper）和薩瓦夫在他們合著的《你的EQ及格嗎？》（Executive EQ）中，說了一個傳奇故事。

西南航空所有的維修工作都是由一個資本額七億美元的組

織負責，而這個組織的執行副董事長貝倫（Gary Barron）提出一份三頁的簡報給凱勒爾，主要是提出一個大規模重整的企畫案。凱樂爾看了這份報告之後，當場提出一個問題，貝倫回答說他也擔心同樣的問題，所以已經著手處理。凱樂爾於是回答：「那我就沒有問題了，放手去做吧。」整個互動只花了大約四分鐘。

凱樂爾不只是一位備受信任的領導人，對別人也同樣賦與信任。他信任貝倫的品德和能力，也因為他信任貝倫知道自己在做什麼，所以公司得以用不可思議的速度往前邁進。

我再說一個例子。紐約市的一個小販「吉姆」設立攤子，販賣甜甜圈和咖啡給進出附近辦公大樓的人。早餐和午餐時段，吉姆的攤子總有顧客大排長龍。他注意到長時間的等候讓許多顧客打退堂鼓。他也注意到，由於自己只有單人作業，為顧客找錢太耗時間，是無法賣出更多甜甜圈和咖啡的最大瓶頸。

最後，吉姆在攤子旁邊放了一個籃子，裡面放了一元鈔票和銅板，放心讓顧客自己找錢。你或許以為顧客會不小心算錯，或故意從籃子裡多拿幾個銅板，然而吉姆發現情況正好相反，大部分顧客都非常誠實，還常留給他更多小費，而且因為他不必動手找錢，所以顧客流動的速度加快了一倍。此外，他發現顧客喜歡被信任的感覺，所以會一直回來光顧。吉姆用這種方式表示信任，也得以在不增加任何成本的情況下使營收增加。

超越的價值，如信任和誠信，真的可以化為營收、利潤，讓生意興隆。

　　——《2010大趨勢》（*Megatrends 2010*）作者
　　奧伯汀（Patricia Aburdene）

　　最近，我在傳授這個觀念時，一位始終在和數字打交道的財務長走過來說：「太吸引人了！我一向認為擁有信任是件好事，可是從沒有由經濟效益和速度的角度去思考過。經指點以後，我到任何地方都可以看到其影響。

　　「舉例來說，我們對一個供應商完全信賴，和他們合作任何事情都很快，而且彼此的關係可說是不費分文便維持得很好。可是我們對另一個供應商不太信任，跟他們做事總是花老半天，還要用很多時間和力氣去維持這個關係。那就是在花我們的錢，而且實在是太花錢了！」

　　這些事情突然之間在這位財務長腦海中明朗化，令他驚愕不已。他雖是一個「數字人」，但是從來沒有把和信任有關的那些點連成線。一旦了解之後，每一件事情忽然就合理了。他立刻看出信任如何影響組織裡的每一件事，以及信任、速度、成本三者之間有所關連的這個觀念，對他分析業務和採取措施大幅提高獲利成長，有多麼大的幫助。

　　我知道很多知名的組織在三百六十度的考核過程中，開門見山的問員工這個簡單的問題：「**你信任你的主管嗎？**」這些企業已經知道，這個問題的答案比其他任何問題，更能顯示出團隊和組織的績效。

一個人一旦真正了解信任產生的經濟效益是實實在在、可以測量的，就好像戴上一副新眼鏡，往任何地方看，都可以看到它的影響，包括工作上、家庭、每一個人際關係、每一分力氣。你會開始看到高信任關係在生活的每一個方面產生令人難以置信的差異。

信任稅

信任的經濟效益產生的嚴重實質影響，在於我們在許多關係、互動中，直接從總收入支出了看不見的信任稅卻渾然不覺！

三年前的夏天，犬子史蒂芬滿十六歲，找到第一份工作，即將在一家賣雪杖的商店擔任店長。

開始上班後的數週一切順利，他拿到第一張薪水支票時無比興奮，打開信封，滿懷期待的看著它。忽然，他的眉頭大皺。「爸，」他大聲叫嚷，「不對！」他把支票塞給我。「你看，」他說，「他們全算錯了。」

「怎麼說？」我仔細看著那張支票問。

「看這裡，」他用手指著說，「我的工資應該是一小時八美元，我工作了四十小時，應該是三百二十美元，對不對？」

我看著支票，沒錯，他工作了四十小時，可是支票上只有兩百六十美元。

我說：「對啊，史蒂芬。可是你往上面一點看，看支票的存根。看到這幾個字——『聯邦所得稅』了嗎？」

「什麼？」他一臉狐疑的說，「你是說我在付**稅**？」

「是啊，」我回答，「而且還不止這一項。這裡是『州所

得稅』、『社會安全稅』、『醫療保險稅』……」

「可是，爸，」他眞的發出悲嚎，「我根本不需要醫療保險！」

「沒錯，兒子，你不需要，」我回答，「可是你爺爺需要！歡迎來到現實世界。」

也許沒有人眞心喜歡付稅，可是我們還是照樣得付，因爲稅金是用來提供更廣大的社會福利（也是因爲這是法律規定）。可是如果你根本不知道自己在付稅呢？如果這些稅是看不見的，直接從總收入扣除，所以你根本沒有意識到呢？如果這些錢是化爲烏有，對任何人都沒有好處呢？

可惜的是，低信任稅並非一目了然的在你的收入明細裡打出「低信任成本」這幾個字。然而看不見，並不表示這種稅不存在。一旦知道要注意什麼地方和注意什麼，你就會看見這種稅在每一個地方現形，在組織裡和在人際關係裡都一樣。這種稅是可以量化的，而且金額往往奇高無比。

你無疑已經多次看到這種稅的支出；也許是在一次談話中，你看得出來你的主管、你的青少年子女，或其他任何人，自動把你說的話七折八扣。這就是我在法蘭克林柯維合併後最困難的日子中的親身體驗。稍加細想便不難發現，你自己可能也曾在互動中課了別人的稅，把別人說的話打折，因爲你並不信任他們。

有些時候，你肩負的某個職責已經被前任者造成別人的不信任，所以你甚至可能必須付「遺產稅」。展開一個新的個人或工作關係，或在一個低信任的文化裡擔任新領導人時，你可能就得爲自己沒有做過的事，被課徵百分之三十、四十、五

十，甚至更高的稅率！我最近為一位行政主管提供諮詢時，她就大嘆自己頂替的那位前任經理，已經嚴重破壞組織的信任，所以那個文化為她前任經理的所有行為向她課稅，縱然她對這個組織來說根本只是個新人。

暢銷書作家福山（Francis Fukuyama）說過：「社會裡普遍的不信任……在對所有形式的經濟活動課稅，而這種稅是高信任社會不必支付的。」我認為這種信任稅不只是針對經濟活動，而是對所有的活動，包括每一個關係、每一個互動、每一個溝通、每一個決策，甚至生活的每一方面。

信任紅利

相對的，高信任的**紅利**也是真實、可以量化，而且高得讓人難以置信的。想想看巴菲特完成購併麥克連的速度有多快，以及貝倫的大規模重整企畫案被核准的速度有多快。想想看賣甜甜圈和咖啡的小販吉姆倍增的收入。想想看你在自己的高信任關係，包括在個人和工作中溝通的速度。

信任高的時候，獲得的紅利就像績效乘數，提高並改善組織和個人生活的每一個面向。高信任就像麵包裡的酵母，會提振四周的每一樣東西。在公司裡，高信任大大的改善溝通、合作、執行、革新、策略、承諾、夥伴關係，以及與所有股東的關係。在個人生活中，高信任大幅改善你和家人、朋友、社區之間的關係，令你容易感到振奮、有活力、熱誠、創造力、欣喜。顯而易見，紅利不只是速度的提升和經濟效益的改善，也會讓生活更加愉悅、品質更好。

隱藏的變數

　　有一次我找一位嚮導帶我到蒙大拿州垂釣。我眺望機窗外的河流時，他說：「你看到什麼？」我告訴他我看到一條美麗的河川，河面上有陽光的倒影。他問：「你有沒有看到魚？」我回答說沒有。然後嚮導遞給我一副兩極太陽眼鏡，戴起後剎那間每樣東西看來都大不相同。我發現自己竟然可以看透水面，可以看到魚，而且有好多好多的魚！我大爲興奮，因爲突然之間我可以感受到前所未見的巨大可能性。實際上，那些魚一直都在那裡，可是戴上這副眼鏡之前，我完全看不見。

　　同樣的，對大部分人來說，信任是看不見的。他們不知道信任的影響如何存在和充斥於每一個人際關係、每一個組織、每一個互動、生命的每一個時刻。然而一旦戴上「信任眼鏡」，看到表面之下進行的事情，立刻就會影響他們在生活每一個面向提高效率的能力。

　　不論高低，信任在組織成功的公式裡，都是「隱藏的變數」。傳統的商業公式說，策略（Strategy）乘以執行（Execution）等於成效（Results）：

$$S \times E = R$$
（策略 × 執行 ＝ 成效）

　　然而這個公式有一個隱藏變數，就是信任。這個變數不是使產量打折的低信任稅，就是成爲乘數的高信任紅利：

$$(S \times E) T = R$$
$$（〔策略×執行〕×信任＝成效）$$

就算你有優質的策略和執行（在1到10的量表上是10），還是會因為低信任而脫軌。或者高信任可以發揮績效乘數的作用，產生協同作用，使整體大於部分之和。看一下這個計算就明白了：

策略	×	執行	=	成效	稅或紅利	=	淨額
10	×	10	=	100	－40%的稅	=	60
10	×	10	=	100	－10%的稅	=	90
10	×	10	=	100	＋20%紅利	=	120

一家有卓越策略和強大執行力的公司，淨額可能會被低信任稅破壞，也可能乘以高信任紅利。羅伯・蕭（Robert Shaw）是這方面的傑出顧問，他說過：「企業成功需要兩樣東西：贏的競爭策略以及一流的組織執行力。不信任則是兩者的敵人。」我認為，高信任雖然未必能拯救不高明的策略，然而低信任幾乎總是會使好的策略「凸槌」。

或許更重要的是，這個「隱藏變數」的影響就是商業中需要信任的好理由。根據英國沃韋克商學院（Warwick Business School）的一項調查，依據信任而非嚴格的協議與罰則處理的外包合約，比較可能為雙方帶來信任紅利，而且紅利可高達合約總值的四成。華信惠悅公司（Watson Wyatt）二〇〇二年做的一項調查顯示，高信任組織給股東的總收益，比低信任組織

高將近三倍。兩者相差將近有百分之三百！史丹福大學教授布瑞克（Tom Bryk）做的一項教育研究顯示，高信任的學校提高測驗成績的機率，比低信任的學校高出三倍以上。以個人而言，高信任的個人比較可能獲得升遷，賺比較多錢，獲得比較好的機會，而且擁有較滿意、愉快的人際關係。

　　信任的隱藏變數何以如此重要和受到注意，原因之一在於我們已邁入一個全球化、知識工作者的經濟型態。《紐約時報》專欄作家弗里曼（Thomas Friedman）在《世界是平的》（*The World Is Flat*）一書中說，這個「扁平」的新經濟是沿著結為合作夥伴以及人際關係的軌道運轉，並且因為信任程度而順利發展或結束。弗里曼說：

　　　沒有信任，就沒有開放的社會，因為警察的人數不足以在開放社會的每個通道上巡邏。沒有信任，也不可能有扁平的世界，因為是信任使我們拆下圍牆，拆除障礙，消除邊界的磨擦。信任對扁平的世界是必要的……

　　基於這個原因，我要重申：**和所有利害關係人，包括顧客、生意夥伴、投資人及同事，建立、培養、付出和恢復信任的能力，是全球新經濟關鍵的領導能力。**

　　我把組織和個人關係裡的信任稅和紅利的影響，歸納出以下這份摘要。我建議你邊看邊自問：我的組織正在付稅，還是坐收紅利？我自己呢？我是一個活的稅，還是活的紅利？

　　還有，想想你自己在工作上和工作以外的人際關係。問自己：我的這些人際關係處於這份摘要的什麼位置？我還可以集

稅和紅利一覽表

80%的稅（不存在的信任）

在組織裡……	在個人關係裡……
• 機能障礙的環境和有毒的文化（公開的對抗、破壞、不滿、訴訟、犯罪行為） • 激進的利害關係人 • 緊迫盯人的細節管理 • 多餘的等級制度 • 處罰制度和結構	• 功能不佳的關係 • 激烈、憤怒的對抗或冰冷、慣憊的退縮 • 防守姿態和循法律途徑的聲明（「我們法庭見！」） • 把別人貼上敵人或同盟的標籤 • 言語的、情緒的，及（或）肉體的虐待

60%的稅（非常低的信任）

在組織裡……	在個人關係裡……
• 不健康的工作環境 • 不開心的員工和利害關係人 • 濃烈的政治氛圍，陣營和派系一清二楚 • 浪費過多時間在為立場和決策辯護 • 痛苦的細節管理和官僚作風	• 敵意的行為（吼叫、責罵、指控、辱罵），之後是短暫的悔改 • 有防衛的溝通 • 經常擔心和疑心 • 犯錯被牢記在心 • 真正的問題並未浮現或未被有效處理

40%的稅（低信任）

在組織裡……	在個人關係裡……
• 普遍的「掩飾自我」行為 • 隱藏的目的 • 激進的利害關係人 • 同盟和敵人的陣營 • 許多不滿的員工以及利害關係人 • 制度和結構裡的繁文縟節與累贅	• 消耗心力且沉悶無趣的互動 • 收集對方的弱點以及犯錯的證據 • 懷疑別人的可靠程度或承諾 • 隱藏的目的 • 有戒心（通常是勉強）的散發資訊

20%的稅（信任問題）

在組織裡……	在個人關係裡……
• 有一些官僚的規定和程序 • 不必要的等級制度 • 核准緩慢 • 制度和結構失調 • 有一些不滿的員工和利害關係人	• 經常誤會 • 擔心用意和動機 • 互動有緊繃的特性 • 受恐懼、不確定、懷疑和憂慮影響的溝通 • 心力花在維持（而非培養）關係上面

沒有稅／沒有紅利（信任不是問題）

在組織裡……	在個人關係裡……
• 健康的職場 • 良好的溝通 • 一致的制度和結構 • 少有辦公室政治 • 互相容忍與接受 • 沒有擔心	• 彬彬有禮、由衷的、健康的溝通 • 重點放在一起順利、有效率的工作 • 成熟的尊重與接受 • 沒有擔憂

20％紅利（信任是看得見的資產）

在組織裡……	在個人關係裡……
• 重點放在工作上 • 有效率的合作和執行 • 與員工及利害關係人之間有正向的夥伴關係 • 有助益的制度與結構 • 很強的創造力和創新能力	• 合作、密切以及充滿活力的關係 • 重點放在找尋彼此的長處，同時發揮平衡作用 • 錯誤被視為學習的機會，並且很快被原諒 • 正向的能量和正向的人

40％紅利（世界級的信任）

在組織裡……	在個人關係裡……
• 高度合作和夥伴關係 • 不費力的溝通 • 與員工和所有利害關係人正向和透明的關係 • 完全一致的制度和結構 • 很強的創新能力、敬業、信心和忠誠度	• 家人和友情有真正的歡樂，充滿關心和愛 • 無拘無束的、不費力的溝通 • 一起完成激勵人心的工作，特徵在於目的、創造力、興致勃勃 • 人際關係創造出驚人活力

　　現在我建議你拿任何一個必須處理的案子，根據這份摘要來檢視。假設你需要讓大家團結起來，在六週之內完成一個案子，就要問自己：這個文化裡的信任度有多高？我是在付稅，還是在拿紅利？付或收的比例如何？對速度、成本，以及自己有效執行這個案子的能力會有什麼影響？

　　現在想一下，如果你能夠改變比例的話，會發生什麼情形？如果你能把百分之二十的稅變成百分之二十的紅利，會怎麼樣？這個改變對你執行案子的能力有什麼差別？

　　想想看換成是你個人的關係或是你的家庭的話，又會是什麼情形。問自己：信任度有多少？那個信任度對我和我摯愛的人的生活品質有什麼影響？若是我能把稅變成紅利的話會如何？

信任的迷思

　　麥克連購併案、凱樂爾核准組織重整案，以及其他我在這一章和大家分享的例子，有助於消除讓人無法得享高信任紅利的迷思。

　　例如，其中一個迷思是：信任是「柔性的」，也就是那種可有可無的東西，無從定義、量化、測量。我希望你現在已經能夠分辨，事實正好相反。信任是堅實的，是可以量化、測量的。在每一個情況下，信任都會影響速度和成本，而速度和成本正是可以測量和量化的。改變一個關係、團隊或組織裡的信任程度，會對時間和金錢，以及品質和價值，產生非常大的影響。

　　另一個迷思是：信任的速度是緩慢的。雖然重建信任感需要時間，但是建立和付出信任是可以很快就做到的，而且信任一旦建立之後，再建立參與範圍的速度就迅捷無比。只要看我舉出的這些例子，或甚至你在自己的關係裡溝通和完成事情的速度，就可以知道——真的，沒有任何方式比得上信任的速度。

　　以下是一張表，列出一些妨礙了解和影響信任的一些迷思，以及與之對比的事實。

迷思	事實
信任是柔性的做法。	信任是硬性的做法,是真實、可以量化的。對速度和成本的影響都是可以測量的。
信任是緩慢的。	信任的速度無可比擬。
信任完全建立在誠信之上。	信任是品德(包括誠信)和能力兩者共同的作用。
信任可遇不可求。	信任可以無中生有,也可被一筆勾銷。
信任失去後就再也無法恢復。	雖然很難,但大部分而言,信任可以失而復得。
信任這種事是教不會的。	信任是可以有效教導和學習的事情,而且會成為一個可以提升的策略優勢。
信任別人太危險。	不信任人的危險更大。
信任要一次一個人的建立。	在建立一個人的信任感的同時,也會建立許多人的信任感。

　　或許最讓人不知不覺陷入其中的迷思,就是我在紐約短期工作的那家投資銀行資深主管說的:「信任這種事可遇不可求,是強求不來的。」

　　你**可以**想辦法提高信任感的!我擔任企業的行政主管已有二十年,一直在負責建立和維持組織、負責研發團隊、向董事會報告、得到成果,而且必須「達到目標」。多年來,我也為許多知名企業提供諮詢,其中許多企業都有優質策略和優質執

行力，但就是無法如願完成目標，而且也說不出所以然來。我既爲人夫、也爲人父，同時還是一個有多面關係的大家庭的一份子，也曾經在社區服務，爲一些個人和家庭提供處理複雜信任問題的諮詢。在我所有的經驗裡，從未見過就這本書的基本前提而言是例外的情形，亦即信任是你**可以**想辦法改善，而且速度超出想像的！

我再一次斬釘截鐵的告訴大家，沒有任何方法比得上信任的速度；信任的關係能夠讓人感覺更充實圓滿；沒有任何方式比信任更能激勵士氣；沒有任何方式比得上信任的經濟效益帶來的利潤；沒有任何方式比得上信任的聲譽發揮的影響力。

信任真的可以使一切改觀。今日的全球化新社會是史上建立、恢復，和給予各界信任感的最重要時刻。

不論你是在個人生活、工作生涯，或者在兩方面都需要處理提高信任感的機會和挑戰，我向你保證，信任**將會**使你生活的每一個面向都不可同日而語。

你可以設法改善信任！

你在工作時，最大的責任應該是建立信任。

——美泰公司執行長 艾科特（Robert Eckert）

　　如果你熟知我的父親，史蒂芬·柯維博士和他的書《與成功有約》，那麼你可能會記得他教兒子整理院子的故事。他把那個故事稱爲「綠油油和乾乾淨淨」。我父親用這個故事做爲例子，說明傳授兒童做管理工作和負責任的原則。

　　沒錯，我就是故事裡說的那個兒子，但是我要從我的角度告訴你這件事！我的確是從那次經驗學到了做管理工作和負責任，可是我也學到了一件我認爲更重要的事，這件事對我的一生有深遠的影響。

　　當時我七歲，父親要我照顧院子。他說：「兒子，這裡是院子，你的工作就是讓它保持『綠油油』和『乾乾淨淨』。」他走到隔壁鄰居的院子，指向他們的草地，說：「那樣是綠油油的。」他說：「現在，你要如何使我們家的院子綠油油的，完全由你決定。你可以隨心所欲用你想要的方式去做，除了把它漆成綠色以外。你可以打開灑水器，可以用水桶提水，要是你高興的話，往草地上吐口水也成，對我來說都沒有差別。我唯一在乎的，就是顏色要是綠的。」

　　然後他說：「還有，這是我所謂的乾淨。」他拿了兩個袋子，我們一起把半片草地上的紙張、棍子和其他碎片清乾淨，這樣我就可以明白兩者的差別。他再一次向我說明，如何完成目標完全由我決定，重要的是草坪要「乾乾淨淨」。

　　接著父親說了非常深奧的話。他說：「現在你必須知道，一旦你接下這份工作，我就不做了。那是你的工作，它就叫做管理。管理的意思是『一個伴隨著信任的工作』。我信任你做這項工作，信任你可以做好它。」他建立了一個權責化的做法。他說我們以後每星期要繞著花園走兩次，這樣我就可以把我做的情形告訴他。他向我保證，只要我開口，他隨時都會伸出援手，可是他也說得很明白，這件工作如假包換是我的，我是自己的老闆，而且我要當評審幫自己打分數。

　　所以這個工作就是我的了。剛開始四、五天，我啥事也沒做。那時正是盛夏，草長得飛快。幾天前我們整個街坊舉行烤肉宴會的殘留物，丟在草地上到處都是，看起來一團糟，一點也不整潔。父親想要接手這件事或責罵我，可是又不想違反我們的約定。

　　於是等結算的時間到了，他說：「院子整理得怎麼樣了？」我說：「還好。」然後他問：「有什麼要我幫忙的嗎？」我說：「沒有，一切都很好。」於是他說：「好，那我們就按照約定到院子裡走一走吧。」

　　我們沿著院子四周走的時候，我忽然明白院子看起來既不「綠油油」，也不「乾乾淨淨」。院子是黃黃的，而且亂糟糟的。根據我父親的說法，我的下巴開始顫抖，哇啦哇啦哭了起來：「可是，爸爸，做起來好難。」

他說：「有什麼難的地方？你根本什麼也沒有做啊。」沉默片刻後，他問：「你要我幫你一點忙嗎？」

我想起來他伸出援手是我們約定的一部分，於是感覺到一絲希望，立刻回答：「要。」

他說：「你要我做什麼？」

我看看四周：「你可以幫我撿那邊的垃圾嗎？」他說可以。於是我走進屋內拿了兩個袋子，他就幫我撿拾我剛才請他幫忙撿的垃圾。

那一天以後，我就負起整理院子的責任……而且做到保持院子「綠油油」和「乾乾淨淨」。

如我所說，父親用這個故事做為授權管理或雙贏協定的例子。然而，才七歲的我年紀太小，根本聽不懂那些深奧的字眼。這次經驗讓我記得最清楚的只有：**我覺得受到信任**。我年紀太小，還沒有到重視金錢或地位的時候，那些東西並不能激發我的動力。激勵我的是父親的信任。我不想讓他失望，我想讓他知道自己是有能力和負責任的人。父親賦與我信任，那一點鼓勵了我，為我建立了終生保持的責任感和誠信感。

> 幾乎沒有什麼事情比賦與責任，和讓對方知道你信任他，更能幫助一個人了。
>
> ——布克·華盛頓（Booker T. Washington）

信任如何發揮功能

我那天跟父親學到（以後幾乎在每一個層面都重新學到），信任是激發行動力最有效的方式。人們想要被信任，他們會回應信任，在信任下會表現得更好。不論情況如何，我們需要擅長建立、付出、恢復信任，但不是把它視爲一種操控的技巧，而是把它當成一種和他人相處以及一起工作的最有效方式，也是得到成果的最有效方法。

爲了做到這一點，我們首先必須了解信任如何發揮作用。

我在演講的時候，經常請聽眾想一想這個問題：**你信任誰**？朋友、同事、主管、配偶、父母親，還是子女？你爲什麼信任這個人？

現在再想一個更需要深思的問題：誰信任你？家裡的人？工作認識的某個人？一個認識你很久的人？你有什麼特質可以激發別人對你的信任？（*如想評估同事、朋友，及其他人對你的信任程度，可上網站 www.speedoftrust.com 做免費的網路調查。*）

大部分的人在思考信任這件事時，傾向於根據品德做考量，看這個人是不是一個好人、誠懇的人、有道德或誠信的人。品德絕對是基礎、必要的，然而認爲信任感**只**取決於**品德**的觀念是一個迷思。

信任是兩件事共同的作用：品德和**能力**。品德包括對人的誠信、動機、立意；能力包括才能、技能、成效、以往的表現。兩者都非常重要。

由於社會日益重視道德，所以信任的品德面很快就成爲加

入全球新經濟體系的門檻。然而，信任經常被忽視的另一面
——能力，也一樣重要。你或許認為某人誠懇，甚至是個誠實
的人，可是如果他做不出一番成績，你就不會充分信任那個
人。反之亦然。一個人可能技能和才華俱皆出眾，以往的表現
也十分亮眼，可是若不誠實，你也不會信任他。舉例來說，我
可能絕對信任某人的品德，甚至在我出遠門時，還會把小孩託
付給他，可是在某一個工作上卻不信任這個人，因為他並沒有
處理這件事情的能力。反之，我可能在某一件商業交易上信任
某人，但絕對不會把小孩託付給他，原因未必是這個人不老實
或能力不足，而是因為他不是那種我想為子女找的有愛心的
人。

　　儘管大家比較容易從品德的觀點去思考信任，但是學習從
能力的觀點去思考也一樣重要。不妨思考一下——人們信任使
事情發生的人。他們把新的課程交給能力最強的講師，把大有
可為的案子或潛在買主的資訊，交給以往締造成果的人。了解
能力的作用有助找出潛在的信任問題，和找到表達這個問題的
方式，否則我們根本無法確切指出問題何在。從第一線領導人
的角度來看，能力可以使信任感更齊全，同時具有更明確、更
切合實際的優勢。

　　提供你另一個考慮信任的方式：日益關注道德對社會來說
是好事。道德（品德的一部分）是信任的基礎，然而光有道德
並不夠。沒有道德的人，無法贏得他人的信任，但是不被他人
信任的人，仍可能有道德。信任是包含道德在內的，這才是更
大的概念。

　　我最近在一項會議上提出「信任的速度」觀念之後，一家

大藥廠的最高業務主管來找我說：「**謝謝你**強調了我一直在告訴我們團隊的事情，就是成效對建立信任感非常重要，而且我們必須每個月達成目標。我們達到目標，組織就會更信任我們，領導人就會更信任我們，同業會更信任我們……每一個人都會更加信任我們。達不到目標，我們會失去信任和預算的支持。就是這麼簡單。」

我要再一次強調，品德和能力兩者都是必備的。品德是一個常數，在任何環境下都是不可或缺的。能力則因狀況而定，要看當時需要的是什麼。內人潔瑞最近必須動手術。我們的感情非常好──她信任我，我也信任她。可是到了要動手術時，她並沒有找我去操刀，因為我不是醫師，沒有動手術的技術或能力。

一旦你知道品德和能力對信任而言都是必須的，就能明白這兩者的組合如何反映在各地有效率的領導人和觀察家採行的方法上。

請參考以下的例子：

- 前奇異公司執行長威爾許，談到經理人的績效是如何從「實踐價值標準」（品德）和「展現成效」（能力）這兩個方面被評斷的。
- 《從A到A⁺》（*Good to Great*）作者柯林斯（Jim Collins），談到第五級領導人「個人謙沖為懷」（品德），並擁有「專業堅持的意志力」（能力）。他在《基業長青》（*Built to Last*）中說到「存菁」（品德）和「刺激進步」（能力）的需要。
- 波克夏哈薩威公司總裁巴菲特在選才時，優先考量「誠信」（品德）和「聰明才智」（能力）的特質。

- 著作等身的作者和數家財星五百大企業總裁的顧問夏藍（Ram Charan），強調成為「群眾的領導人」（品德）和「企業領導人」（能力）的必要。
- 效能模式把「特質」（品德）和「職能」（能力）視為主要的產出。
- 道德理論說：「做對的事」（品德）和「把對的事做好」（能力）。
- 做決策的方法以平衡「心」（品德）和「頭腦」（能力）為重。

　　這張清單可以洋洋灑灑的繼續列下去，不斷強調品德和能力是維持成功和領導力的關鍵。我家裡使用的一種趣味記憶小裝置，有助於在心裡加強這兩方面。有兩個家庭價值觀對我的家人很重要，而且我們時常會去反省。為了幫助年紀較小的孩子培養這兩個價值觀，我決定告訴他們說：「只要想到兩種邦戈鼓發出來的聲音就可以了：咚—咚！咚—咚！」我會「敲擊」假想的邦戈鼓，反覆強調這兩個價值觀。

　　過了一段時間，我們必須處理一件非常棘手的事情，於是全家人聚在一起，努力討論該如何處理。我開始問每一個孩子：「你覺得我們該怎麼做？」

　　忽然，我六歲的孩子看著我，開始打擊客廳茶几上的「邦戈鼓」。他主要是說：「這是你教我們的，爸爸；就回到我們的價值觀上吧。這些價值觀會幫助我們解決問題。」結果確實是如此。

　　自從我致力於傳播信任的觀念以來，其他配合這些邦戈鼓

節奏的字眼一直迴盪在耳邊：「品德─能力。品德─能力。」邦戈鼓的想法使我記得，信任不只是品德的作用，雖然品德明顯是信任的基礎。信任是品德和能力並重，兩者都絕對是必要的。你可以從家裡的客廳到公司的會議室，檢視任何領導失敗的情形，原因永遠在於缺乏其中之一。

信任的五圈漣漪

數年前，我與同事和某家跨國企業的一小群人合作。對方剛開始的反應是：「我們**喜歡**這個談領導力的內容！完全一針見血。可是我們部門的領導人都不懂，他們才是真正需要聽的人。」

不久之後，我們對各個部門的主管說明這個內容，他們的反應是：「我們完全認同你說的每一件事，這個方法很棒！問題是，真正需要的是我們的上司。」

當我們向他們的上司提出來時，他們說：「我們對這個內容很感興趣！見解非常透徹，非常有用。可是另外五個部門的主管不懂，他們才是需要聽的人。」

那五個部門的主管說，問題在於監督和管理這些部門的行政團隊。行政團隊說問題在於執行長。等我們好不容易見到執行長，他說：「內容非常好，只可惜我沒有權力，做不了主。權力掌握在董事會手中。」我敢打包票，假使我們到了董事會面前，他們會說問題在於華爾街！

我父親教導我：「如果你認為問題**不言而喻**，那麼這個想法**正是**問題的癥結。」

我們後來教導這家大企業每一個階層的人，就信任而言，

你的上司、部門領導人、執行長、董事會、配偶、子女、朋友、同事可能**全**都有問題。**可是那並不表示你無能為力！**事實上，你可能不知道，在改變信任感方面，自己可以發揮多大的力量，只要你懂得如何發揮「蘊乎中，形於外」的作用。

關鍵就在於了解和學習如何在我稱之為「信任的五圈漣漪」中航行。這個模式是來自「漣漪效應」的比喻，同時透過下面這個圖說明了信任互相依賴的性質，以及它如何由內向外擴散。這個圖定義了五個建立信任的層次（或背景），同時也形成一個理解本書接下來三個部分的架構，使信任成為一件可以付諸行動的事情。

我們在接下來的章節會深入討論每一圈漣漪。

自我信任
人際關係信任
組織信任
市場信任
社會信任

恢復信任

在討論五圈漣漪以前，我要花一點時間再次申明：不僅建

立信任是可能的事，恢復信任也同樣可能。很顯然，有一些情況是信任感真的被消磨到難以修復的地步，或是別人可能不給我們機會恢復。可是我相信對大多數人來說，這種情況屈指可數，而且我們恢復信任的能力，要比我們認為自己有的能力大得更多。

> 栽植樹木最好的時機是二十年前。第二好的時機就是今天。
>
> ──中國古諺

看看「湯姆」的經驗吧。他曾在一家大型不動產開發公司工作多年，最後成為公司的股東之一。不動產市場一度「倒頭栽」，於是這家公司開始四分五裂。公司內部展開很多鬥爭，一個訴訟提出來，就有一個反訴訟提出來。因為湯姆是一個主要的股東，所以與許許多多建築案都有經濟利益關係。後來湯姆離開這家公司，不可思議的是，事隔多年，這些訴訟的蒐證和調查程序仍在進行。

最後，湯姆決定這件事一定有更好的解決辦法。他打電話給負責公司業務的股東克里斯，說：「我們談談吧──就我們兩個人，不要有律師在場。」湯姆和克里斯曾搭檔數年，只是這段時間裡發生這麼多事情，所以彼此的信任感早已瓦解。然而，克里斯同意見面。

湯姆懷著衷心想要了解克里斯觀點的希望前往。他專心聆聽，同時就他對克里斯之言的理解重述一次。一旦克里斯覺得

湯姆明白他的意思之後，便也願意聆聽湯姆的說法。

在他們互動之際，這兩個昔日的搭檔過去那種互信的感覺很快就升起。即使現實把他們拆散，但他們還是感覺到那種關連，於是就在那次會談中，兩人握手言和，解決爭端。

經由聆聽和恢復部分曾經擁有的信任感，兩人建立一個可在三十天內執行的解決方案，結束了過去幾年持續進行的法律戰爭造成的憎恨、痛苦，以及時間金錢的浪費。

> 企業領導階層在恢復信心方面，雖仍有漫漫長路，但研究已非常清楚的顯示：美國人期待執行長們帶頭，對建立信心、擔當責任做出有意義的承諾，並且經由企業的行為履行信任的承諾。
>
> ——高誠國際公關公司（Golin/Harris）執行長
> 傑斯達（Rich Jernstedt）

看／說／行為

這本書的目的是使你能夠用建立信任的方式**看**、**說**和**表現**，而且這三個方面都至為重要。

還記得我在前一章說過一個蒙他拿州的釣魚嚮導，給我一副眼鏡，讓我看到河面下的魚的故事嗎？這本書將給你一副「信任的眼鏡」，這樣你就可以用截然不同而且令人雀躍的方式看到信任。這個方式將讓你睜開雙眼**看見**各種可能性，同時使你在每一個層面提高信任感和信任的紅利。

　　這本書也會給你一種**談論**信任的表達方式。有時候你知道自己不信任某人，或是某人不信任你，可是說不出原因，也不知道該如何改善這個情況。這本書將使你說出基本的問題所在，也會給你描述這些問題和討論、解決的表達方式。

　　最後，這本書將幫助你培養可以建立與提升信任感的**行為**，尤其是世界各地受到高度信任的人與領導人的十三個行為。在學習這些行為並了解練習與否所產生的影響時，就會明白自己如何表現，才可以快速建立歷時不衰的信任。

　　我們已經談了很多改變行為、觀念的重要性，換言之，改變**看**事情的方式，自然而然就會改變你做的事情和得到的結果。我認同的是，用新的方式看事情，也就是觀念的改變，對做事和結果都有莫大的影響。

　　從實用的觀點來看，我同樣深信用不同的方式說話和表現，也會對你看事情的方式與得到的結果有莫大的影響。好比說，光是你為某人服務這個動作，就有可能很快的讓你對這個人有不同的看法，甚至感覺到前所未有的愛和同情。我將此稱為**行為轉變**；行為的轉變最後會使我們看世界的方式也隨之轉變。我也深信**表達方式轉變**的力量。我們談事情的方式，可以造成看事情的方式和行為舉止方式的轉變。

　　顯而易見，這三個面向是相互依賴的，只要其中一個面向發生改變，三方面都會起變化。因此，這本書將著重在**看**、**說**和**行為**，你不只會擁有這些觀念，也會擁有建立與提升信任感必須的表達和行為方式。

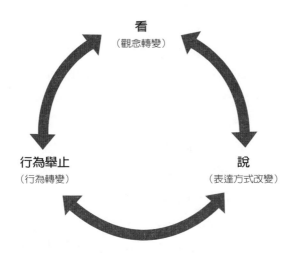

促成實際成果

了解「信任的速度」、每一個層面圍繞著信任的一些問題，以及信任如何發揮作用後，現在就要準備討論可行的步驟，以建立、恢復，並給予信任。在往下閱讀本書時，請記住，不論在職場上或在家的角色為何，你都是一個有影響力的人。你是一個領導人，即便領導的只有你自己。

長期下來，我對領導做了這個簡單的定義：**領導就是用一種激發信賴感的方式獲得成效**，也就是用建立信任感促成實際結果的方式，把你現有的以及未來貢獻的能力擴大到極限。

手段和結果一樣重要。你如何著手去實踐以獲得結果，和結果本身一樣重要，因為當你建立信任時，你就增加自己下一次獲得結果的能力，而事情總是會有下一次的。用破壞信任的方式做事，不只短視、產生不良後果，根本上也難以持續發展。勇氣可嘉的探險家薛可頓爵士（Sir Earnest Shackleton）

說：「生活對我而言是所有遊戲之最。這個遊戲的危險之處就在於你不把它當一回事，對它掉以輕心，以為規則並不重要。其實規則非常重要，必須玩得公平，否則就稱不上遊戲。就連贏得最後勝利都不是最主要的目標。最主要的目標是贏得光榮、贏得輝煌。」

我鼓勵你全神貫注的看這本書。提出最犀利的問題，迎面接受「鎖喉」的問題。我這一生注重信任，並獲全世界數以千計的人和成百上千的組織信任，所以我深信這個方法是根據不證自明、世界通行，而且帶來正向結果的原則得出的。我毫不遲疑向你保證，當你把這些原則應用在生活裡，就會立竿見影看到好處。你會發展出長期能力，會建立更堅固和更持久的關係，會獲得更好的成果。你會擁有更多機會，更大影響力，更多樂趣，而且會學到如何建立、培養、恢復和付出這個大大影響你生活中其他所有事情的東西──信任。

第一圈漣漪——
自我信任

Societal Trust　Self-Trust
Market Trust　Relationship
Organizational Trust

　　「信任的五圈漣漪」模型，是用來比喻信任在生活中的運轉。它從每一個個人開始，接著進入人際關係，再擴大到組織，然後延伸到市場，最後包含全球社會。這個模型反映出「由內而外」方法的優點：要建立別人對自己的信任感，必須先從自我信任做起。

　　第一圈漣漪——自我信任，是學習在所有層面建立並維持信任的基本原則。這個基本原則就是可信度（或信用）。這是我們要捫心自問的地方。我有信用嗎？我可信嗎？我值得別人（包括我自己）信賴嗎？

　　好消息是，我們可以提高自己的信用，而且可以快速提升，特別是當我們了解這四個關鍵（或者說「核心」）的要素之後。

　　四個關鍵之中，兩個與品德有關，另外兩個則與能力有關。信任之所以具備這種更具體、更有實用性的優勢，就是因爲我們認清「能力」與「品德」同樣對信任至爲重要，而且兩者都在我們創造或改變的能力之內。

　　在培養這四個核心的同時，我們也提高了個人的信用，也就擁有了可在所有的關係中，建立和維持信任的基礎。

信用的四個核心

領導力必須有不同的包裝，必須是可信的……
整體而言，就是和信用有關，說話算話。

——全錄公司總裁暨執行長 麥卡伊（Anne Mulcahy）

　　想像你置身法庭，以專家證人的身分被傳喚，而檢方律師正在試圖讓陪審團認為你是一個可信的證人。他會設法證明什麼？

　　首先，他要證明你是一個誠信之人——誠實、一致，素有說真話、不說謊的好名聲。

　　其次，你有良好的用意，並沒有試圖欺騙或保護任何人，沒有不可告人的動機或目的，會影響你的證詞。

　　第三，你擁有證書，而且在你被傳喚作證的範疇裡，擁有專業知識、學問、技術、能力。

　　第四，你已經有良好的表現，並有效證明自己以前處於其他情況下的表現能力，而且做出了成果，所以有充分的理由認為你現在也會這麼做。

　　現在，假設辯方律師試圖說服陪審團你**不**可信。他會設法證明什麼？

　　說不定他會說你缺乏誠信、以前不老實或曾經說謊，或者是個「怪胎」、有品德瑕疵，使你的證詞不足採信；或舉例你

有某種「見光死」的目的或動機，所以會站在檢方的立場「瞎掰」證詞；或說你沒有證書，所以沒有在你被認為的專業範疇作證的資格；或者舉例過去績效紀錄的瑕疵，或是沒有什麼表現、沒有展現良好的成效，以證明具有正確分辨事實的能力。

我的律師朋友們證實，基本上質詢會歸結到四個問題：誠信、立意、才能、成效。你的信用，不論身為專家證人、個人、領導人、家人或是組織，都取決於這四個因素。信用對個案，尤其是手上沒有駁不倒的物證的時候異常重要，這意味著裁決歸根究柢就在於大家證詞的可信度上面。在這種情況下，真正受到審判的，是證人的信用。

最近有一個案子，審判依據的就是證詞，而不是實際的證據。辯方律師請求法官舉行庭審前的聽證會，以「決定申訴證人的信用是否足以提供可靠的證詞。」《今日美國報》在安隆案審理期間，有一個標題是：「裁決可能完全取決於證人（史啟靈〔Skilling〕）的信用」。做出「有罪」的裁決之後，新的標題是：「陪審團說：前安隆的高階主管們不可信。」

在法庭上或在生活中，很多事情都取決於你是否能讓別人相信。例如，在二○○五年美國政府調查美國環球產物保險公司（AIG）與中央再保險公司（General Re Corporation，在巴菲特的波克夏哈薩威公司子公司旗下）的保險交易期間，儘管交易細節尚未曝光，但巴菲特的道德和誠信的聲譽顯然給了有利於他的考量。沃頓商學院的一位道德學教授說：「以他過去的成就和表現，我會傾向於假定無辜的考量。」另一位執行長說：「他是一位大富豪，而且動見觀瞻，他做的每一件事情都受到別人仔細觀察。他有的不只是信譽，還有成就。」巴菲特

當然已經洗清犯法的嫌疑，而且因為他的信用不容置疑，所以從沒有在「這方面」留下任何汙點。

做一個可信的人

信任的第一圈漣漪——自我信任，講的完全都是信用。這個部分是關於培養使你能讓自己和他人信任的誠信、立意、能力和成效。歸結到底就是兩個簡單的問題：我信得過自己嗎？還有，我是別人信得過的人嗎？

在對自己的信任方面，通常是從一些小事情開始。我記得自己曾經有過一段忙得不可開交的日子，為了完成一個案子，長達五個月的時間每天晚上忙到半夜兩、三點才睡。早上鬧鐘一響（我把起床時間定得很早，以便運動）我便醒來，但只是伸出手去關掉，然後又倒頭睡去。因為我當時睡得很少，所以理直氣壯的告訴自己，我需要睡眠更甚於運動。

過了一段時間之後，我開始思考自己為什麼要把鬧鈴的時間設定得這麼早？明知道鬧鐘響了，我也不會起床運動，又何必這麼做？這個反覆不斷的行為不但削弱我的自信，也變成一種自我應驗的預言。我設定鬧鐘時，並不相信自己起得來；反之，我開始把自己不應該起床合理化。設定鬧鈴成為笑話一樁。

最後，我終於改變做法。我決定不要把每天早上鬧鐘鈴響的當下當成是一個決定點，而是前一天晚上就做好決定，然後把鬧鐘設定在真正打算起床的時間。從那時開始，只要我設定的時間早，我就會早起床，履行運動的決心，不管前一晚到底睡了幾小時。可是有時候鬧鈴的時間會設得比較晚，因為我真

心認為自己需要睡眠。不論我在設定鬧鐘時做了什麼決定，我要自己的承諾一清二楚，而且誠信的付諸行動，否則就會繼續失去有能力履行自我承諾的信心。這聽起來可能是一個微不足道的例子，但是在建立自我信任方面，對我卻非常有意義。

研究顯示，很多人不貫徹自己設定的目標，或不遵守對自己許下的承諾。例如，有將近半數的美國人在新年下定決心，但是，真正履行的只有百分之八。

要是我們一次又一次這樣，我們的自信心會被削減，不但對自己許諾和實踐的能力失去信賴，也無法凸顯激發信任感的品德力量。

我們可能嘗試從自己的職位或人脈借力，然而那個力量並不是真實的。那不是我們自己的力量，這點大家都心知肚明。雖然我們本能的了解這一點，不過研究也證實，一個人的自信影響他的表現。這就是奇異公司的威爾許何以一直強烈認為，「在他人之中建立自信，是領導的一大部分。」

缺乏自我信任也會使信任別人的能力大打折扣。正如雷斯樞機主教（Cardinal de Retz）所說：「不信任自己的人永遠無法真正信賴別人。」

對這一切的一切，好消息是，我們每一次對自己許諾或對自己守信，或是設定和達成一個有意義的目標，就會變得比較有信用。做到愈多，對自己**做得到**、**會**去做的信心就愈強，對自己會愈放心。

在做一個可讓別人信任的人方面，我要分享一個我父親數年前在加拿大一家男裝店的經驗。當時為他服務的是店經理和一個正在受訓的新人。父親正在考慮要不要買一件價格頗貴的

外套，因為提到回美國時還得付一次稅金。

「不用擔心稅金問題，」店經理很快露出笑容說，「穿在身上就好了！」

「什麼？」我父親說。

「只要穿在身上就好了！」經理重述一次，「這樣就不必付稅了。」

「可是我必須填一張表格，」父親說，「申報我購買和帶回美國的東西啊。」

「不用申報，只要穿在身上就行了。」那位經理又說一次，「不用擔心稅的事情。」

我父親沉默半晌，然後說：「坦白說，我擔心的不是必須付稅，我擔心的是這位你正在訓練的業務員。他正在從你身上學習。你簽核他的佣金明細時，他心裡會怎麼想？他對你管理這個事業，會有幾分信任？」

你明白何以員工不信任經理人了吧？大部分時候，不是像安隆案和世界通訊案違反道德那樣看得見的巨額提款，一筆勾銷組織的信任，而是由這些事情——一次一個弱點或不誠實的舉動，慢慢蠶食信用。

> 小事情才重要。例如有人打電話找經理，而助理說他正在開會，但其實他並不是。這些小事情就是你的員工注意到事。
>
> ——美樂家（Melaeuca）公司董事長暨總裁
> 范德斯路（Frank Vandersloot）

　　這些經常性的「提款」對組織有何影響？對工作滿意度有何影響？對留住員工有何影響？對企業盈虧有何影響？這些事情使組織付出什麼樣的稅？對執行工作的速度又有何影響？

　　另一方面，當你**確實**給大家一個他們可以信賴的人，會出現什麼情形？

　　以下是朋友最近告訴我的一個例子：

　　多年前我還是一個年輕的媽媽時，讀到一篇〈子女能信任你嗎？〉的文章。作者指出，我們做家長的經常一次又一次告訴孩子「不行」，而不是想辦法讓他們第一次就能聽從。於是子女學會，只要他們堅持某件事的時間夠久，家長通常就會失去耐心，最後妥協。他們並沒有生出信賴感，相信大人說「不行」的時候心口如一。

　　這位作者接著建議一些堅持完成和建立信任的有效做法。例如，如果對一個三歲娃兒說「不行」，而他不聽，就要立刻把他抱起來，帶離他正在做的任何事情。

　　這個觀念對我多年來與子女的互動方式有正向的影響。一開始我雖然要花時間和力氣，也要由衷的承諾並實踐，然而獲得的紅利卻好得不可思議。你不用浪費時間一遍又一遍的說，你只要一次說清楚就好。孩子學會信任你說的是真心話。

　　你在各個家庭看到的情形正好相反。你看到家長對子女下達指令，子女卻置之不理時，家長並沒有堅持到底。你看到子女做事情「打混」，而他們的父母因為埋首做自己的事，或在跟別人聊天，所以無暇注意。你看到青少年一直向極限挺進，

對父母說的話充耳不聞。誠然，青少年有自己的問題，而且非常容易受同儕影響，可是我相信建立高信任的關係，對處於這個具有挑戰性時期的家長和青少年是否愉快，以及這些青少年發展出來的品德如何，而他們日後又會成爲什麼樣的父母、員工、公民大有影響。

記住，信用是我們**可以**使得上力的事情。我們可以選擇提高自我信任，由內而外影響自己生活的每一個面向，還有別人的生活。

你的信用有多高？

我在這一章一開始就說過，有四個產生信用的因素。在往下推進之前，做以下這份自我分析問卷，可以幫助你評估自己在這幾個方面所在的位置。

我要先提醒你，這些問題是很有挑戰性的，需要真心誠意的自我反省和深入評估。不過我鼓勵你做這份問卷時，對自己完全的誠實。它會幫助你了解個人信用的基本要素，評估自己可能在哪些地方還有不足，然後把力氣集中在會帶來最大成效的地方。只要誠實回答這些問題，就可幫助你提升自我信任。

閱讀這份問卷的每一組敘述時，請把你認爲最能貼切描述你的感覺的數字圈起來。1表示你認同左邊的敘述，5表示你覺得右邊的敘述最貼切，2、3、4是介於兩者之間不同的程度。（想自動計算分數者，請到 www.speedoftrust.com 填寫這份問卷，然後做免費的分析，並獲得你要如何提升個人信用的提示。）

第一部分

我認為為了得到結果，而說一些「無傷大雅的謊言」、錯誤的表達別人的意思或情況，或捏造事實，情有可原。	1　　2　　3　　4　　5	我在每一個層面與別人的互動，都完全誠實。
有時候我想的和說的，或是我的行動和我的價值觀，是不一致的。	1　　2　　3　　4　　5	我說的話和做的事情，就是我真正的想法和感受；我始終言行合一。
我不完全清楚自己的價值觀。別人不認同時，我不太能堅持自己的想法。	1　　2　　3　　4　　5	我很清楚自己的價值觀，也有勇氣堅持自己的觀念。
我不太容易承認別人可能是對的，也不太認為更多的資訊可能使我的想法改變。	1　　2　　3　　4　　5	我真心接納學習新想法的可能性，因為這些想法可能使我重新思考問題，甚至重新定義我的價值觀。
我很難設定或達成個人的目標或者是承諾。	1　　2　　3　　4　　5	我向來可以一致的對自己和對別人許諾和信守承諾。

第一部分總分 ＿＿＿＿＿＿＿＿ （最高25分）

第二部分

除了最親近的人以外，我不太關心別人。除了自己生活中的挑戰，我很難想到別的事情。	1　2　3　4　5	我真心關心其他人，而且非常關心別人的福祉。
我不太思考我為什麼做我在做的事情。我很少深入思考如何改善我的動機。	1　2　3　4　5	我自覺的意識到我的動機，並重新加以界定，確保自己是為對的理由在做對的事情。
我和別人打交道時，通常注重的是得到我想要的。	1　2　3　4　5	我主動找尋辦法，讓每一個有關的人「贏」。
從我的行為看來，大部分的人未必認為我會把他們的最大利益當一回事。	1　2　3　4　5	別人可以從我所做的事情，看出我真心為他們著想。
我很難設定或達成個人的目標，甚至是承諾。	1　2　3　4　5	我真心認為每一樣東西都不夠多，所以不能分配給每一個人。

第二部分總分 ＿＿＿＿＿＿＿＿＿ （最高25分）

第三部分

我覺得自己沒有在現在的工作上發揮所長。	1　2　3　4　5	就我的工作而言，我的天賦和表現的機會非常契合。

我沒有獲得有效率工作所需要的知識,或沒有充分培養所需要的技能。	1 2 3 4 5	我已獲得工作所需要的知識,並掌握工作技能。
我很少花時間充實工作知識和加強工作技能,或加強生活的任何一方面。	1 2 3 4 5	我持續不懈的充實生活中所有重要方面的知識與技能。
我不太確定自己的長處是什麼;我比較專注於改善自己的缺點。	1 2 3 4 5	我已認清自己的長處,我最大的重點就是有效的發揮這些長處。
目前,我不太知道要如何建立自信。	1 2 3 4 5	我知道如何有效建立、培養、給予,和恢復信任,同時刻意努力做到。

第三部分總分 _____ (最高25分)

第四部分

| 我以往的表現並不十分出色。我的履歷表絕對不會讓人跌破眼鏡。 | 1 2 3 4 5 | 我以往的績效顯然讓別人對我滿懷信心,認為我能達成所要的結果。 |
| 我的力氣主要用在別人交辦的事項上面。 | 1 2 3 4 5 | 我的力氣主要是用在締造成果,而不是在處理交辦事項。 |

在傳達以往的表現時，我不是什麼都沒有說（我不想讓別人認為自吹自擂），就是說得太多，讓別人沒有好感。	1	2	3	4	5	我用一種能激發信心的方式，適當的傳達自己以往做出的成績。
我經常虎頭蛇尾。	1	2	3	4	5	我做事情有始有終，很少有例外。
我不太擔心自己如何獲得成果——而是不論如何一定要得到成果。	1	2	3	4	5	我一直用激發信任的方式得到成效。

第四部分總分＿＿＿＿＿＿＿＿（最高25分）

整份問卷總分＿＿＿＿＿＿＿＿（最高100分）

　　現在看一下你的得分。總分在90到100者，個人的信用很高。你證明自己有品德和能力，同樣的，你知道什麼對自己是重要的，並把它化為日常生活中的行動。你關心別人、知道自己的潛能，還能有效的加以培養和運用，產生正向的結果。因此，你覺得有自信，別人也容易信任你。

　　總分在70到90之間者，可能因為言行不一致而有一點信任落差。這不是反映在自我信任度較低，就是顯現在某種程度或完全無法激發別人的信任感上。

總分在70以下者，可能有更嚴重的信用問題。你可以在給自己打低分的範疇裡，仔細的分析一番，並在本章後續的討論中把重點放在改善的方法上。

四個核心

問卷的每一部分都和「信用的四個核心」對應。這些是使你對自己和對別人來說可以被信任的基本要素。

前兩個核心講的是品德，後兩個核心講的是能力。這四個核心對自我信任全都是必要的。

核心一：誠信

第一個核心是關於**誠信**，這是大部分人想到信任時會思考的。對許多人而言，「誠信」基本上的意思就是「誠實」。雖然誠信包含了誠實，但含意更廣。它是成為一體的；是言出必行，內外一致的；是有勇氣依照自己的價值觀和信念行動。耐人尋味的地方在於，大部分重大違反信任的行為，也違反了誠信。

核心二：立意

第二個核心是關於**立意**，這和動機、目的，以及產生結果的行為有關。當動機是直截了當，根據共同的利益，換句話說，當真正關心的不只是自己，也包括互動、領導、服務對象的時候，信賴感就會滋長。懷疑某人別有目的，或是不相信對方是在為我們的最佳利益打算時，我們對他說和做的每一件事都會心存懷疑。

誠信和立意都與**品德**有關。

核心三：能力

第三個核心在於**能力**，也就是可以激發出信心的本事，天生的能力、態度、技能、知識和作風，是用來產生成效的方法。一位家庭醫師可能有誠信，動機也良好，可是除非他受過訓練，具備執行即將到來的工作（例如腦部手術）的技能，否則他就缺乏在那一方面的信用。能力也和建立、培養、付出和恢復信任有關。

核心四：成效

第四個核心在於**成效**，和自己以往的績效紀錄、表現、完成對的事情有關。如果不完成別人期望我們做的事，信用就會降低。另一方面，當我們達到保證的結果，就會建立一個有表現、有產能的好名聲，而且通常是人未到，名聲先到的。

這四個核心的每一項對信用而言都極為重要，不只是在法庭上，在任何情況下都是如此。例如，一個人可能非常誠信、立意良善、以往表現傑出，可是如果不具備做某件工作所必須的能力，你就不會放心讓他去做那件工作。或者，一個人非常誠信，能力也非常強，有優良的績效，可是如果你感覺這個人不是真心關懷，或是在某一項協商中不是真心關心你的「贏」，那麼你就不會完全信任那個人。後面幾章深入探討每一個核心時，會考慮到沒有具備那個核心的影響，同時也會考慮到擁有那個核心，但缺少其他三個核心的影響。

　　此時此刻和你互動的許多人，不會明白「信用的四個核心」是一個較大整體的一部分。他們不會明白其實信用有四個面向，你在某些面向的信用是高的，但在某些面向的信用可能是低的。他們只會看到整體，也就是你有信用，或沒有信用。

　　這就是何以對你而言，了解這四個核心如此重要的原因之一。這四個核心會幫助你了解自己的信用，並把火力集中在需要改進的地方——這能帶來智慧，讓你知道如何表現可以建立信任。而且，我們到後面會討論到，這四個核心也會使你擁有判斷力，知道如何「聰明的信任」他人。

　　我們透過一棵樹的比喻，來想像「信用的四個核心」的重要性。**誠信**基本上是在地面下，是根部系統，樹的其他每一樣東西都由這裡長出來。**立意**則開始有一點看得見了，是從地面下浮現的樹幹，伸入空地。**能力**是樹枝，是使我們生產的才能。**成效**是果實，是看得見、實際的、可以測量的，也是別人最容易看見和評估的。

　　用這個方式看「信用的四個核心」，可看出它們的相互關係，以及每一個核心個別的重要性，同時有助你把信用視為一個活的、在生長的東西，是可以加以培養的。我們討論每一個核心時，會再回到這個樹的比喻，更具體的了解為什麼每一個核心都那麼重要，又如何與其他三個核心產生關連。

繪出你的航行圖

　　了解「信用的四個核心」之後，現在我要請你回到第76頁到79頁的問卷結果，重新考量你的得分：

部分	核心	得分
一	誠信	
二	立意	
三	才能	
四	成效	
總分		

你的長項是哪些？哪些方面最需要改善？

不論你現有的信用高或低，我深信這個資料對你都有幫助。最低限度，也會給你理解、談論信用以及信任問題的表達方式。一個教授「信任的速度」課程已有數年的同事最近說：「我並不是說我本來是沒有信用的人，然而光是比較、留意這些事，擁有談論這些事情的表達方式，以及用一種激發信任的方式表現，就大大的提高了我的信用以及影響他人的能力。」

閱讀到後續的篇章時，會察覺這四個信用的核心不但適用於個人，也適用於組織。一家大公司的行銷副董事長最近告訴我，這四個核心將成為他們的行銷藍圖。他說：「我們的組織必須有信用，必須使顧客了解我們在誠信方面的信譽，必須聲明我們幫助他們贏的用意，必須讓他們知道我們有能力使他們的組織增加價值，必須向他們證明我們的成果和績效，讓他們繼續與我們合作。這一切努力的結果將會是信用，有了信用，我們就可以建立和維持長期的信任關係。我們的生意已經證明，長期信任的關係是獲利的成長關鍵。」

接下來的四章目的在於——深入探討這四個核心，讓我們對這四個核心有更多的了解——這些核心是什麼、為什麼對信用和信任如此重要，以及如何用一種由內而外、在每一個層面都提高信任的方式去改善。我建議你閱讀每一章時，先了解來龍去脈之後，再回過頭從你覺得可以使自己大大改變情勢的一、兩個步驟開始。

核心一：誠信
你言行一致嗎？

> 我在選才時，注重三項特質。一是誠信的人格，二是聰明才智，三是十足的衝勁。然而，如果缺乏第一項，具備其他兩項反而會毀了你。
>
> ——波克夏哈薩威公司總裁　巴菲特

二〇〇五年義大利名人網球錦標賽在羅馬進行第三輪比賽，網球冠軍羅迪克（Andy Roddick）和西班牙好手維爾達斯科（Fernando Verdasco）對決，賽點對羅迪克有利。維爾達斯科發第二球時，線審判球出界，觀眾開始為羅迪克喝采。維爾達斯科走向球網和羅迪克握手，球賽好像是結束了。

可是羅迪克對這一分並沒有「笑納」，反而說這一球在界內，並請裁判看這座紅土球場是略微凹進去的，所以這一球落在線上而非線外。裁判十分驚訝，但認同羅迪克的反駁，改判這一分由維爾達斯科得分。

在場者全為之錯愕。在一個一般來說並不以榮譽制進行，而是依據裁判判決進行的比賽中，羅迪克讓判決不利於自己，最後輸掉這場球。

儘管羅迪克那天輸了球，但收穫更大，因為他得到信用，

贏得信任。這個誠信的表現如何給予他信用？不妨這麼看吧：
下次羅迪克質疑裁判的判決時，裁判會怎麼回應？十之八九，
他們會以最尊重的態度，處理他的質疑，因爲他的聲譽已經不
脛而走，信用人盡皆知。

　　而且，你覺得羅迪克對自己有什麼感覺？倘使他選擇接受
勝利，但心知肚明這一球其實並沒有出界的話，他對自己可能
會有什麼感覺？

　　羅迪克那天在球場上的表現，對我而言已成爲一個我稱爲
「羅迪克的抉擇」的象徵，也就是秉持誠信，儘管代價不菲。
這個表現說明了誠信、信用和信任之間的明顯關連，對人對己
皆是如此。

> 對我而言，誠信，確實與全人、品德、完整、良善有
> 關。我認爲誠信的人就是平衡與完整的人，而且擁有高
> 尚的品德。是一個有原則的人。
>
> ──高盛公司（Goldman Sachs）總裁暨執行長
> 鮑爾森（Hank Paulson）

　　以樹的比喻來說，誠信就是樹根。儘管它埋在土裡，大部
分時候是看不見的，但對整棵樹的養分、力量、穩定性、生長
而言，絕對重要。我們全看過能力很強、成效極佳，甚至有時
候用意良好的人，以不誠實或沒有原則的方式做事。這就是
「只要結果正當，就可以不擇手段」的心理，結果導致人爲操
縱、欺騙、詐欺、敲詐、醜聞，也導致安隆案、世界通訊案，

以及破壞婚姻及各種關係的背叛。

另一方面而言，只有誠信但缺乏另外三個核心，就是當「好人」，或許還是一個百分之百誠實的人，但基本上卻是無用的人。以樹的比喻來說，他就像樹幹，用處不大。你可以信任他會保守祕密，但絕不可能放心把任何事情交給他去做。他是誠實，但是一個無關緊要的人。

這四個核心對信用和信任而言，缺一不可。

道德復興的問題

那麼，誠信是什麼？當今世界有許多人把誠信和「道德」劃上等號。近來企業和其他醜聞層出不窮，這種現象或許至少有一個好處，就是激起實質的道德復興。大部分人體認到一個事實：今日世界缺乏道德感，使不信任感增加。

然而，組織的問題在於，太多「道德」解決方案把重心放在遵從法規上面。組織遵從「道德」的定義，並不表示誠信，這是把重要性降低的定義，基本上意思就只是「循規蹈距」。因此，道德訓練通常完全把重心放在遵守沙賓法案和其他以管理、規定為主的法案上，並未把重點放在灌輸價值觀，也沒有促使誠信加入那些價值觀和長久的原則之中。

於是，企業的員工手冊又厚又複雜。員工可能對他人口是心非，甚至蠻橫粗魯，但除非他們捏造開支或是違反其他重要規定，否則只要他們的工作有成效，大部分企業都不會做任何處置。

我們稍後會在第三圈漣漪：組織信任中談到，現今組織面臨的問題，無法用這種由外而內、遵從法規的方式解決。心理

醫師、企業道德訓練師包爾（Chris Bauer）的觀察是：

執法或管理是一個心理的問題，源於缺乏核心價值，搞不清楚什麼才是正確當為的事情。我看到很多企業說要從嚴規定，但並沒有看到很多企業表示要非常清楚的說明自己的價值觀是什麼，以及如何訓練員工把這些價值觀化為實際行為。

只有當企業注重信任和誠信，注重前後一致而不是遵從法規，他們才真正能夠倡導合乎所需的組織信用和信任。正如哲學家卡繆（Albert Camus）所言：「誠信不需要規則。」

為誠信定義

對大多數人而言，誠信的意思就是誠實。雖然有人可能不自覺意識到，誠實不只是說實話而已，給人正確的印象也包含其中。你有可能實話實說，然而卻給人留下了錯誤的印象。那就不是誠實了。

大部分經理人會用誠實來形容自己，然而研究顯示，大部分員工並不相信管理階層是誠實的，或是會誠實的跟員工溝通。英國作家拉梅（Maria Louise Ramé）說：「我認識一千個流氓，但是從來不認識任何自認為是流氓的人。」

誠信當然包含誠實──說實話、給人留下正確的印象在內，然而至少還有其他三個特質也一樣重要：

言行一致。「誠信」的英文字「integrity」，和「integrated」（成為一體的）、「integer」（整體）都是來自同一個拉丁字

根。當用意和行為之間沒有落差時，一個人就有了誠信，而當這個人是一個完整、無縫的，這個人也就有了誠信，因之能「言行一致」。最後會建立信用和信任的是言行一致，而非遵從法規。

言行一致的人行為舉止會與他們最深的價值觀和信念一致。他們會言行合一，覺得該做什麼事就去做，而不是受外在力量，包括別人的意見，或為一時的方便所驅使。會讓他們聽見並做出反應的聲音，是良知平靜的聲音。

甘地就是言行一致的好例子。他曾經受邀對英國的下議院演講。他不用講稿，演說了兩個小時，最後台下原本懷有敵意的聽眾全體起立報以熱烈掌聲。演講結束後，一些記者找他的祕書德賽（Mahadev Desai），表示他們對甘地不用講稿竟也可以吸引住觀眾這麼久，感到難以置信。德賽回答：

> 甘地所想、所感覺、所說，和所做的事情都是一樣的，他不需要講稿……你和我，我們想的是一件事，感覺到的是另一件事，說的是第三件事，做的是第四件事，所以才需要紙條和檔案做記錄。

甘地不但內心是一致的，他和他支持的原則也是一致的。他不但有根，而且還是直直的根，深深埋在生活中而且蘊藏著不受時間影響的原則寶庫裡。

甘地運用這種原則的力量，用一種完全和這些原則一致的方式生活，在印度和全世界產生令人側目的成果──儘管他從未擔任公職或任何正式的領導人。

　　當持續證明自己的內在與信念體系、原則一致時，你就會在工作和個人的關係中激發出信任感。人們會覺得你堅強、堅定、可信賴，而且你表現出願意用一定會帶來良好成果的態度，驗證他們對你的信心。

　　謙虛自牧。誠信也包括謙虛在內。著名企業管理專家柯林斯在為《從A到A⁺》一書做研究時，觀察優秀的公司如何轉變為卓越的公司，以了解這些公司績效出類拔萃的原因。他發現了兩件令他跌破眼鏡的事情。

　　第一，儘管他在研究中想要「無視於行政主管的存在」，但是資料強烈顯示，領導人非常重要。柯林斯的觀察發現：「所有從優秀到卓越的公司，在過渡期間都有第五級的領導人。」

　　第二就是這個「第五級」領導人被描繪出的特性，柯林斯說：

　　當我們發現使公司從優秀變身為卓越所需的領導風格時，感到非常訝異，正確說應該是震撼。和鋒芒畢露、身兼媒體寵兒、社會名流的企業領導人比起來，把組織從優秀提升到卓越的領導人簡直像外星人。他們通常沉默內斂、不愛出鋒頭，甚至有點害羞，謙沖為懷的個人特質和不屈不撓的專業堅持集於一身。他們比較像是林肯和蘇格拉底，而不是巴頓將軍或凱撒大帝。

　　謙虛如何在領導力和生活上顯現出來？謙虛的人比較在意

什麼是對的，而不會堅持自己一定**是**對的；根據傑出構想**行事**，而不是堅持自己**有**傑出的構想；**欣然接受**新的事實，而非為不合時宜的立場**辯護**；**肯定**別人的貢獻，而非一直想著自己的貢獻有沒有受到**肯定**。

謙沖為懷並不是要人軟弱、壓抑或低調，而是認清原則，把原則放在自我之上；堅定的支持原則，即使面臨反對的意見。謙虛之人也可以熱切的磋商，積極的討價還價；他們在親密的個人關係處於緊張的情況下，會堅定清晰表達自己的意見，但不會陷入傲慢、逞能、操控，或造成贏輸的權力遊戲。他們認清，有禁得起考驗的原則存在於規範組織和人際關係，所以他們盡量與這些原則一致，而不會想方設法獨斷獨行。

謙虛的人也清楚知道「吾道不孤必有鄰」，而且他們不是踩在前人的肩膀上，而是在別人的幫助和扶持下往前走。「匿名戒酒會」和其他康復計畫指出，處理生活中最難艱的挑戰，就是用智慧和虛心接受有些事情沒有別人的幫助，我們自己是做不來的這個事實。

謙虛的相反就是傲慢自大，把自我擺在第一，遠在原則與他人之上。

勇氣。誠信也包括做對的事情的勇氣，即便做起來寸步難行。這就是像羅迪克在義大利名人賽，或是華金斯（Sharron Watkins）、古柏（Cynthia Cooper）、羅里（Coleen Rowley）展現出的勇氣。這三位因為勇敢揭發安隆案、世界通訊案、聯邦調查局弊案，而被《時代》雜誌選為二○○二年風雲人物。

看到這種勇氣顯現在生活周遭的人身上，鼓舞了所有的

人。我最近聽到一篇勇氣可嘉的故事，是數年前一個就讀醫學院的男子的妻子所講述：

讀醫學院的競爭很大，功課好、學業有成的渴望，使新進的大一新鮮人倍感壓力。外子拚命 K 書，然後參加第一次考試。醫學院講求榮譽制，這是學校期望的行為。教授發下考卷後便離開教室。沒有多久，學生紛紛開始從答案紙下面或口袋裡掏出小抄。外子記得他的心跳開始加快，因為他明白自己很難和作弊的人競爭。大約就在同一時間，一個高高瘦瘦的學生站起來說：「我離鄉背井，還把妻子和三個小孩丟在一間公寓裡，拚命念書才擠進醫學院。所以你們誰要是第一個作弊，我就會告發他。你們最好相信我做得出來！」他們相信了。很多人露出不安的表情，接著那些小抄開始消失，速度就像出現時一樣快。他為這個班級設定了一個標準，後來這一班畢業的人數是這所學校有史以來最多的一班。

那天站起來的人，後來成為一位受人尊敬的醫師。他做的事情當然會令人不舒服和不安，然而也證明了誠信所需要的勇氣。這種勇氣證實了歷時不衰的原則，提升了他人，同時也使所有在健康出狀況和生命危急時，必須仰賴醫師的專業知識和技術的人，可以過著更健康的生活。

> 勇氣在人類的特質裡排第一，因為這個特質確保所有其他特質的存在。
>
> ——邱吉爾（Wiston Chutchill）

對照你認為誠信的人，你看得到這些特質顯現在他們的生活中嗎？毫無疑問，他們是誠實的，可是他們也是一致、謙沖、勇敢的嗎？你覺得他們的誠實對他們的自我觀感有何影響？你對他們的觀感有何影響？他們在你眼中是有信用的人嗎？你信任他們嗎？

就某種程度而言，所有的人都可以改善這三方面，以提高自己的信用，讓你接下來做的每一件事速度都會加快，而成本則降低。

如何提高誠信

那麼，要如何提高自己的誠信？

首先，你必須考慮自己現有的誠信度，依據自我評估問卷探討下列問題很有幫助：

- 我在所有與他人的互動裡，真的盡量誠實嗎？
- 我通常「言行合一」嗎？
- 我很清楚自己的價值觀嗎？我在維護這些價值觀時感覺自在嗎？
- 我是否樂於接受學習新事實的可能性，尤其這些事實可能使我重新思考問題，甚至重新定義自我價值時？
- 我可以持續對自己做出和實現承諾嗎？

我鼓勵你好好思考這些問題，然後坦誠作答。你可能也會想做我們在「信任的速度」研討會中做的事情，就是從老闆、同儕、部屬、顧客、朋友，或家人那裡了解他們在上述每一個方面對你的看法。因為人都會有「盲點」，所以有時候難免會

高估或低估自己的實力。

除此之外，我還要建議三個有高槓桿效應的「加速器」，在提高誠信度方面會帶來強大的影響：

1. 對自己做出和信守承諾

在提高誠信度方面，最快的方法莫過於學習對自己做出並信守承諾。在第二圈漣漪的信任關係方面，我們會討論到對別人許諾和實踐承諾的影響，然而若沒有先學會對自己許諾和信守承諾，你就絕對無法有效做到這一點。

我家的傳承之一，是我曾祖父史蒂芬・麥克・柯維當初創立「小美國」連鎖旅館的經過。他在一八九○年代做的是牧羊人的工作，一個寒冬的夜晚，他在懷俄明州中部遇到一場暴風雪。風雪肆虐，時速八十公里的風速和透骨徹膚的低溫，讓他滿心認為自己死劫難逃。他蹲下來向自己和上帝承諾，只要熬過那個晚上，他就要在那個偏僻、無人居住的地方，為其他人蓋一個可遮風避雨之處，以示感謝。

他的確撐過了那個晚上，後來雖然費了一些時日，但他還是在那個「鳥不生蛋」的地方蓋了一間可遮風避雨的「避難所」。時至今日，懷俄明州的「小美國鎮」已在地圖上占有一席之地，而且成為熱門的旅遊景點，同時也成為一個功成名就的事業基石。曾祖父在去世之前，已建立好幾門興隆的地區性生意，包括旅館、公寓、石油利益團體、金融服務。

我相信別人處於當時的情況，多半會說：「在這種鳥不生蛋的地方蓋汽車旅館，真是『頭殼壞去』！」除了曾祖父和上帝之外，誰也不知道有那個承諾。可是史蒂芬・麥克・柯維對

自己做了一個必須慎重其事的承諾，而且信守這個承諾。這個守信用的力量對他所有的子孫都有很深遠的影響，包括我在內。

我在個人和工作方面的經驗愈豐富，愈認為自我承諾和對自己守信用是重要的。你承諾的可能是大事情，像我曾祖父那樣的，也可能是雞毛蒜皮之類的小事情，像是鬧鐘一響就起床、不暴飲暴食，或是即便對方激怒你，對別人說話的態度也要尊重等。每次對自己許下和實踐一個承諾，不論承諾的大小，都會增加自信心，建立了儲備庫。這能讓我們擴大許諾和守信的能力，無論對自己或他人都一樣。

在考慮如何逐步加強自我許諾和守信的能力之際，讓我建議你幾件需要牢記在心的事情：

首先，輕諾者必寡信，所以不要做太多的承諾，否則就會失敗。對目標、方向、重點，和實際的承諾加以區別。當你對自己做承諾時，要清楚知道你是在用自己的誠信「掛保證」。

其次，對自己許下的承諾，要像對別人許下的承諾一樣尊重。不論是時間的承諾（和自己約好去運動、看書或睡覺），或優先運用力氣和重點的承諾，都要尊重它——以及你自己。

第三，不要在一時衝動下許諾。我是在全家一起討論健康時，從慘痛的經驗中學會這個教訓。大約在新年前後，我們全家聊天時，決定每個人都需要多喝水，少喝汽水。我開始真的迷上改善健康的精神，而且在逞能（毫不謙虛）的心態下說：「我告訴你們我會怎麼做。我要對自己許諾這一整年除了水以外，什麼都不喝！不喝汽水，不喝果汁——只喝水！」那真是有夠「白目」的事，讓我悔不當初。後來我實踐了這個承諾，

只是很辛苦。基於這個經驗，我學會不輕易許諾，而且要確定許諾時出於謙虛，而非狂妄自大。

最後，要了解當覺得守約很辛苦時，你有兩個選擇：你可以改變行為來配合承諾，或是降低你的價值觀來配合行為。前者會加強誠信，後者則會降低誠信，並且損害以後對自己許諾與守信的能力的信心。除此之外，改變價值的方向，儘管只是些微的調整，也會改變軌道，在道路的另一端開創出一個大異其趣的目的地。

所以我鼓勵你學習有智慧的許諾和守信。而最快速的方法，莫過於建立自我信任。

2. 要有信念

美國運通公司總裁暨執行長柴諾（Ken Chenault）為所有的員工製作了一本書，稱為《下一章》（*Next Chapter*）。這本書對該公司未來發展的方向以及如何達到目標，提供了一個輪廓。其中一個宗旨如下：

要有信念。有的價值是無法被量化的。不擇手段的成功並不是目的。用正當的方式獲得成功才重要……我們必須持續經由行動——對顧客的承諾、品質、誠信、團隊合作、尊重別人、做好公民、贏的意志，以及個人擔當等等來證明我們有正確的信念。

想要有誠信或是有完整性，就必須有一個核心，即一個你效忠的信念。如果你不知道心裡的信念為何，就無法由內心散

發出來。所以必須有一個中心、認同的價值。你必須知道自己的信念是什麼，而且維護它，這樣別人才會知道。

> 要決定自己的價值觀並以原則為基礎。知道自己的信念是什麼，並且遵循那些標準。
>
> ——柯達公司總裁 費雪（George Fischer）

杭次曼化學公司的總裁杭次曼，是信守承諾和具備信念的一個好例子。他在《贏家說真話》（*Winners Never Cheat*）中曾提到，他經過長時間的磋商之後，同意把公司一個部門百分之四十的股份出售給大湖化學公司。他和大湖公司的總裁暨執行長坎朋（Emerson Kampen）兩人只是簡單的握個手，就決定了這筆五千四百萬美元的交易。

然而，大湖公司在準備合約時拖拖拉拉。在把這筆交易白紙黑字寫下來的六個月期間，材料的價格大幅降低，杭次曼的獲利增加到三倍，創下歷史新高。這個部門百分之四十的股份價值已從五千四百萬美元，飆漲到兩億五千萬美元。

因為合約尚未簽署，所以坎朋打電話給杭次曼說，他認為他不應該負擔全部的差額，不過支付一半的差額算是合理的，所以建議雙方平均分擔。然而杭次曼拒絕了，因為他們兩人握過手，同意以五千四百萬美元成交，所以他還是會按照那個價格出售。

坎朋說：「可是這對你來說並不公平！」

杭次曼的回答是：「你為你的公司做磋商，所以就讓我來

為我的公司磋商吧。」

坎朋十分佩服杭次曼展現的誠信，所以儘管他和杭次曼並無私交，但他已安排好讓杭次曼成為在他的葬禮上致辭的兩人之一。

顯然，杭次曼是有信念的。他在寫出這個經驗時說：「雖然當時我大可以強迫大湖公司多付兩億美元，可是現在我永遠不必陷入天人交戰，或小心提防別人的算計。我說話算話。」

杭次曼知道什麼事情對他而言是重要的。他的價值觀很清楚，一旦環境挑戰那些價值觀時，便不必掙扎。顯而易見的是，他在維護自己的價值觀的同時，也激發了信任。

> 你是誰，價值觀是什麼，信念是什麼……這些都是你的精神支柱，是你的北極星。這些在書本裡找不到，但是在你的靈魂裡找得到。
>
> ——全錄公司總裁暨執行長 麥卡伊（Anne Mulcahy）

有一個絕佳的方法可以找出你想要支持的價值觀，就是用透過澄清目的或價值觀的過程。我發現再沒有比建立一份，不論是個人的、家庭的或組織的使命宣言或信條更有意義的做法了。找出一個方法表述信念並身體力行，對使你成為一個有信用和備受信賴的人，會有非常好的效果。

3. 態度開放

你可能置身你認為思想保守或是傲慢的人中間，這些人沒

有眞正聆聽你的意見，因爲他們認爲你說的事情他們早已知道。他們不肯考慮看事情的新方式，因爲他們深信自己的方式才是唯一正確的思考方式。他們面對事實卻不肯承認，因爲他們不願意接受有自己完全不知道的事實和原則存在的可能性。那樣的自我定位對你和這些人相處的能力有何影響？你對他們的信用的觀感受到何種影響？你信任他們的意願如何受到影響？

開放的態度對誠信極爲重要，而且需要兼具謙虛和勇氣，也就是要能夠虛心承認有一些自己目前可能不知道的原則，以及在發現這些原則後立刻跟進的勇氣才做得到。人類史上大部分科學思惟的轉變，都是從傳統思考轉換，且都是需要這種謙虛和勇氣才得以轉換。

所以，提高誠信的一個方法，就是努力保持開放的態度。沙達特（Anwar Sadat）自一九七〇年起擔任埃及第三任總統，直到一九八一年遇刺身亡爲止。埃及是眾多強烈反以色列的國家之一，他在這樣的文化中成長，後來領導這個國家，但是當良知的聲音力促他追求和平時，沙達特展現了開放的態度。儘管阿拉伯鄰國震怒，但是他引述自己早年在開羅中央監獄坐牢時學到的寶貴一課：「無法改變思惟的人，絕對無法改變事實，因此也永遠無法進步。」他到以色列會見總理比金（Menachem Begin），對以色列國會發表演說，接著前往美國，先與比金碰面，再一同會見美國總統卡特。他們的會商導致大衛營協定（Camp David Accords），比金和沙達特因此獲得諾貝爾和平獎。

數年前，父親和我有幸與沙達特的遺孀吉韓（Jehan）共

進午餐，並在餐後聽她侃侃而談。關於她對她夫婿一生經歷的敘述，我記得最清楚的是，他樂於敞開心胸和重新學習他自認已經知道的事情。

像沙達特、南非的曼德拉，或前蘇聯總理戈巴契夫，他們在人類戲劇的主舞台上，一樣上演著和我們與同事、親友互動時不斷出現的相同主題。事實證明，敞開心胸可以激發信用和信賴感；封閉保守則會助長猜疑和不信任。

在評估自己態度開放的程度時，可以自問：

- 我認為自己看這個世界的方向完全正確和完整嗎？還是我確實願意聆聽和考慮新觀點和想法？
- 我有沒有認真思考不同的（老闆、下屬、同組成員、配偶或子女的）觀點，我願意受他們的影響嗎？
- 我認為可能有一些原則是自己尚未發現的嗎？我決定和這些原則協調一致，即便這表示我得培養新的思考模式和習慣嗎？
- 我重視、同時也投入不斷的學習嗎？

這三個「加速器」──對自己許諾和守信用、有信念、態度開放，會幫助你提升誠信度，也會加快你在生活中做重要事情的速度並降低成本，而且每一次都是如此！

誠信度愈高，愈誠實、言行一致、謙虛、勇敢，你就愈有信用，而且激發的信任感愈多，愈能把生活中的信任稅轉化為信任紅利。

核心二：立意
你的目的是什麼？

在法律上，一個人違反他人權利時是有罪的。
在道德上，光是想到這麼做，就有罪了。

——康德

希望我的父母能原諒我告訴大家一件關於他們的趣事，因為這件事可以凸顯我將要說的重點。

有一年冬天，我的父母（接下來我會直呼其名——史蒂芬和珊卓）從蒙大拿州的小木屋度假回來。他們非常疲累，因為當天早上才和家裡年輕一輩大玩雪車。史蒂芬覺得累癱了，沒有力氣開車，於是由珊卓先開，他躺在後座很快就睡著了。

數小時後，珊卓的眼睛也快睜不開了，於是把車子停在路邊，叫醒史蒂芬，說她得立刻爬到後座睡一下。兩人打開車門，下車交換位置。史蒂芬很快坐上駕駛座，就在珊卓準備幫他關上門，往後座走時，突然想起這部新車有一個特別的功能，可以抬高或降低底盤方便進出。因為她的膝蓋不好，所以對史蒂芬說：「請你把車子放低，這樣我進去比較方便。」然後她就關上門，讓他把底盤降低。

幾乎就在那一瞬間，珊卓錯愕的看著汽車開始向前疾馳。

她以為史蒂芬假裝要丟下她（這是很合理的推論，因為他生性幽默），於是開始追著車子跑。但是車子加速揚塵而去，於是她就孤伶伶的被留在公路旁邊。

當時是多天，她身上沒有穿外套，腿上只穿了長襪，心想這可不是鬧著玩的，等史蒂芬回來的時候，一定要給他好看！可是當她一個人冷得要命站在公路旁邊十分鐘後，終於得到一個結論：史蒂芬想必以為她已經上車呼呼大睡了！

顯然史蒂芬並沒有聽到珊卓要他把車子降低的請求，所以聽到關後車門的聲音，就以為她已經上車。他知道她很累，以為她舒服的蓋著毯子，躺在枕頭上很快就睡著了。珊卓中途常常喜歡停車上廁所和吃東西，因此史蒂芬以為只要自己安靜不出聲，她就可以這麼一路睡到家才醒，這一來他便可以直奔回家。

幸好，另一部車上的男士看到史蒂芬把車開走，丟下珊卓一個人，而且還看到她在公路上追著車跑，於是他盡了公民的義務，打電路給州高速公路巡邏警察，說他看到一名男子把一名婦人丟在路旁。

不久，巡警前來詢問珊卓發生了什麼事情。

「我先生把我丟在這裡，可是我想他並不知道。」珊卓說。

巡警懷疑有家暴的可能，於是問：「你們是不是吵架了？他為什麼會丟下妳，自己走掉？」

「我相信他以為我在後座睡著了。」

「他以為妳在車子的後座？妳不覺得他根本沒有發現妳不在車上，是很奇怪的事嗎？」

「不會啊，他以為我睡熟了。」

「妳的姓名是？」

「珊卓‧柯維。」

停了很久。「妳和作家史蒂芬‧柯維有什麼關連嗎？我上過一次他的課。」

「他就是丟下我的那個人！」

珊卓和巡警談話之際，想起史蒂芬身上帶了手機，於是請巡警打電話給他。

「柯維先生，我是高速公路巡警。你必須立即把車子掉頭，而且我必須知道你現在確切的位置。」

他不知道公路巡警怎麼會有他的手機號碼，而且納悶自己是不是超速，於是說：「好的，長官。我想我是在伊達荷瀑布附近，可是我不是很確定，因為我先前睡著了。十到十五分鐘之前都是我太太開的車。我會問她我們在哪裡。」

然後他對著後座叫：「珊卓！珊卓！醒來！有一位高速公路巡警打電話來，要知道我們確切的位置。」

「柯維先生！柯維先生！」巡警對著電話大聲說，「你的太太不在車上。」

「她就睡在後座啊。」史蒂芬不耐煩的回答。「等一下！我把車子停下來，叫醒她。」於是史蒂芬停車往後座看。然後他開始瘋狂在毯子和枕頭之間搜尋。珊卓不在那裡！

「我老婆不見了！」他驚呼。

「她現在在我的車子上！」巡警回答。

「你車上？她是怎麼到你那裡的？」

「你剛才把她丟在馬路上了。」

「什麼?」他不可思議的說,「你是說她沒有上車?天啊,怎麼會這樣!怪不得,我還在納悶她怎麼那麼安靜呢!」

於是巡警車最後找到史蒂芬,大夥兒把發生的事情拼湊在一起後,捧腹大笑了一陣。史蒂芬說:「我那些孩子鐵定無法相信會發生這種事。」

巡警說:「那還沒什麼!等我回去告訴我那些同事吧,太經典了!」

立意的重要性

我現在想問你一個問題:如果你目睹這整件事情的話,你認為史蒂芬的**意圖**是什麼?

起初珊卓以為他的意圖是開玩笑,假裝丟下她。為什麼?因為他很幽默,以前做過很多類似的事情。可是,等她明白這是怎麼一回事時,她認為史蒂芬並不知道她還沒有上車,而且認為他沒有跟她講話,用意是為了讓她好好睡一覺。為什麼?因為她知道他的個性。她知道他關心她,想讓她休息,而且絕不會刻意在那種情況下離她而去。

另一方面,打電話給公路巡警的人不知道史蒂芬的個性,所以他顯然以為史蒂芬的意圖是要遺棄珊卓。為什麼?誰知道呢?說不定他自己曾有遭人遺棄的經驗,也說不定愈來愈多遺棄和虐待的社會案件,使他對這種可能性十分敏感(大多數人皆如此)。

此外,巡警也不知道史蒂芬的個性,所以起初以為這件事涉及某種居心不良的案件。為什麼?可能因為他在工作上看過很多家暴事件,經驗幫他製造了一副眼鏡,而他一開始就是透

過這副眼鏡看事情。

史蒂芬眞正的用意是什麼？顯然，他**沒有**把珊卓丟在馬路旁邊受凍的居心。我認爲他不跟她講話的用意，就是讓她可以好好休息。可是，他自己也承認，他一心想趕快回到家，心裡也知道假如她醒了，沿途就要不斷的停車。

這個事例中提出一些的重要問題，是討論「立意」時會涉及到的：

- 立意很要緊。
- 立意來自於個性。
- 我們往往用立意評價自己，但用行爲判斷別人。
- 我們往往根據自己的思惟和經驗來評斷別人的用意。
- 對立意的認知，對信任有莫大的影響。
- 「宣布自己的用意」，由此積極影響別人做出的推論，對我們是很重要的。

立意對信任的影響

世界經濟論壇每年都會做一項世界性調查，比較人們對各種機構，包括政府、全球性企業、大型地方企業的信任度。你猜得出從這項調查開始以來，哪一種機構一直高居榜首嗎？是參與健康、人權、貧窮、環保等社會問題的民營全國性和國際性非營利的「非政府組織」。

在比較各種職業信任度的調查中，你猜得出誰始終敬陪末座？答案是政治人物。

差別何在？爲什麼我們對非政府組織有這麼高的信任，而對政治人物的信任感這麼低？想想看信用的四個核心。大多數

情況下，非政府組織和政治人物的能力都很強，兩者都有績效可循，但是就某種程度來說，誠信對政治人物（或者說政敵或媒體會盡量把問題歸諸於誠信問題）來說，可能比較是一個問題。

我認為，人們對非政府組織和政治人物的看法，主要的差別就在於立意。他們的動機或目的是什麼？他們真的關心每一個相關者的最佳利益嗎？他們感興趣的主要是政治權利、政黨政治，或是自己可以從中得到什麼？

非政府組織的動機通常是高尚明確的；他們的目的是增加某一個有益的目或使命的價值。然而政客的立意多半被認為是做最利於己或自己黨派，但對整體而言未必最有利的事情。

立意對信任的影響至巨。之前 CNN 的一位翻譯員錯譯了伊朗總統阿瑪迪內賈德（Mahmound Ahmadinejad）演說裡的一個字。阿瑪迪內賈德說的是發展「核子**技術**」，結果卻被報導成說發展「核子**武器**」。在伊朗發展核子的興趣具有高度爭議性的政治環境之下，CNN 立刻被逐出伊朗。伊朗《世界報》（*Kayhan*）總編輯沙瑞瑪達瑞（Hossein Shariatmadari）說：「**這個扭曲是刻意的**，目的是在防止總統的言論對輿論產生影響。」

請注意，這裡的動機或意圖立即受到注意，並且被認為是原因所在。CNN 在公開道歉後，獲准重回伊朗。然而在這個例子中（而且只要我們在每一天許許多多的互動中睜大眼睛去看的話），立意強大的影響有目共睹。

以樹的比喻來說明，立意以樹幹代表，也就是一部分在地下看不見，一部分在地上是看得見的。我們的動機深埋在心中

和腦海，是經由對別人的行為，以及告知別人之後，才變得可見。

像其他三個核心一樣，立意對信任而言不可或缺。一個誠信、有才能、有成效，但立意不善的人，會是一個誠實、能幹、能做出成績，但是動機可疑之人。也許他想贏，甚至不惜犧牲別人，而別人可能感覺到這一點，因此無法充分信任。反之，立意良好但缺乏其他三個核心（誠信、才能、成效）的人，會關心別人，但是他不誠實或懦弱，甚至才幹或技術不成熟，以往表現也不佳。再一次提醒你，這四個核心是並重的。

在準備探討立意之際，你可能想問自己諸如下列的問題：

- 我有多常把某人說的話打折（或「課稅」），因為我懷疑那個人的居心？
- 我的組織因為員工不信任管理階層的用心，而付出什麼樣的稅？對執行的速度和成本有何影響？
- 我們的團隊因為懷疑彼此的意圖，而在支付何種稅？
- 我因為別人質疑我的意圖，而在付出什麼樣的稅？
- 我可以做什麼事情來改善或傳達我的意圖？

這一類的問題可幫助你在開始探討立意的要素以及如何改善時，做好心理準備。

什麼是「立意」？

立意在字典裡的定義，是「計畫」或「目的」。我深信在討論立意時不談到動機、目的、行為這三件事，就不算完整。

動機。動機是你做某件事的原因，也就是激發了「什麼事

情」的「原因」。

激發最大信賴感的動機是真誠的關心——關心別人、關心目的、關心你做事的品質、關心社會整體。想想看：你會相信一個不太關心你，或是不太關心工作、原則、價值觀、他人，甚至任何事情的人嗎？

我們對人和組織的信任，有一部分來自於他們確實會關心別人。記得小時候，我的父母親因為我違反規定而責罰我，他們這麼做的時候總是懷著愛心。我不喜歡被處罰，常常會為此氣憤難平，然而我心中從未懷疑過父母是因為不關心我才這麼做的。我一向知道自己可以信任他們對我的愛。

世界各地的企業亦承認關心他人的重要性。你看過多少的廣告傳達（不論用文字或透過影像的聯想）這樣的訊息：「我們關懷你」、「我們關心品質」、「我們關懷環境」……企業希望傳達出這種關懷的形象讓你信賴，進一步購買他們的服務和產品。

最近有很多關於關懷別人確實使績效更好的作品。例如《關懷領導的藝術》（*The Art of Caring Leadership*）和《幸福的牛生產更好的牛奶》（*Contented Cows give Better Milk*）清楚證明關懷別人和績效之間有強烈的關連。雅虎執行長山德斯（Tim Sanders）著作《愛是殺手級應用》（*Love Is the Killer App*）一書，道出實際關懷別人的影響。他在書中告訴大家關懷和同情別人如何化為實際的行為，成為做生意的更好方式。我主張關懷和績效之間有這種無可否認的關連存在，因為關懷和關心會使信任感油然而生。

顯然，動機是很重要的，而且關懷的動機比其他任何理由

更能建立信用與信任。可是如果你真的不關心怎麼辦？如果你真正的動機只在於營利或資本額增值或獲得肯定，怎麼辦？如果你真的不關心顧客或員工的話，要怎麼辦？

如果你真的不關心，也不想關心的話，也行。可是你必須了解的是，**你會為此付稅**！不論你說什麼或做什麼，都會花更多時間，而且成本更高，因為你不會得到從關懷而生的信用和信任。你可能認為自己已經締造出令人側目的成果了，可是你需要問自己一個更重要的問題：明擺在我眼前的是什麼？

你可能也需要了解，如果你表現出一副關心別人的樣子，其實骨子裡並非如此的話，到頭來（就算不是立即）也會得到「報應」，而且這個稅會更重。事實上，比口是心非的附加稅更高的信任稅少之又少。

> 唯一比不關心隊員或部屬的教練或總裁更糟糕的事，就是這樣的人還裝出一副關心的樣子。人們總是會發現騙子的。他們知道這個人不關心他們，而且更惡劣的是，他的行為侮辱了別人的智能。
>
> ——達拉斯牛仔與邁阿密海豚隊（Dallas Cowboys and Miami Dolphins）
> 前教練 強森（Jimmy Johnson）

所以，如果你真的不關心，也無意改變的話，坦率面對這一點並且認清自己為此付稅的事實，情況會好得多。然而，如果你現在不關心，但真心希望能關懷他人的話，絕對可以做一些事情來提高自己的動機，並改善意圖。我會在本章的最後談

到這一點。

目的。目的由動機產生。你是因為有了動機,而打算怎麼做或如何推廣。

一般而言,能夠激發最大信任的計畫,是謀求互惠的目的,也就是真心想讓每一個相關者獲得最佳利益。你不只是關心別人,你更真心想要他們成為贏家。沒錯,你在為自己求勝,這是很自然、會讓人想望、可預期的事情,可是你也在為所有相關的人求勝。因為你體會出生命是互相依賴的道理,所以尋求建立信賴和惠及每一個人的辦法。

> 如果兩人可以真心誠意的對彼此說兩件事情,那麼他們之間就真正有信任的基礎。這兩件事是「我無意傷害你」和「我為你謀求最大福祉」。
>
> ——英國心理學家、詩人 米韓(Jim Meehan)

和互惠目的相反的,就是利己的計畫:「我要贏,句點。」如果你的目的是這個,還是有可能獲得成果。可是你必須自問:這些是我可以得到的最佳成果嗎?這些成果可以長時間維持嗎?這兩個問題的答案都將是否定的。你遲早會付出一大筆稅金,而且你的方法是難以為繼的。你不是在造築信用與信任的橋樑,而是立起懷疑與不信任的路障。

我來和大家分享希亞建築公司(Shea Homes)的經驗,這是一個紅利來自真心互惠的例子。在建築業,包商和轉包商之

間的「輸贏」非常分明，彼此的立場是對立的。這時希亞決心建立一個不同的模型，採取的措施包括把轉包商稱爲「貿易夥伴」，同時公開共同合作案的財務報表。他們作業的前提是：「我們要贏，但也要你們贏；攜手合作，更可以幫助我們的顧客贏。我們要如何做到這一點？」

這個做法和傳統對立方式之間的差別，一如白天與黑夜。他們幾乎在每一方面都獲得巨大的信任紅利，包括住宅興建工程的日數減少、成本降低、品質錯誤減少、業主滿意度提升、顧客介紹的案子增加。他們賺的錢更多，他們的夥伴賺錢更多，業主更開心，人人都是贏家。

希亞的例子清楚顯示互惠目的對信任的影響，也顯示出擁有**公開的**目的的力量，與**隱藏的**或**祕而不宣的**目的大相逕庭。與會對象不坦白告訴你眞正想要或正在努力完成的事情，這樣的會議你就算沒有參加數百次，少說也有數十次吧。換句話說，他們是在按照一個祕而不宣的目的作業。這些目的就某種程度上是你看得出來的，而且讓你覺得可疑、警惕、謹愼小心、不舒服。想想看要爲此而付的稅。想想看，如果不用擔心背後的動機或僞裝的意向，如果所有目的都攤在枱面上的話，尤其主要目的是要造福所有相關者，每一個人會得到多麼豐厚的紅利。

行為。一般而言，行爲就是動機和目的的表現。**最能建立信用和激發信任感的行為，就是以別人的權益為依歸**。在這麼做的時候，就清清楚楚顯示關懷的立意和謀求互惠的計畫。這是眞金火煉的時刻。把「我關心」和「我要你贏」掛在嘴巴上

很容易，然而只有化為實際的行為，才能顯示這些話是否發自內心。

> 我覺得想要和員工一起度過所有的困難，必須對他們個人感興趣。
>
> ——西南航空公司（Southwest Airlines）總裁
> 凱樂爾（Herb Kelleher）

「星巴克」的創辦人暨總裁霍華‧休斯（Howard Shultz），就是用表現關懷的方式激發信任的絕佳範例。一九九七年，三名星巴克的員工在華府一家星巴克門市遭搶劫時遇害。休斯一知道這件事，立即前往華府並停留了一整個星期，和警方合作、安慰受害者家屬，並與員工會面。他參加了這三個人的葬禮，接著又做出令人大感意外的事——宣布他將把這家分店未來所有收益，捐給「那些爭取受害人權利和防止暴力的團體」。

休斯在展現深切關懷與關注這三名員工和家屬的同時，也展現出對數以千計星巴克員工及家屬的關懷與關注。他們全都感受到了。無庸置疑，每一個人心中都認為，老闆是關心他們的。他們心想：「如果他願意為那三個人和他們的家屬做這件事，就會為我做同樣的事。我以為這家公司工作為榮。」

休斯在對少數人表現出深切關懷的同時，也教育了全公司的人。在這家公司工作的人會把他們感受到的關懷，表現在自己對待顧客的方式上，變成休斯所謂的「工作品質較高的員

工，關懷他人較多的員工」。這就是星巴克擁有如此優質文化、傑出表現，而且名列美國最值得爲其工作的一百家企業排行榜的原因之一。

可惜的是，在許多組織裡，行爲傳達出的訊息不是「我們關心」，而是「你是消耗品，是可以被取代的。我們關心的是利潤」。事實上，研究顯示：

- 只有百分之二十九的員工認爲管理階層關心他們有沒有培養專業技術。
- 只有百分之四十二的員工相信管理階層關心他們。

這樣的想法對這些組織裡的信任，以及執行的速度與成本會產生什麼樣的影響？

以別人的最佳利益爲依歸，這種行爲一般是從關懷的動機和互惠的目的產生。然而，有時候可見的行爲傳達出的訊息，其實是一個口是心非或欺騙的行爲。這是「我對你一點也不關心，可是我要呈現出關心的形象」的人，所表演出的「我關心你」的樣子。別忘了，在此時**真正的行爲是欺騙**，而且十之八九是最後會給他人的深刻印象。這種表演難以爲繼，結果則會大大破壞一個人的信用，到最後也嚴重破壞信任。

立意佳但執行不到位

有時候最可惜的事情是，不好的行爲會使好意的執行不到位。我父親把我母親丟在公路旁，害她一籌莫展，當然就是這種情形。他的用意雖好，但執行欠佳。

記住這一點：別人一般都是憑藉可見的行爲來評斷我們，

而我們也是如此評斷別人。因此，我們要盡己所能使自己的行為正確反映出真正的動機和目的。

還有，當我們在評斷別人時必須謹慎。我有一位朋友開車上路時，常常把他認為行為不當（例如突然把車子開到他前面）的汽車駕駛人歸咎於負面的動機。他的妻子總是提出其他可能性：「說不定他在趕往醫院」「說不定他在趕著去接他的小女兒」，或「說不定他的狗死了」等。蘇格蘭作家巴利（J. M. Barrie）說過：「絕對不要把對手（我則認為是任何一個人）的動機，認為比自己的動機更卑鄙。」

我也要說，小心不要把自己的意向投射到別人的行為上，然後去解讀別人的行為——同時要了解，別人可能正用這種方式在解讀你的意圖。你無疑會從經驗中得知，沒有人喜歡他人因為他表現的行為，而猜測他有不好的動機，這並不公平。幾乎在所有的情況下，我們都應該盡量看看別人是否有立意良善的可能性（即使只有一點點可能）。

找出他人（尤其是青少年或惱人的同事）行為背後的原因，並說出對他們的信賴、信任他們有正向的意圖，就鼓舞了他們。而這個行為也更能表達出自己高尚的動機和關懷的用心。

如何改善立意

基本上，立意屬於心的範圍，是假裝不來的事（至少是無法長時間假裝的）。不過，絕對是可以下功夫改善的。

有的人真的是立意不純正。他們可能自己沒有察覺，或者甚至坦承不諱——他們內心深處對自己的利益、職位或財物的

注重，可能凌駕於他人、原則及其他事情之上。

有的人立意良好，由衷想做對的事情為他人謀求福利，可惜他們的表達能力或執行力都沒有到位。

多數人在這兩方面都有某種程度的挑戰要克服。如果我們真的誠實，就必須承認有時候自己的動機不完全是純正的。有時候我們別有目的（即使是非常小的目的）去處理一些情況，所以無法坦蕩蕩的對待別人；有時候我們的行為並未顯示出自己關心、開放、關切。不論這些挑戰在生活中的程度如何，我們都在被課稅，在個人方面和工作方面皆是如此。

所以，挑戰就在於改善立意。以下是我建議用來幫助達成這個目的的三大加速器：

1. 檢查自己的動機，使動機純淨

人類往往以為自己立意良善，或者至少是無可非議的。有時候，立意是好的，如假包換；但有時候我們會找藉口（告訴自己這是「合理的謊言」），以便對自己和他人自圓其說。所以，我們要如何進入內心最深層，真正檢視動機，發覺自己為何做某件事、需要改變哪些地方？

有一個好方法，就是經常問自己這類探索內心的問題：

- **與小朋友的互動**：我的行動是被真心關懷和愛所激發出來的嗎？我真的在為這個孩子著想嗎？我夠虛心，會在自己有錯誤時坦承不諱嗎？還是我其實是把自己的意志強加在這個孩子身上？

- **與配偶的互動**：我誠心誠意聆聽配偶說的話嗎？我真的願意接受對方的影響嗎？我了解對方的觀點嗎？還是我只是一心

在解釋自己的觀點、說明自己是對的，甚至獨斷獨行？

- **與工作團隊的互動**：我很快看到每一個成員的貢獻，並表示謝意嗎？我把重心放在為整個團隊贏嗎？還是我注重的主要是自己贏、當「英雄」，使自己的想法獲得肯定？
- **在商業上**：我真心想要對雙方最好的結果嗎？我真正了解對方所謂的「贏」的是什麼嗎？我願意接受合作與第三個選擇嗎？還是我一心想「贏」，不管對方的死活？

在自己的經驗中，我與生活中的每一個層面的人——家裡、朋友、工作、教會、社區團體互動愈多，愈明白經常檢視自己動機的重要性。例如，當我有機會對教堂裡的群眾講話時，便開始明白經常問自己這個問題的重要性：我是在求神賜福大家，還是要讓人感動？這個問題幫助我記住自己的目的，演講的態度會更開放和更有誠信。

另一個檢查自我動機的好方法是「五個為什麼」。這是一九七〇年代豐田生產模式解決問題的簡單技巧，風行一時。豐田的想法是從最終的問題開始，以一連串的「為什麼」倒推回去，直到找到根本原因為止。我們發現這個過程在找出自己和別人的立意方面，效果非常好。例如：

(1) 為什麼我覺得沒有受到賞識和重視？**因為我認為這裡的人沒有看到我的優良表現。**

(2) 為什麼我認為這裡的人沒有看到我的優良表現？**因為他們好像只注重「明日之星」。**

(3) 是什麼事情使我認為他們只注重明日之星？**莎拉上星期升職的事實——升職的人應該是我才對！**

(4) 為什麼我認為升職的人應該是我而不是莎拉？**不知道。也許那才是我真的想跟老闆談的事情。**

(5) 我為什麼想要跟我的老闆談這件事？**我本來的用意是想要發洩一下，抱怨莎拉升職的事。可是我猜其實自己真正想知道的是，要怎麼做才能為公司增加價值，這樣再有升職的機會時，我就會被慎重考慮了。**

一般而言，經過「五個為什麼」之後，你會看到真正的意圖，或非常接近它。一旦發現真正的「原因」，就可以決定自己對這個意圖感到滿意，或是想改變它。其實，分辨的要訣很簡單：只要立意根據的是關懷、貢獻、尋求共同利益，以別人的最佳利益為依歸的原則，就會帶來信任紅利，否則就得付稅。

所以，如果有需要改進或提升自己的立意，我建議幾個想法：

首先，確定你已經找出可以產生想要的結果的原則。

其次，認清你可能需要外力協助，才能在內心深處產生這樣的變化，然後再去尋求協助。對某些人而言，這包括找尋角色模型，閱讀關懷他人者的傳記，或是每天從各個年代的名人智慧語錄中，汲取一些有利於激勵人心和關懷別人的精神食糧。這可能包括向關心你的良師益友求助，或透過靜坐和禱告而得。改進或提升立意至少需要良知不斷的協助，而這也是其他所有協助的基礎。聆聽和回應心底的聲音，就會把我們帶向更崇高的動機和更清楚的意圖。

第三，使你表現出自己想要成為的人會表現的行為。行為

不只是動機和目的的延伸，也是改善立意的重要工具。例如，如果你現在不是一個非常關心別人的人，但希望這麼做的話，那麼就依這個希望而行。用一種關懷的方式行事，做關懷別人的事情。在懷著希望這麼做的時候，就會把自己重新打造成一個更好的人。

2. 聲明你的意圖

最近有一個人問我要如何才能向準客戶清楚傳達公司的優點和績效，而不會給人自吹自誇的印象，使人興趣全失（這對他曾經是一個問題）。我告訴他：「聲明你的用意，讓顧客知道你為什麼要說出公司的優點和績效。這麼做並不是要吹捧自己，而是要取信他們，讓他們信任你們有能力，而且以往的成績斐然，所以能夠提供優質的服務。」

闡明自己的立意，表達目的和動機，這麼做可能非常有說服力，尤其是你的行為被別人錯誤解讀或誤會的時候。這也是一個在新的關係中博取信任的寶貴方法。

金寶湯公司（Campbell Soup）的總裁康楠（Douglas R. Conant）最近告訴我，他在和新同事或其他生意夥伴合作的第一個小時裡，會讓他們知道他做事的方式，這樣大家就會知道要抱持什麼樣的期待。他明白告訴他們，他的目的包括取得他們的信任，而且要他們在看到他言行合一以後，信任他。除此之外，康楠發現，闡明自己的立意不但建立了信任，也使他更有責任忠於自己說過的話。

闡明立意會提高信任的主要原因，在於它「標示你的行為」，讓大家知道可以期望什麼，這樣一旦看到的時候，就會

認出來、了解並表示看到了。這種反應就像是某人買了一輛新車，然後突然開始注意到滿街都是同一款車。並不是那款車在街上忽然多了起來，而是他們的覺察提高了。

闡明立意時有一個要注意的地方，就是務必確定自己是真心誠意的，否則就會給人虛情假意的印象，把信任感一筆勾銷。你也要確定自己的立意不只利己而已。仔細思考如何闡明自己的立意，這個過程會幫助你改善做法。

3. 選擇富足

富足的意思是東西夠多，人人有份。反義則是物資缺乏、供不應求，如果你有的話，我就沒有。缺乏在某些方面（例如競爭性的運動或強迫的評分曲線）可能是一種事實，然而在生活中大部分重要的事情上，例如愛情、成功、能量、成果，以及信任，富足不僅是一個事實，更是一個可以吸引更多的吸引因素和發電機。

根據前紐約大學經濟學家皮爾澤（Paul Zane Pilzer）的說法，「經濟煉金術」是從富裕（而非不足）的原則引申出來的，而且科技已把我們從傳統經濟學的零和遊戲解放出來，進入無限富裕的新世界。

重要的是，我們要了解：**富足是一種選擇！**

它不是富人獨享的領域。我認識一些物資不足觀念很強的富人，也認識經濟並不富裕，但心態富足的人。

富足是一種決心。決心也是改善立意的基本要素，因為它會使我們更有信用，更可信。

那麼，你要如何創造富裕？

　　首先——和這一章談到的其他加速器一樣，我建議你檢視自己目前的思惟。問自己：

- 我在磋談過程中，是不是真心相信有可能討論出一個雙方共同受益的辦法，或是我在內心深處，相信對方會在我受損害的情況下受益？
- 在會議中有很多想法被提出討論時，我是不是真心認為每一個人的功勞和受到的肯定是足夠的，還是我認為功勞和肯定會歸於自己？
- 我認為如果我愛別人，自己愛的庫存會再獲得補充，還是變少了？
- 我認為，不論我的經濟狀況如何，我都可以和別人分享，以及使別人受益嗎？

　　諸如此類的問題，會幫助你探討自己的心態是富足或不足。不論你物資匱乏的想法到達何種程度，覺察出自己有這個想法，就是邁向建立富足心態的第一步。

　　同樣的，角色模型也有幫助。有一些卓越的角色模型也是自然而然從富足而來。德蕾莎修女奉獻一生在幫助不幸的人。企業家泰德・透納（Ted Turner）曾經允諾捐出十億美元，也就是他三分之一的淨資產，給聯合國的慈善團體，希望激發其他富人做同樣的事。在我們自己的住家附近，有許多老師經由自己的技能、奉獻和信任學生，而提升了下一代的生活。還有社區志工奉獻時間和精神力氣，成立與維持識字中心、青年運動計畫、老人活動，以及其他造福許多人的活動。

　　有的角色模型清楚顯示，不論以往有過何種經驗，就算是

童年受苦、受到不公平的待遇，都可以改變自己，在自己和別人的生活中創造富足。不妨想一想歐普拉（Oprah Winfrey）的例子，她是由住在密西西比州郊區的祖父母撫養長大，在少女時期曾遭親戚性侵害，但她選擇用不同的思路去思考自己的遭遇，克服逆境。她是這麼說的：

我不認為自己是貧民區一個可憐兮兮的窮女孩終於出頭天。我認為我是一個從小就知道要為自己負責，而且必須出人頭地的人。

歐普拉在媒體的第一份工作，週薪是一百美元。從那時起，她就為自己和他人創造了富足，現在她已成為世界大富豪，同時也是當代最有影響力、最樂善好施的人之一。她慷慨的行為可由支持不計其數的議題和慈善團體證明，包括她自己的「天使網盟」，以及她個人在南非的服務。

角色模型、見解深刻的思想領導人，以及這些身體力行的實踐者，都充分的提醒我們，即使是非常深入、非常個人，以及品德的議題影響我們的信用，我們還是可以想辦法改善。而且要記住，信用是信任的前提。

我們可以提高誠信，可以改善立意，而且很可能做到的速度會比想像中更快。

核心三：才能
你有沒有與時俱進？

有才能的（人）鼓舞我們。

——印度教神聖經文娑摩吠陀

這一章的內容從著重「品德」的信用核心，推進到著重「能力」的信用核心。能力的第一個面向就是才能，也就是個人擁有、能使人有卓越表現的天賦、技能、知識、才幹和能力。

回到樹的比喻上，才能是產生果實（成果）的樹枝。在專家證人的例子上，才能是引人注目的必要條件。誰會去注意在專業領域裡，一個沒有才能的「專家」的證詞？

我父親說了一個親身經驗。數年前他對一個小國空軍的將軍演講時，問其中一位將軍，關於軍中做的三百六十度考核的效率，飛行員在這個考核中，必須為彼此的才幹評分。我父親想知道他們如何避免讓這個評估淪為「這次你幫我抬轎，下次我幫你」，也就是飛行員吹捧彼此的才幹，以使雙方都能升官的情況。

顯然，這個問題讓這位將軍跌破眼鏡。他說：「你難道不明白我們是四面受敵，國家的生存完全依賴我們的技能嗎？沒

有人會對空軍任何一個人的才能做不實的回報。」

這個經驗清楚顯示，才能對個人和組織建立信用都極為重要。我們的才能激發出他人的信任感，特別是當他們手上的工作需要完成的時候。才能也讓我們有完成目標的自信。

試著去想兩個孩子之間的差別，其中一個學習彈奏樂器，或在運動、演戲或學術的某一方面表現優異，另一個基本上是虛度光陰。想想看第一個孩子的信心和自制力有什麼不同，他不但把已學會的事情做得很好，還有能力學習和做生活中的其他事情。到他十幾歲找工作的時候，想想看雇主可能對他會有的信心。即使這份工作不需要他已培養出來的天賦或技能，但雇主會看出他有培養技能的欲望和能力，因為他過去已經證明這一點。隨著他接受更高的教育、成立家庭、建立事業、做出貢獻，他的才能（培養才幹的欲望和能力），都會成為營造信任的一大因素，而且對他的一生會有顯著、正向的影響。

有才能的人是可靠的。他們激發信任。

一個有其他三個核心，但獨缺能力的人，誠實、關心別人，創造出的成果足以讓他升遷到一個他沒有能力處理的新職務。這就是彼得原理（Peter Principle）。如果他只依賴讓他升遷到這個位置的技能，而沒有經常學習、成長、培養新的技能，就不會具備在新職位成功的要素。他就像一位家庭醫師被要求動腦部手術——雖然他在家庭醫學方面的醫術高明，但並不具備在新工作表現卓越的條件。

反過來看，你可能很有才幹，但是誠信、立意或成效不足。例如，你有非常大的潛力，但永遠無法把潛力化為績效。或者你可能運用聰明才智和技能，去完成不值得完成的目標，

或是經由卑劣的手段完成目標。把才能的品德（樹根）切斷，就是貪腐和人爲操縱。這種做法不會建立信用，只會適得其反、破壞信任。

這四個核心是並重的。才能在今日變化不斷的經濟體系中尤爲重要，因爲科技和全球化使技能推陳出新的速度達到有史以來最快。現有知識和技能的半衰期比以往短很多，一個在昨日世界能力卓著，甚至績效卓著的人，在今日世界可能突然不再是一個稱職的人。

> 知識和技能被忽視時，就和所有資產一樣，會貶值——而且速度驚人。
>
> ——企業管理作家暨顧問 梅思特（David Maister）

我有個同事主張，每三年就要「重新創造自己的價值」，使自己的技能和知識大幅升級，這樣才能在變化不斷的世界裡與時俱進，做出新的貢獻。這個每三年重新開發自己一次的做法，對組織可能也很重要。美國運通在《下一章》這本書中主張：「重新開發自己是長壽的不二法門。」這個做法在今日變化萬千的經濟裡尤爲重要，因爲新的競爭者往往突然出現，而且科技可能使過去成功的策略在一夕之間被淘汰。

在你準備思考與才能有關的事項時，你可能想要問自己：

● 我有什麼才能可以使自己有信用，同時激發別人對我的信任和信心？

● 在培養才能、提高自信方面，我具有（或缺乏）什麼經驗？

- 諸如科技、全球化之類的因素，對我現有的才能跟上脈動有何關連？
- 我對改善現有才能和擁有新才能的態度和方法是什麼？

　　這一章的前半部分探討所謂的「技術能力」，也就是工作、狀況或特定工作所需的技能。後半部分的重點放在對每一個情況都很重要的一個才能，也就是建立、培養、付出、恢復信任的能力，我稱之為「信任的能力」。

TASKS

　　思考才能的一個方法，就是從運用天賦（Talents）、態度（Attitudes）、技能（Skills）、知識（Knowledge）、風格（Style）等不同面向去探討，這五個英文字的字首合起來正是「TASKS」。

　　天賦是與生俱有的天分和長處。**態度**指的是思惟，也就是看事情的方式和存在之道。**技能**是精通的事情，可以做得很好的事情。**知識**代表的是學習、見解、領會、覺察。**風格**代表的是特有的方法和人格。

　　這些都屬於我們所謂的才能，是締造成果的方法。把它們分解為這些成分之後，就比較能充分探討，包括個別的性質和其相互依存的關係。

　　以下是一些自我要思考的問題：

　　天賦：我的特長或天賦是什麼？我的天賦發揮到極至和充分的運用會是什麼情形？我如何把天賦推展到極限？我有什麼

天賦是尚未發展出來的？

天賦是我們自然而然就會的事。我的同事巴瑞有公開演說的天分，大部分人認為這是一件壓力很大的事，但是他只覺得演講讓他活力充沛、不斷更新。他天生有一種與人打成一片、使學習富有趣味、結合人與思考的本事。技能和知識對他來說有所助益，然而他的才能與熱忱則是來自天賦。

我的另一個朋友克莉絲蒂有在家創業的經驗，但仍在找尋更能充分發揮她獨特才華的工作。她認識了一位專門助人發掘天賦的教練之後，發現自己熱愛組織規畫，於是從事這方面的工作，現在已成為美國家居與辦公室環境整理協會的分會長，經營一份組織規畫居家與辦公室環境的生意。克莉絲蒂認為自己成功的原因，與其說是努力工作，倒不如說她有這方面的天賦和熱忱。她說：「我簡直無法相信自己做這種事還有錢可拿！」

在思考天賦時必須了解，我們的內在可能有一些天賦是自己目前並不知道的。我們可能過去並未真正深入思考過自己的天賦是什麼，現在可以讓工作、其他環境或他人的需求，來幫我們發掘自己的天賦。深入做一次內省，找出自己的天賦，說不定你會有一些始料未及和令人興奮的康莊大道可以追尋。

態度：我對工作的態度是什麼？對生活的態度？對學習的態度？對自己、對能力，以及對自我貢獻的機會的態度又是什麼？有可接受且更積極的態度和思惟，幫助自我創造更豐碩的成果嗎？

參考一下安侯建業公司（KPMG）前總裁歐凱利（Eugene

O'Kelly）選擇他人生最後一百天的生活方式。歐凱利在五十三歲時被診斷出罹患不治的腦癌，只有三個月可活。他面對即將來臨的死亡的方式，充滿了勇氣和勵志精神，記載在他的著作《追逐日光》（*Chasing Daylight*）中。他說：

我是有福的人。我被告知有三個月可活……我在二○○五年五月的最後一週收到的這份判決……變成一份禮物。簡單的說，我要自己回答兩個問題：生命的結束一定得是人生最淒慘的部分嗎？還有，這可以是一個有建設性的經驗──甚至是生命最好的部分嗎？不必和可以，是我分別對這兩個問題的回答。我能夠在神志清醒（通常是）和身體狀況良好（算是吧）的時候面對死亡，而且摯愛的人就在身旁。如我所說：這是福氣。

歐凱利於二○○五年九月十日離開人世，但在之前他能夠「完美的了結」他個人的每一段人際關係，體驗他稱之為「完美時刻」和「完美日子」的富足。

我認為特別需要注意的態度，就是「應得權利」的心理：「我是經理，我擁有這個職位，所以別人都在工作時，我可以去度假。」這樣的心理很快就會使信用消耗殆盡，是信任的大殺手。經理去度假的時候，部屬的競爭力很快就會超越他，於是製造出非常緊張的情勢，通常會致使這個經理的表現持續往下降，淪為平庸之才。蘋果和皮克斯動畫工廠（Pixar）總裁賈伯斯（Steve Jobs）說過，B級經理人僱用C級部屬，C級經理人僱用D級部屬。

　　要記住的是，A級經理人（沒有這種「應得權利」心理的人）僱用A⁺部屬，帶領大家增長才幹，創造更大的信用，贏得更大的信任，締造更出色的成果。這個做法印證許多卓越經理人信奉的一個領導哲學，就是永遠要和比自己更有天分、更有實力的人相處。這麼做需要有極大的，由誠信、正向的立意、不斷改進的態度而產生的自我信任，但是成果無可比擬。

　　技能：我現在擁有什麼技能？未來還我需要什麼技能是目前沒有的？若經常更新技能，我投入的程度又有多少？

　　老虎‧伍茲一九九七年剛轉入高球職業選手之際，以領先十二桿的最大差距在名人賽中封王，當時被大眾視為世上頂尖的高球選手，但他決心改善揮桿動作，而且願意付出「處於低潮」長達一年半的代價，來實現這個目標。因為他相信這麼做，可以使他打得更好、更長久。他說：

　　你可以有一球打得很漂亮……即使揮桿的技巧並不穩當。然而一旦時機不對，你還能用那樣的揮桿動作在巡迴賽中和人一爭長短嗎？那樣的技術可以長時間持續下去嗎？這些問題的答案，以我的揮桿動作而言，是不行的。所以我想要改變。

　　老虎走出低潮，贏得所謂的「老虎大滿貫」，四大賽的冠軍立即在握──這個壯舉在高爾夫球史上，唯獨傳奇人物鮑比‧瓊斯（Bobby Jones）成就過一次。

　　然而，幾乎讓人人跌破眼鏡的是，老虎決定再次改造他的揮桿動作。他說：

我想要更常有巔峰表現，那是整個精神所在。那就是為什麼要改變的原因。我認為這一來我的穩定性可以更高，而且更常有更高水準的表現……我一向願意為成為一個精益求精的高爾夫球手而承擔風險，那就是支持我走到這裡的原因之一。

雖然伍茲第二次大改造的成績尚未有定論，但顯而易見的，他是一個不斷加強自我實力的好例子。《高爾夫文摘》（Golf Digest）把伍茲孜孜不倦求進步的渴望稱為「老虎信條：**我改善，故我在。**」《時代》雜誌指出：

伍茲最為人欽佩的，就是那種鍥而不捨的、追求日本人所謂的「kaizen」，也就是持續改善的精神。豐田公司的工程師會不斷推動一個非常好的裝配系統，直到失靈為止，接著找出並修理這個瑕疵，然後再開始推動這個系統。這就是「kaizen」。那就是「老虎」。

老虎‧伍茲展現了在今日全球扁平經濟中致勝必備的態度和動機。除非不斷的改善自己的技能，否則你很快就會跟不上潮流。一旦跟不上潮流，就不再有信用，而缺乏信用，就無法維持信任，這一來就會強烈影響速度和成本。

技能方面還有一件事情要注意，就是作家柯林斯所說的「競爭力的詛咒」，也就是一個人有時候對某件事並沒有天分或不很感興趣，但是後來卻變得很拿手。我父親常說：「現有的技能未必是你的天賦。」我們必須確定自己培養的技能並不會限制自己。不管怎麼說，天賦這口井還是可以挖得比技能深。

知識：我現有的知識在我的領域裡到達什麼程度？我如何與時俱進？我在追求其他什麼範圍的知識？

我永遠忘不了一位總裁曾談到員工培訓投資讓公司承擔的風險。有人問他：「如果你訓練了每一個人，最後他們全離職了怎麼辦？」他回答：「如果不訓練他們，而他們全部留下來的話怎麼辦？」

顯然，增長知識對今日的全球經濟而言十分重要，因為全球的知識庫現在每兩年到兩年半就增加一倍。加快個人和組織學習速度的方法之一，就是以把所學教給別人為目的。杜拉克注意到：「知識工作者和服務工作者在教人的時候，學習的速度最快。」當領導人安排機會和程序，讓大家可以在組織內把所學傳授他人時，就大幅加快個人與組織的學習，以及知識轉移的速度。顧問指導、輔導和其他訓練過程，都可以加速這一類的學習，而不論學的是什麼，學完之後都能成為指導老師，這一點讓許多體驗過這種過程的力量的人，激發出新的生活思惟。

倫敦一名鮮為人知的女子韓克（Marion D. Hanks）說的這個故事，清楚說明了這一點。她在聆聽傑出的博物學家阿加西博士（Dr. Louis Agassiz）的一場演說後，抱怨自己從來沒有機會學習。阿加西反問她正在做什麼。她回答說自己靠削馬鈴薯皮和切洋蔥賺錢，幫助妹妹經營一家民宿。

他說：「女士，妳在做這些有意思的家常工作時，坐在什麼地方？」

「在廚房樓梯最底下的一個階梯。」

「妳的腳放在哪裡？」

「放在釉面磚上。」

「釉面磚是什麼？」

「不知道，先生。」

他說：「妳坐在那裡多久了呢？」

她說：「十五年。」

「女士，這是我的名片，」阿加西博士說，「可以請妳寫一封信告訴我釉面磚的性質嗎？」

她認真去做他交代的事，在字典裡查這個字，又讀了百科全書裡的一篇文章，發現釉面磚是玻化的瓷土和含水的矽酸鋁。她不懂那是什麼意思，於是再去查。她去博物館研究地理學，又去磚廠認識了一百二十多種的磚塊和瓷磚。然後她針對釉面磚和瓷磚這個題目，寫了一篇三十六頁的論文，寄去給阿加西博士。

他回了一封信說，如果她同意讓他發表這篇文章的話，他願意付給兩百五十美元的酬勞。然後他問：「那些磚塊下面是什麼？」

她回答：「螞蟻。」

他說：「告訴我螞蟻的事。」

於是她深入研究螞蟻，接著又針對螞蟻這個主題寫了一篇三百六十頁的報告，寄去給阿加西博士。他把這些報告出版成書，這筆收入讓她得以去旅行，前往她一直想要去見識的地方。

韓克談到這個經驗時，問：

在你聽這個故事的這一刻，你有沒有敏銳的感覺到，我們

所有的人都是坐著，腳放在一塊塊玻化的瓷土和含水的矽酸鋁上面——而下面是螞蟻？契斯特頓（Chesterton）說：「沒有無趣的事；只有無趣的人。」

風格：我現有的風格在處理問題和機會，以及與別人互動時，效率如何？我的方法是加快或妨礙完成目標的速度？我可以如何改善自己做事的方法？

在一九九〇年代末電子商務鼎盛之際，電子村（iVillage）創辦人之一，總裁暨執行長卡彭特（Candice Carpenter）施行一種她所謂「激進的顧問指導」，用一種強硬、絕不打馬虎眼的方法，教導並訓練年輕的員工。根據當時《快速公司》（*Fast Company*）雜誌的一篇報導，卡彭特喜歡把自己和商業夥伴伊凡斯（Nancy Evans）比喻為「為年輕領導人主持培訓營的教育班長」：

每隔幾個月，卡彭特和伊凡斯會選出一名明日之星共進午餐、私下會議，偶爾深夜進行電話溝通。更重要的是，她們給這名員工意見，而且是直接、持續、誠實得幾乎不近人情，因為她們認為：「一味採取柔性的態度，人們不會成長。」

有些人可能認為天然超市食品連鎖店（Whole Foods，順帶一提，這家連鎖店已超越美國最大的零售商沃爾瑪，整體銷售成長率和同店銷售成長率連續四年高居美國第一）的創辦人兼總裁麥奇（John Mackey）的做法，在領導的領域裡可說是南轅北轍。

《快速公司》雜誌指出，麥奇穿著短褲和健行鞋上班。每一次會議結束時，都對與會者一一說些感謝或愉快的話。他把每一個人的薪俸公布在公告欄；以多數票做決策（包括錄用新人的決定），而且很少會駁回多數人的決定。

（麥奇）不只授權，事實上，他對公司的做法幾乎是完全不同的。問他一百四十個收銀員如何可以像一個單一團隊發揮功能……他的表情宛如人類學家聽到學生提出一個好問題。

「那的確像是個問題，」他說，「一個這麼大的團隊可能會搞不清楚基本的作業原則。不過我告訴你，我完全不知道他們如何解決那個問題。那已不是我該管的事。不過你可以打電話去問問，我保證他們已經找到解決辦法。」

顯然，卡彭特和麥奇的「風格」南轅北轍，但是兩人在建立信用和信任方面都卓有成效。

讓 TASKS 與工作契合

這裡要談的目標是培養「TASKS」，使它們配合手上的工作，盡量讓天生的才能、熱忱、技能、知識、風格，與工作、貢獻、發揮影響力的機會契合。

蓋洛普組織做的研究顯示，受訪的大企業員工只有百分之二十的人覺得自己每天有發揮所長。也就是說，受訪的員工有十分之八覺得自己擔任不合適的工作。

柯林斯在《從 A 到 A⁺》一書中，談到成功的企業「選擇好的人才」，以及「把人用在正確位置上」的重要性。你身為領

導人，既想組織裡有能幹的員工，也希望員工的才幹契合你要他去做的工作。

愈來愈多組織已經覺察「彼得定律」的影響。聰明的企業採取才能模式、訓練、輔導、指導等方式，務使獲得升遷的員工擁有「TASKS」，幫助他們建立成功所需的信用。

在個人方面，問題在許多人並不熱中持續進步的觀念。他們在一家公司工作，而且說不定一做就是十年或十五年，但是他們擁有的不是十五年經驗，而是一年的經驗重複十五次！他們沒有適應全球新經濟所需要的變化，因此沒有培養出信用，無法激發更大的信任和機會。這些人通常會被淘汰，因為他們的公司和（或）外面的市場，成長的速度會比他們快。

企業只依賴以往的成功，而不能回應全球新經濟體系的需求和挑戰的話，也會有相同下場。如果企業不持續求進步，有時候甚至是徹底的改進，就有跟不上時代和被淘汰的危險。他們印證了偉大歷史學家湯恩比（Arnold Toynbee）的話：「沒有任何事物比成功更容易消亡。」換句話說，他們一直在做昨日市場中賴以成功的事情，但同樣的事情在現今的全球經濟體系中，已無法開創成功。

> 如果不喜歡改變，你就更不喜歡跟上時代脈動。
>
> ——美國陸軍參謀長 辛塞奇（Eric Shinseki）

不斷學習、成長、重新塑造自我的企業，都有不同的故

事。參考一下戴爾公司（Dell）的戴爾（Michael Dell）和羅林斯（Kevin Rollins）的成功故事。這兩個全球績效最好的企業之一的領導人，實施大規模的三百六十度考核。重視這些考核資料，用這些資料來改造自己（儘管很棘手），就是他們成功的一大原因。

二〇〇三年《商業週刊》的一篇報導指出，戴爾和羅林斯曾經收到令人失望的個人考核：

員工認為三十八歲的戴爾沒有人情味、不容易親近，而五十歲的羅林斯則被視為獨裁和有排他性。對這兩位企業領導人忠心耿耿的人屈指可數。更慘的是，不滿的情緒在擴散——在公司首次大規模裁員後的那個夏季做的一項調查發現，只要有機會，戴爾半數的員工都會離職。

他們並沒有對考核結果置之不理（對這兩位成就非凡的領導人來說，這會是容易和典型的反應），反之，他們立刻採取行動來改善。戴爾與高階主管開會，批評自己身為領導人的缺點，並保證要和他的團隊有更密切的關係。戴爾的這番自我批評有同步錄影，並播放給公司的每一位經理看，同時戴爾和羅林斯兩人都非常努力改進。戴爾在桌上放了一個推土機的塑膠模型，提醒自己，不要在沒有詢問別人意見的情況下，強行推動自己的想法；而羅林斯則是用一隻小猴子「好奇喬治」公仔來提醒自己，做決策之前要聽取別人的意見。

到二〇〇五年，戴爾公司名列美國最受讚賞的企業，並被《富比士》雜誌列為最受賞識的企業第三名。《商業週刊》的

報導繼續說：

　　戴爾的祕訣是什麼？是他認為「現狀永遠不夠好」的觀念，即使這對他這個辦公室門上掛著自己名牌的人來說，意味著要做痛苦的改變。當他成功達到目標後，獲得五秒鐘的讚美，然後是五小時的檢驗，看什麼地方可以做得更好。戴爾說：「慶祝一奈秒，然後繼續向前邁進。」

如何增進才能

　　與客戶合作時，我聽到一些由增進才能來提升信用的絕佳想法，不過三個作用最大的加速器如下：

1. 運用自己的長處和目的

　　這裡提出的概念只是要你找出自己的長處（不論是天賦、態度、技能、知識或風格），然後鎖定個人特有的優點加以運用、培養、提升。

　　杜拉克鼓勵領導人：「為機會提供食物，讓問題餓死。」同樣的，我主張我們必須「為優點提供機會，讓缺點餓死。」我們並不是漠視自己的缺點，而是用和別人有效率合作的方式，使自己的弱點變得無足輕重，這樣彼此可收到截長補短的作用。這就是「把人用在正確的位置上」。

　　令人嘖嘖稱奇的籃球選手喬丹，就是發揮所長的一個著名例子。他一度決定自成就非凡的籃球生涯退休而轉戰棒球，因為他一向熱愛棒球，想要證明自己在棒球也可以有高水準的表現。然而，離開籃球場轉戰棒球場的喬丹，從「全世界第一」

淪爲了「稀鬆平常」，所以後來決定重返籃壇，如今除了從前奪得的三個籃球錦標賽總冠軍之外，又抱回三個總冠軍。他充分運用自己的長處，不但因此事業更成功、更愉快，也對籃壇和體壇做出獨特和備受推崇的貢獻。

重要的是，要了解有時候運用個人長處的重要性，會被另一種力量——目的的力量超越。這件事可能是受良知驅使去做，或是覺得不得不去追求的，只是我們可能尚未培養出完成這件事所需的「TASKS」。

在自己的經驗中，我發現追求教育，以及在自認有天賦的領域工作和擁有貢獻的機會，讓我得到極大的滿足感。可是有時候我的內心會有聲音敦促自己進入尚未開發的領域，強迫我（有時候甚至是不舒服的）發現新的長項，或培養新的技能，以面對即將到來的任務，這時如果我有所回應的話，也會感到一股興奮和愉悅。

2. 讓自己與時俱進

多年來，人們已肯定用大學四年掙得一個學位的重要性，然而要在今日的經濟體系中成功，真的需要一個用四十年時間才能掙得的學歷。換句話說，你必須終生學習。大學四年的學歷教導人如何閱讀、撰寫、思考和推理，可是主要的目的應該是讓人準備進行持續不斷的學習。

我認識一個傑出的人，他多年來每天都是一大早就起床，然後閱讀兩小時。他的目標是盡量學習組織行爲與發展、人類行爲、管理、領導方面的知識，而他也確實達到這個目標。我看著他變得非常幹練，每一次被賦與更重的責任時，就把自己

的職能提高到晉升後職務所需的水平，我稱之爲「逆向彼得定律」發揮作用。

回到戴爾和羅林斯的例子上，若戴爾和羅林斯對他們收到的考核資料置之不理，會比較輕鬆，而這種做法也無可非議，畢竟，他們已經是功成名就的領導人。然而他們卻不斷的改進自己，不但使原本便已很高的信用繼續往上攀升，還提升信任感和改善成果。

3. 釐清自己的方向

我最近一次和行銷專家屈特（Jack Trout）談話時，我問他，以他的觀點來說，領導的關鍵是什麼。我永遠忘不了他簡單又徹底的回答：「無論如何，人們追隨的是那些釐清方向的人。」

我記得好多年前，我父親五十歲的時候，毅然決然放棄他在大學的教職，成立一家訓練和顧問公司。很多朋友都覺得他的腦袋瓜「秀逗」了才會這麼做，紛紛勸阻他。他在大學教書教得好好的，不但有所貢獻，還可以永遠兼差當顧問。可是父親對自己的目標有清楚明確的願景，而且他認爲只有以一個組織做後盾，才可以做出不同類型的貢獻。所以他做了一百八十度的大轉變……而別人就追隨其後。他們群策群力創建了柯維領導力中心，後來又變成法蘭克林柯維，然後再發展爲舉世最大規模和最具影響力的領導力發展公司之一。

釐清自己的方向以及擁有達到目標的才能，是另一個證明能力的方法。而那個能力加上品德，就創造出一個有信用的領導人，別人會追隨其後——不是被迫，而是因爲受到鼓舞。

信任的能力

我前面提過，品德是常數，能力（至少大部分的能力）則依情況而定，要看當時需要的是什麼。

然而，有少數能力是在每一個情況下都重要的，我所說的「信任的能力」位居第一。基本上這就是本書所要討論的重點——建立、培養、付出和恢復信任的能力。我甚至要說，技術能力被課稅的多寡（有時候甚至變得無足輕重），和信任能力有很大的直接關連，有鑑於此，我再一次肯定，信任能力不僅攸關個人成功，也是全球新經濟關鍵的領導力。

在考量技術能力對信任的重要性之後，我深信你從本章能獲得的最重要觀念，就是覺察到信任能力的絕頂重要性。為了更能掌握這些能力，你可以再次攤開「TASKS」——天賦、態度、技能、知識、風格，評估自己可以在什麼地方使力，最有效率的提高信任能力。

提高信任能力的最佳「加速器」，就是埋首閱讀這本書的內容。在學習由內而外的建立、培養、給予和恢復信任時，你會對在生活每一方面得到、感覺到的信心，以及獲得的成果，大感驚奇。

核心四：成效
你以往有什麼表現？

除非員工有優異的表現，
否則無法塑造高信任的企業文化。

——前百事可樂公司執行長 威勒普（Craig Weatherup）

一九九四年，我應邀擔任柯維領導力中心的董事長暨執行長，上任第一週便和銀行開了一個棘手的會議。好消息是，公司一直在為客戶建立不錯的價值，這一點可從業績的成長證明。壞消息是，我們尚未想出自己的商務模式，而利潤與現金不足證明了這一點。

公司空有智慧資本、人才濟濟、驚人的成長，卻陷入困境。我們已連續十一年負資金流量，沒有外來資金、沒有利潤，在銀行裡什麼也沒有。應付帳款全部展延，我們的信用額度已經爆掉；「負債對有形淨值比」是兩百二十三比一。基本上我們在成長，但其他方面配合不及，情況愈來愈糟，而銀行對我們的信心和信任幾乎是零。他們要求我們回到個人擔保，而且已經進入要決定是否抽掉銀根，停止和我們交易的程序。

幸好他們沒有這麼做。對我們，和對我們的客戶而言，這都是萬幸之事。

　　會議後兩年半之內，我們建立了一個永續經營的商務模式，使公司的價值從兩百四十萬美元，飆增到一億六千萬美元，利潤增加百分之一千兩百，日應收帳款從八十七美元減少到四十八美元。「負債對有形淨值比」從兩百二十三比一，銳減到二比一以下。我們不但有高成長，還有高利潤。

　　整個經驗最有趣的事，就是看到這些成效對我們與銀行關係的影響。銀行看到我們在兩年半中接二連三達到新的里程碑，從生產、達到目標、增加利潤、增加現金，無不一一履行承諾，而我們則看見銀行對我們的信心增加。他們開始把我們視為一個良性的風險，大幅提高我們的信用額度，而且是一次一次又一次。他們想要給我們更多生意。

　　是什麼原因使他們給予我們更多的信任？就是成效！

成效攸關一切！

　　成效攸關一切！它攸關個人的信用，以及你與他人建立與維持的信任。套一句威爾許說的，得到成效就像是桌上有一株「績效的嫩芽」，會使你有影響力，把你歸類為做事情、有績效的人。缺乏這些成效，就無法產生這種影響力。

　　我們再次回到樹的比喻，成效是果實，也是樹根、樹幹與樹枝產生的具體、可以測量的最終目的和產品。有其他三個核心而缺乏成效，就像是一株光禿禿的樹，無法產生信用，不論其他三個核心有多強都是枉然。它也無法激發信心，因為這棵樹沒有結出應有的果實。

　　最重要的是，沒有成效，就沒有信用。如同老德州人所說：「只有帽子，沒有牛群。」或是加州賽馬說的：「只會

秀，不會跑。」人們不信任你，因為你沒有做出績效。有績效，或沒有績效，這是瞞不了人的事。你可以找藉口，甚至可能理由十足，但是到頭來，只要沒有成效，就沒有信用，也沒有信任。事情就是這麼簡單，就是這麼殘酷。

反之，如果做出成績，但是違反其他三個核心中的一個，例如用違反誠信的方法獲得成效，或是使別人「輸」，那麼得到的成效會難以為繼，結出的果實也不會香，不但滋味不好，氣味也不佳，就算外表看起來漂亮，裡面也會是爛的，而且無法建立長期的信用和信任。一旦成效切斷了品德的根，就無法持續生產香甜的果實。

這一點為時下的組織製造出一個大問題——如果某人有績效，但用的是違反公司價值的方法，你會怎麼處理？奇異公司（GE）一個說明「獲得成效」和「實踐價值」之間動態的分析模式，提出四個可能性。他們認為，你很容易知道如何對待第一類人，也就是締造績效又實踐價值觀的人。他們應被留在公司裡並予以晉升；第二類人，也就是績效不彰又不實踐價值觀的人，該如何對待也很清楚。你應該請他們另謀他就。

另外兩類人，就比較難處理了。實踐價值觀但績效不彰的人通常可以加以訓練、指導，或調動職務，如果這樣還沒有改善的話，就需要讓他們另謀高就。最棘手的是那些有高績效但是不太能實踐價值觀的人，他們達到的目標人人稱羨，但用的卻是公然蔑視組織價值觀的方法。奇異分析模式顯示，這一類的人需要學習在組織價值觀內做事，否則無論他們的績效再怎麼好，都該請他們另謀高就。留住他們並任其依然故我，不但績效難以維持、對組織有殺傷力，還會破壞信用和信任。

威爾許指出：

除非以實際的行動支持，否則價值觀和行為標準說得再清楚，作用都不大。要使價值觀發揮實際意義，企業就必須獎勵體現這些價值觀的員工，並且「懲罰」不能體現這些價值觀的員工。相信我，這個做法會使企業比較容易成功。我之所以這麼說，是因為每次我們請不體現這些價值觀的績優經理人另謀高就（我們已公開說過會這麼做）的時候，組織上上下下的反應便好得出奇。十年來，我們每年會做一次調查，員工都表示，公司愈來愈能實踐自己的價值觀，員工因此也更願意去實踐它們。隨著員工滿意度愈來愈高，公司的財務績效也跟著水漲船高。

成效無疑會掩飾許多的缺點。舉例來說，如果你是一個績效一流的人，但是不準時交開支報告，管理階層還是可能從寬處理。我們在自己的公司裡全看過這種情形，而且這樣有時候會製造出雙重標準，成為一種譏諷。然而就長期而言，即使是睥睨群倫的成效，也不能補償缺乏誠信的缺點。

從另一方面來看，即使擁有誠信的優點，但缺乏成效的話，也無濟於事。同樣的，四個核心對個人和組織的信用而言，**全部**都很重要，是建立信任的基礎。

成效──過去、現在、未來

我曾在華爾街一家上市公司擔任高階主管，所以很清楚知道評估成效的三個主要指標。一是以往的績效，包括表現、聲

譽、完成的目標、已經展現的成效。二是現有的績效，也就是目前的表現如何。三是預期的績效，亦即別人認爲你未來會有什麼樣的績效。

外界在評估一家企業的價值時，就可以看到這三個指標開始發揮作用。他們會將歷史盈利乘以一個倍數，然後得出一個價值。或者他們會以現在、即時的資料和成效（現有的績效）乘以一個倍數，得到一個價值。或者（華爾街的情形）是取一個預期的結果（未來的績效），然後打一個折扣，得到一個現值。這三個成效的面向——過去、現在、未來，在考慮一家公司的價值時都是重要的。

這三個面向也適用於每一個個人。信用不但來自我們過去和現在的成效，也來自他人對我們有能力在未來做出成效的信心。

我曾經與一個誠實、立意良善，而且才幹十足的人共事，可是他無論如何都無法達成任何目標。我們同屬一個團隊，大家輪流負責和一些潛在客戶聯絡。有一次一個大機會來了，當時本來該由這個人去負責聯絡，但是我對於是否給他這個機會有所遲疑，事實上這個團隊裡的每一個人都有所遲疑，因爲他從未做出任何成績。我們把他以往的績效投射在未來預期之後，覺得無法相信他會達成目標。久而久之，他空有一身的才華，卻成爲一個可有可無的人，最後離開了公司。

從另一方面來說，如果一個人或一家公司能建立永續締造績效的聲譽，就另當別論了。想想看，多年前快遞業的隔日送達服務已經算可靠了，但畢竟仍做不到百分之百。後來聯邦快遞（FedEx）喊出這個口號：「必要時刻，絕對隔夜送達！」

他們不但喊出這個口號，還以服務支持，而且表現優異，堅持不懈的締造了成果。他們的創辦人史密斯（Frederic Smith）說：「我們以爲自己銷售的是貨品的運送，可是事實上，我們銷售的是讓顧客心安神泰。」他們的表現贏得了信用和信任——還有生意。如今，大家期待聯邦快遞會準時送達，因爲他們已經準時送達過，而且是一次又一次。

成果對信任的影響也顯現生活的每一個方面。我有一個朋友要出門幾天，打算讓十來歲的女兒和她的朋友看家。他說他這麼做很放心，但透露說，他兒子十幾歲時，他完全不會想把這種事交給兒子。他的女兒和兒子都是「好」孩子，可是女兒以往有成熟和負責的表現可循，兒子卻沒有。這個人對兩個孩子的信心度（也是他願意付出信任的依據）是從以往的表現推斷。

定義「成效」

我從華爾街學到，「成效」重於一切，而成效和信用之間的關連通常是殘酷的。一家公司可能一直得到好的成效，可是一旦少掉四分之一，甚至只要少一點點，就彷彿以往的成效都不存在似的。就某種程度來說可能更糟，因爲組織的未來現在被視爲不可預料的。

不過，我在華爾街之外學到一點，就是有時候從其他方式來看「成效」才是明智之舉。卡普蘭（Robert S. Kaplan）和諾頓（David P. Norton）在《平衡計分卡》（*The Balanced Scorecard*）中說過，多元化的利害關係人和措施，對財務成效的持續性有指標作用，而要考量的一個重點，就是信任稅或紅

利。不把這個倍數或除數納入考量的話，就無法精確了解做任何事情的成效。

另一件要考慮的，是對成效的定義。你有可能做對了每一件事，包括擁有誠信、立意良好和才能，並且用有原則的方式去締造優質的成果，但是生意仍有可能失敗，配偶還是有可能離你而去，子女依然做不好的選擇，或是可能遇到海嘯或颶風，使家庭以及你辛苦工作換來的一切毀於一旦。有一些事情完全是在你控制之外的，而且有時候你就是必須用一個異於原先所想的方式去定義「成效」：

- 沒錯，我的生意現在做得很辛苦，可是我發現了什麼？我得到的優勢是什麼？我增強了什麼能力是可用在未來的？
- 沒錯，我的婚姻失敗。但結果是什麼？我學到了什麼？我盡了全力嗎？我是以充分的誠信對待這段婚姻嗎？這段婚姻讓我變得更好、更堅強嗎？我有沒有樹立一個希望子女看到的行為模式？
- 沒錯，這場災難徹底毀滅了我的家園和我的生意。可是我因此看到什麼新機會？我有什麼更好的方法可以運用自己的天分和能力，使情況改觀？我有什麼優點可以使我和他人一起攜手重建？

即便看得見的結果是負面的，你還是可以根據長期而言是正向的，而且說不定是更重要的成效，來認清自己、定義自己、評估自己，在增加自我信任和自信方面有很大的進展。

我曾有機會擔任小聯盟奪旗美式足球（flag football）教練

九年，我看到家長和教練認為贏球是唯一正當想要的結果，以及這個想法對小朋友的影響。在我心中，尤其是對那個年齡的孩子而言，事實上還有其他更重要的成效。所以我和我指導的球隊討論出六個目標：全力打球、打得盡興、做一個好的運動員、做一個好的隊員、從中學習，以及贏球。

你會發現「贏球」敬陪末座。好的結果多得是，值得慶祝的事多得是，就算是對陣的球隊贏了球也一樣。那些結果才是需要慶祝的，因為這些事情會使那些孩子一生受益。

從另一方面來看，你看到有的人婚姻或家庭好像全都擁有了，其實不然；你的生意或企業好像在獲利，業務蒸蒸日上，其實不然；你的學生成績全部是優等，其實他們並沒有真正受到教育。我們必須小心，不要在定義或評估成效時只看表面，不論是在自己或別人的生活中俱皆如此。在評估別人時，也需要運用智慧，從以往的表現推斷未來的成就。誠如標準的投資說明書所說：「以往的績效並非未來績效的保證。」

《華爾街日報》有一次報導，中美能源公司（MidAmerican Energy，波克夏哈薩威持有全部股份的子公司）的總裁索科爾（David Sokol）被一些壞消息搞得心神不寧，必須去面對哈薩威的總裁巴菲特。這家位於愛荷華州的公司，因為一項往南發展的鋅金屬投資案，而必須沖銷約三億六千萬美元。索科爾繃緊神經，做好捲鋪蓋走路的準備，然而巴菲特的反應卻出乎他的意料：「索科爾，我們都會犯錯。如果犯不起錯，就做不了決策。我自己犯過的錯誤比這個嚴重多了。」那次會面只用了十分鐘。

在工作、人際關係、家庭、個人生活中，肯定人們有從錯

誤中學習和改變的能耐，才是智慧。塑造出一個企業文化，讓這樣的事情安全發生，也是智慧。一個透明的學習和成長的文化，就算立即的結果未必是最好的，通常還是能夠建立信用和信任。成長才是比想要獲得的成果更重要的成效，而成長是不可能在沒有風險的情況下發生的。如果你永遠依據過去看得見的表現來做決定和給與機會，就是嚴重限制自己未來締造更大成就的能力。

最後，需要覺察和體會的一個價值，就是擔任配角對達到成效的重要性，尤其是這個成績主要的功勞是落在別人頭上的時候。事實上，沒有任何成果是可以完全由單一個人或團體的努力而成就的——成效代表的是眾人之力。在科學界可以看出這一點，因為科學大部分的新「發現」，顯而易見都得自過去的研究，有時甚至是來自過去的錯誤。在籃球等運動可以看到配角的重要性受到肯定，因為最後所統計的不只是分數，還包括助攻在內，而棒球也要計算犧牲打和跑壘。了解和領會配角對獲得成效的重要性，可幫助所有人好好重視自己的貢獻，以及他人的貢獻。

傳達成效

我青少年時期曾在一個組織工作，我必須通過他們的一套審核標準，才能列入升職的候選人。我對這份工作感到興奮無比，很想有一番作為，所以到職前非常努力準備，在上班的第一天就通過審核。誰知道我上班的第一天，也是新老闆上任的第一天，結果那天發生的事情非常多（但我並不知情），所以我通過審核的事並未引起他的注意。

接下來八個月，不論我多麼努力，別人都升職了，就是我沒有。我覺得奇怪，但是我什麼都沒有說，只是更加賣力的工作。最後，這位領導人對我說：「史蒂芬，我真是不懂，你那麼優秀，每一件事情都做得很好，可是為什麼你不能通過規定，讓我們把你升到管理別人的職位。」

我大吃一驚，大聲說：「可是我已經通過了呀──而且是在我上班的第一天！」我們兩個都感到驚愕，因為我們都明白要是他早知道這件事的話，現在會是如何。我交出了成績，但是這個成效未獲得適當的認可，影響了他對我和我信用的觀感，因此也影響了他願意賦與我的責任。然而，那些成績一旦獲得認可，尤其加上過去數月在有限的機會下，我還有的出色表現，使他對我的觀感為之丕變。我獲得充分信任後，便能用更有意義的方式貢獻一己之力。

在創造出你在別人眼中的可信度時，重要的不只是成效而已，人們對成效的覺察也很要緊。因此，適當把成效傳達給別人知道，是很重要的事。

如何改善成效

成效對建立信用與信任都很重要。在這個前提之下，問題就在於：要如何改善自己的成效？我相信以下三個加速器最有效：

1. 以成效為己任

我七歲的時候，父親教過我，成功的關鍵之一就是為結果（而不是交辦的工作）負責。他告訴我，我要負責保持院子

「綠油油」和「乾乾淨淨」；他並沒有告訴我該一星期為草坪灑兩次水、星期六要除草，或是把垃圾撿起來丟進垃圾桶。事實上，他告訴我的是，我可以用自己喜歡的任何方式保持院子「綠油油」和「乾乾淨淨」。重點是，我在向他做報告時，就必須為結果負責。

那個教訓成為我這一生一個重要學習的開始：重要的是為結果負責，而不只是負責做交辦的工作。這個方法展現創意，幫助你了解，如果你用一種方法得不到成效的話，就嘗試另一種，無論如何就是不能只坐在那裡發牢騷：「唉，我已經照你說的方法去做了！」它幫助我無論是和同事或孩童合作時，都發揮創造力。

不妨考慮以下的對比：

交辦的工作	成效
我打電話給顧客。	我完成這項買賣。
我做研究、寫報告。	我得到經費補助。
我上課。	我學會如何有效率的簡報。
我繼續節食。	我瘦了六公斤。
我嘗試。	「做或不做，沒有嘗試這件事。」 ——尤達大師

注重成效是一種思考方式。這是一種不同於注重交辦工作的心理。新力（Sony）公司的日裔經理大曾根幸三（Kozo Ohsone）有一次帶了一小塊木頭給工程小組看，告訴他們他想

要一個一般大小的個人音響，隨身聽於焉誕生。湯姆·畢德士（Tom Peters）在《亂中求勝》（*Thriving on Chaos*）中告訴大家克萊斯勒前總裁暨執行長艾科卡（Lee Iacocca）如何在克萊斯勒的產品系列增加一款敞篷車：

> 他（艾科卡）依標準的作業程序，要首席工程師製作一個模型。這位工程師的回答符合企業標準：「當然行，我們可以在九個月內組裝一個原型出來。」幾個當時在場的人說艾科卡勃然大怒：「你聽不懂我的話。現在去找一輛車，然後把那個該死東西的車頂給鋸掉。」

艾科卡要這個敞篷車原型立刻做出來的結果，造成轟動。隨身聽和克萊斯勒敞篷車的發展，重點顯然**不**在於交辦的工作，而是在成效。

除了區分成效和交辦的工作有所助益之外，為結果負責有另一個積極的面向。我在這一章再三強調，**締造**成果會建立信用和信任，然而就算只是**為結果負責**也會有一樣的效果，有時候就算結果欠佳也沒有關係，因為錯並不在你。

一九八二年有七個人服用被歹徒放入氰化物的止痛藥泰勒諾（Tylenol）膠囊後中毒身亡。當時全美大為恐慌，有人預測嬌生公司的品牌已陷於萬劫不復，然而嬌生公司為此事負起責任，立即提醒消費者在他們判斷出危害程度和範圍之前，停止使用泰勒諾。他們回收約三千一百萬瓶泰勒諾，零售價在一億美元以上，並提供更換消費者已購買的泰勒諾膠囊，又多損失數百萬美元。嬌生並與所有層級的執法人員建立關係，請他們

協助搜尋下毒的人，以及防止下毒事件繼續擴大，同時懸賞十萬美元舉報肇事者。後來這支藥重回市場時，包裝換成防止下毒的三重密封包裝。嬌生這一連串行動的結果，把一場原本可能是災難的事情，變成在信用和公信力方面的大勝。

耐人尋味的是，這個決策的基礎是擔任公司領導人長達五十年的羅強生（Robert Wood Johnson）於一九四〇年代中期寫的「信條」。他們的價值觀清楚明確，而且顯然是在謀求「共同利益」。一位專家說：

強生勾勒出公司對「使用其產品的消費者及專業醫藥人員、員工、員工工作和居住的社區，以及股東」的責任。強生相信，只要他的公司真實面對這些責任，企業就長期而言仍會茁壯成長。他覺得他的信條不但合乎道義，也會帶來盈利。

結果的確如此。著眼於共同的利益和為結果負責，就算是不好的結果，就算是錯不在嬌生也一樣負責到底，所以這家公司能夠恢復信用和信任。

為結果負責對個人和家庭生活的影響，也令人側目。配偶不是怪罪和指責對方，而是說：「對不起，這件事我也有責任。我要怎麼做，才可以讓它變得更好？」或是父母說：「可能是我沒有把這件事說清楚。我再說清楚一點。」或是關係疏遠的哥哥、姊姊為這樣的關係承擔責任，主動修補彼此的關係。當你說：「我接受我對這件事應負的責任，不論這個責任是什麼……」，同時「我接受協助找出解決辦法的責任」時，就建立了信用和信任，而且在所有方面會得到較好的成效。

2. 預期勝出

希臘神話中，塞浦路斯國王皮格馬利翁（Pygmalion）用象牙雕出一個夢中情人的雕像，取名爲葛拉蒂。這個女像美得讓皮格馬利翁情不自禁的愛上她，他想讓這尊雕像成爲眞人的渴望和意願，加上維納斯女神的幫助，眞的使她有了生命，兩人從此過著幸福的生活。

這個古神話已成爲一個比喻，說明預期的力量。這個現象通稱爲「皮格馬利翁效應」，也稱爲「葛拉蒂效應」、「羅森陶效應」、「自我實現的預言」、「積極的自我期望」、「信心」、「樂觀」，或者就只純粹是「信念」。在現代，以皮格馬利翁故事的精神而寫成的現代音樂劇《窈窕淑女》大受歡迎——故事中一位語言學教授的預期變成催化劑，激發一名口音「俗又有力」的賣花女搖身爲窈窕淑女。

這個原則很簡單，就是人往往會得到自己確信會得到的結果，包括對自己和對別人的預期在內。預期愈高，得到的往往愈多；預期愈少，得到的往往愈少。

在生活中懷有預期勝利的心理，會提高獲勝的機率，有助獲得更好的結果，而更好的結果則有助提高個人信用和自信，於是產生更正向的自我預期，然後有更多的勝利。這個向上提升的循環生生不息，成爲一個自我實現的預言。

所以，如果想要提升成效，就要預期贏，而且不只是你自己，也要你的團隊贏。這不是說要不擇手段，而是光榮體面的贏；不是犧牲別人，而是和別人同心協力。預期贏，同時也預期別人贏，這是爲勝出帶來助益的不二法門。

3. 堅定的結束

我的兒子史蒂芬是一個出色的足球員，而且擔任高中校隊隊長。有一年，他決定改打籃球，加入了籃球隊。令他失望的是，他的籃球打得普普通通，那一年大半時間都坐冷板凳。賽季結束的前一個月，他的肩膀受傷，醫師說那一年不能再打球時，他的第一反應是退出球隊。他受傷了，不能再打球，所以心裡認為沒有理由再留在隊上。

可是我和潔瑞的看法不同。對我們來說，這是一個原則問題。史蒂芬是球隊的一份子，球隊還在比賽，他有沒有上場無關緊要，重要的是球隊需要他的支持。

起初史蒂芬十分生氣，他說那只是在浪費時間。但最後他還是堅持下去，留在球隊上直到賽季結束。他協助球隊練習，支持球隊，教練和隊友們都對他讚不絕口。

他高中畢業後，做了一次演講，在演講中感謝教練，並說他從運動中得到人生兩個寶貴的課程：第一是努力，第二是堅定的結束。我們已經看到這兩個課程對他日後做每一件事情發揮的正向影響。

結果就在於如何結束。你可能聽過一句老話說，入門者眾，畢其功者屈指可數。我們似乎生活在一個受害者和半途而廢者與日俱增的社會——辭掉工作、遺棄子女（實際上和經濟上都有）、離婚的夫婦、連高中都沒有畢業的青少年，人數之多，表示在某些情況下，一旦情況不妙，大家傾向乾脆一走了之。當然，在某些情況下做這樣的決定可能是上策，然而有很多情況是儘管沒有十足的理由，人們依然沒有堅定結束的動機

和韌性。

顯然，堅定結束是有力對抗半途而廢的文化的方法。可是你有沒有想過，這個方法對信用和信任的影響更大？

我的座右銘是：盡可能的有始有終，而且要堅定的結束。我一個接受馬拉松訓練的同事，和大家分享一位世界級跑者給他的絕佳建議。「當你到達『撞牆期』（即體力到達極限，非常非常疲累），」那位跑者說，「覺得自己撐不下去的時候，不要把注意力放在你的疲憊上面，和使用『求生步伐』，而是抬起頭**加快自己的步伐**。」乍聽之下，這個建議違反了本能，但深思之後會發現，這句話言之有理。加快速度，其實是在跟自己說，你不只是要做完它，還要堅定的結束。

在「信用的原則」這個部分探討了第一圈漣漪：自我信任，並且討論信用的四個核心，也就是信任自己和值得別人信任的品德和能力。我們討論了以提高誠信和改善立意來培養品德的方法，也討論以提升才能和改善成效來培養自己的能力。在做這些事情的同時，就建立了信用和激發信任。

不論你有沒有察覺，人們都會注意到這四個核心。這四個核心影響你的信用，了解它們會給予你有意識的能力（意即經由學習，意識被喚醒），如同戴上信任眼鏡，使你得以看見水面下的魚，看到自己或別人受到信任或不受信任的原因。同時確定可以做什麼事情來提升信任，以及如何與別人合作，幫助他們提升在你的組織或家中，得到的信任感。

Societal Trust · Self-Trust · Market Trust · Organizational Trust · Relationship

第二圈漣漪——
人際關係的信任

第二圈漣漪——人際關係的信任，主要是和前後一致的行為有關。

這是關於學習如何用促進信任的方式與別人互動，同時避免用會破壞信任的方式與別人互動。

更確切的說，這是關於世界各地的高信任人們，普遍擁有的十三個行為。這些行為的影響力很大，因為：

這些行為是依據信任關係的原則（並非依據一時的流行、技術或做法，而是根據在所有昌明的文化中證明有效，而且歷久彌新的原則）。

這些行為是由四個核心而來（是根據個人的信用，也就是根據品德和能力。它們從真實的你，而非你假裝的樣子發散出去）。

這些行為是可行的（而且是立即可行）。

這些行為是可以行遍天下的（可適用於任何關係，包括老闆、同儕、同事、顧客、配偶、子女、大家庭，甚至朋友。亦可適用於任何組織，包括企業、政府、教育、醫療，或非營利

組織，和任何文化──儘管各文化的具體應用未必相同）。

我可以保證，這十三個行為會大幅提高你在所有人際關係建立信任的能力，包括個人和工作的關係。

十三個行為

你無法擺脫因為自己的行為而引起的問題。
——史蒂芬・柯維

的確，不過你可以用行為從自己的行為
引起的問題解套……而且通常速度超出想像。
——小史蒂芬・柯維

　　潔瑞和我在婚後數年搬到波士頓，我在那裡讀商學院。當時我們的兒子史蒂芬一歲。有一個週末，我的父母搭飛機來看我們，帶我們去一家自助餐廳吃晚餐，我見到他們很高興，所以有點返老還童、回到兒時。我快速在餐盤裡盛滿食物後，便坐下來跟我的父母（他們自己找到一張桌子）暢談往事，笑語不斷。這時候我幾乎完全沒有理會潔瑞，她那時仍帶著一歲大的兒子和背著他的尿布袋排隊，設法在他的餐盤和她自己的餐盤盛食物。最後她終於來了，可是整個晚上她的注意力都放在兒子身上，話說得並不多。

　　回家以後，我心滿意足的嘆了一口氣說：「我爸媽能來真好，對不對？」然後我轉身對她說：「我真愛妳！」

　　她說：「你並不愛我。」

　　我詫異的回答：「我當然愛妳！」

　　她說：「你並不愛我——弗萊迪！」

「弗萊迪！」我叫道：「弗萊迪是誰？」

「他是《窈窕淑女》的男主角。」她有幾分不屑的說。「就是那個把愛情掛在嘴巴上，但是卻毫無表現的傢伙。」

「什麼？」我難以置信的說，「妳在胡扯些什麼啊？」

她注視我的眼睛：「我們今天晚上在餐廳的時候，你完全不知道自己該做什麼！我在照顧小史蒂芬，幫他裝食物、餵他、逗他開心、讓他安靜，而你想到的就只有跟你的父母吃得開開心心。你一點忙也沒有幫——弗萊迪！」

她這句話讓我想到伊萊莎（《窈窕淑女》的女主角）對弗萊迪唱的歌詞（有點貶損的意味）：「別說在天上燃燒的星星。如果你愛我，就**表現給我看**！」伊萊莎要的不是空話，她要的是證明的行為。潔瑞也一樣。

我從她的角度去看當天晚上的事情，覺得自己糟糕透頂。她說得對，我不知道自己該做什麼。我應該敏銳一點，應該察覺到的。我的行動應該清楚證明我對她的愛才對，而且應該遠勝於我說的話。

行為重於一切

事實上，在每一個人際關係裡（不論是個人或工作上的），**做**的事遠比說的任何話都重要。你大可以說你愛某人，可是除非用行動證明，否則說這種空話是沒有意義的。你大可以說要進行雙贏的磋商，可是除非行為顯示心口如一，否則反而給人不誠懇的印象。你大可以說自己的公司顧客至上，可以說你認為人是最重要的資產，可以說自己循規蹈矩，絕不採取不合道義的做法，會保密、信守諾言或創造成效。這些話全都

可以說，可是除非你真的**付諸行動**，否則這些話並不會建立信任，只會適得其反。

說好話有其重要性，因為好話宣布立意，表示你將會採取什麼行為，可以營造很大的希望。當行為證明這些好話時，就會提高信任，有時甚至是大幅提高信任。可是當行為沒有跟進或是不符合口頭傳達的訊息時，言辭反而變成提款。

> 信任經由行動而建立。
>
> ——高盛公司總裁暨執行長 鮑爾森

這個部分談的十三個行為，你無疑已在身體力行其中部分，並且得到由這些行為而生的高信任紅利。但是有一些你尚未付諸行動，因而在付稅。你閱讀後面各章說明這些行為的內容時，可以從中選擇你覺得會使自己判若兩人的行為。

不過，在進入後面各章之前，我要先簡短分享幾個重要的觀念，幫助你在自己遇到各種情況下應用這些行為。

你可以改變行為

有人說人的行為無法改變。可是證據清楚顯示，人們可以，也的確改變了自己的行為（有時候甚至是一百八十度的轉變），而且通常也產生非常好的結果。

看看曼德拉，他曾是非洲民族議會武裝派系的首腦，他大轉彎的結果，以幾乎前所未見的非暴力、寬恕與和解的精神，領導他的國家。看看許多「轉化」的家長——他們拒絕把自己

父母不好的行為用在兒女的身上，把虐待的行為轉化為愛傳下去。看看那些在勒戒所成功戒酒和戒毒的人。想想你自己的生活，難道沒有刻意選擇改變自己的行為，一舉竟其功的時候？

大致上而言，改變行為和不改變行為的人之間的差別，就在於對目的是否有一股強烈的感覺。當目的是用一個建立信任的方法締造成效時，建立信任的行為忽然之間就不只是「做」起來愉快而已，它們變成更有力的工具，可使人得享豐富、令人滿意的人際關係、更好的合作、共有的成就，和更多樂趣。

近年來，「思惟模式轉變」讓行為隨之大為改變的觀念備受重視。我希望這本書可幫助你在生活與信任的方面，帶來難能可貴的思惟模式轉變。

我也希望這本書會幫助你創造顯著的「**行為**模式轉變」，也就是**做**的方式改變，真正改變自己看事情和思考的方式。我很喜歡科瑞恩（George Crane）牧師做的一件好事。有一天一位婦女到他的辦公室，她非常氣她的丈夫，不但想要離婚，還要讓他痛苦。科瑞恩博士對她說：「妳回家以後就表現出一副深愛丈夫的樣子。告訴他，他對妳有多麼重要。讚美他每一個好的行為。盡所能的表現出親切和氣、體貼、寬厚，不遺餘力的取悅他，讓他的日子過得非常快活。使他相信妳愛她。等他相信妳對他的愛始終不渝，而且沒有他活不下去以後，再投下這顆炸彈，告訴他妳要離婚。那時就會真正的傷到他。」這個婦人覺得這個主意真是高明之至，於是開始完全讓她丈夫相信她深深的、至誠的、全心全意的愛他。每一天，她都好好去做每一件她想得到可以使他信以為真的事情。可是經過幾個月之後，她突然明白自己是**真的**愛他，感到非常的驚訝。她事實上

已經用行為把自己帶回到愛裡面了。

這個故事要告訴我們的是，如果你現在不是一個關心別人的人，但是想要做一個這樣的人，那麼就要竭盡所能的表現出關懷之意。如果你現在不誠實，但想要做一個誠實的人，那麼就要竭盡所能的表現誠實。要成為這樣的人可能要假以時日，然而在做這些事情的時候，就可以有像你想要成為的人那樣的表現了。

建立信任帳戶

你努力在建立信任的表現時，看得見和量化這些努力的一個方式，就是用「信任帳戶」來思考。這和我父親在《與成功有約》一書中提出的「情感銀行帳戶」類似。用建立信任的方式表現，就是在存款；用破壞信任的方式表現，就是在提款。帳戶裡的「餘額」反映出這個關係裡信任感在任何一個時間點的多寡。

信任帳戶這個比喻最大的好處之一，就是給你一個可以討論信任的語言。這個比喻也很寶貴，因為可幫助你察覺幾個重要的事實：

每一個信任帳戶都是獨一無二的。我和三歲女兒的帳戶，與我和十九歲兒子的帳戶大不相同。三歲的女兒是絕對的信任我，而十九歲的兒子則是經常讓我想到馬克·吐溫的話：「我十四歲時，我的父親無知到令我難以忍受待在這個老頭子附近。可是等我二十一歲時，我訝然發現這個老人在七年之內竟然長進了不少！」認清這個獨特性，有助你更有效的建立每一個帳戶。

並非所有存款和提款都是等額的。小事情常常可能有不成比例的重大意義。卡翠納颶風侵襲美國東南部海岸時，我的一個同事發了封簡短的電子郵件給一個客戶表達關心，因為對方必須撤離位於島上的家。他祝福她一切安好，他會為她祈禱，而且等她能回來上班時，會跟她聯絡。她後來說：「那是我收到唯一來自家人以外表示關心的電子郵件，對我意義重大。謝謝你。」另一方面，忘記家人生日這一類的小事情（或者更糟，忘記你的結婚紀念日！），沒有說「謝謝」，或是沒有注意其他小禮節或習俗，可能導致巨額提款，尤其是對世界上某些文化的人。

對你是「存款」，對他未必。我可能認為帶你和你的伴侶去餐廳吃晚餐是一筆存款，但是對你來說，那可能是提款，因為你不喜歡和同事出去吃飯，或者你在節食，或是你晚上只想待在家裡，可是卻因為不想惹我不高興而不能不去。或者我認為公開表揚你做的某件好事是一筆存款，然而對你來說卻是一筆提款，甚至是一筆巨額提款，因為你不想別人知道這件事。永遠要記得：知道對你要建立信任的對象來說什麼是存款，是一件重要的事。

提款的金額一般都大於存款。巴菲特說過：「建立信譽要花二十年，毀掉它只消五分鐘。」整體而言，提款的影響力可能是存款的十倍、二十倍，甚至一百倍，有的提款還大到一次掏空一個帳戶。我聽過一個類比，指信任像一次一滴（存款）慢慢裝滿水的大水桶，而有的提款（大筆提款）就像是「踢翻水桶」，換句話說，一個舉動可能就使你滴水不剩。要記住的重點就是，踢翻水桶是不智之舉！你會犯錯，這是人之常情，

但盡量不要犯下會完全摧毀信任的錯誤，而且要努力建立信任和重拾失去的信任。

有時候建立信任最快的方式，就是停止提款。我接受為柯維領導力中心轉虧為盈的挑戰時，中心有五個業務，其中四個是有盈餘的。第五個賠錢的業務，花掉我百分之二十的時間，但只產生百分之二的營業額。雖然這個業務很受一些企業領導人歡迎，但是我體認到改善整體利潤最快的方式，不在於把重點放在改善其他四項業務上，而是淘汰第五項業務。於是我們賣掉它，中心的營運因而大有起色，恢復銀行業者和其他相關人員的信任。這個經驗證實一點，提高績效數值（或者，在這個例子中是信任）不但需要加強驅動力，還需要除去抑制力。不這麼做的話，就像開車時一腳踩油門，另一腳踩剎車。有時候最快獲得成效的方式，就是把腳從剎車板上拿開就好。

體認每一個關係都有兩個信任的帳戶。你對一個人際關係裡信任多寡的認知，可能和對方的認知不同。所以用兩個（而非一個）帳戶來看待任何一個關係，而且盡量知道每一個帳戶裡的結存，通常是比較聰明的做法。我常常認為，若是可以在別人的頭頂上看到「狀態欄」（就像 Cingular 手機廣告會升升降降顯示收訊狀態的欄）就好了。只不過這些欄位不是顯示手機收訊的狀態，而是顯示每一個互動的影響，包括存款和提款，以及這個提存動作之後的結存。然而在沒有這種圖表的幫助之下，最好還是真心誠意的努力了解別人認為的存款或提款是什麼，同時盡量用建立信任的方式做事情。

應牢記的事情

我們馬上要開始討論這十三個行為，同時我要請你留意幾個可以幫助你了解和付諸實行的觀念。

首先，這十三個行為全都需要結合品德和能力。前五個來自品德，之後五個來自能力，最後三個幾乎是品德和能力各半摻雜。了解這一點很重要，因為一般來說，降低信任最快的方法莫過於違反品德的行為，而建立信任最快的方法就是展現能力的行為。

第二，和其他好事情一樣，這些行為中的任何一個行為都可能被發展到極端。然而任何一個優點發揮過頭，都會變成缺點。討論每一個行為時，想著下面這張表，對你會有幫助。我會明確指出方法，讓你運用四個核心，以及加強你的判斷力，達到每一個行為曲線上的「最適點」。

第三，這十三個行為相輔相成就可以創造平衡。例如，「坦誠直言」一定要用「尊重別人」來平衡。換句話說，你不會希望自己直言無隱，像隻蠻牛一樣，完全不理會別人的價值觀、想法或感受。

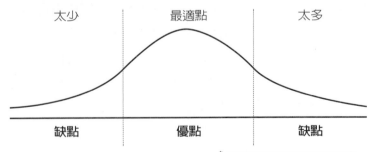

* 任何優點發展過頭都可能變成缺點。

第四，我會在每一個行為之外，說明這個行為所依據的**原則**。我也會舉出每一個行為的**相反**和**冒牌**的行為。造成最大提款的，就是這些相反和冒牌的行為（多半未被看出來）。

第五，在每一章的最後，我會建議幾個「信任的小祕訣」，包括如何加強四個核心，達到曲線的「最適點」，以及應用這些行為的具體建議。請記住，每一章討論的行為本身是要真正「去做」的；而應用建議的主要目的，在於激發腦力激盪，讓你思考「下一步」。

個人化

有一次我演講結束後，一名男士眼眶含淚走向我。他說：「但願我十年前就聽到這番話。巴菲特說：『建立信譽要二十年，但是毀滅它只消五分鐘。』這句話千真萬確。我在五分鐘之內，就毀掉了妻子對我的信任，之後我們兩人一直處於交戰狀態。」

我向他坦承，有時候提款非常巨大，痛苦萬端，完全不可能恢復信任。事實上，這個帳戶已經註銷了。可是我堅信，絕大多數情況，尤其是個人的關係和家人之間的關係，是我們太早做出那樣的判斷。我確實曾在一些人際關係裡看到奇蹟，因為當事人真誠、煞費苦心的為恢復信任而努力，包括你絕對不相信還有挽回餘地在內的情況。有時候這種事情需要假以時日，也有的時候速度大於每一個人的預期。甚至有的時候，重建的信任竟然比以前更堅強。

因此我鼓勵你找出兩個目前信任帳戶裡結存很低的人際關係，一個是工作上的關係，另一個是個人生活上的關係來進行

思考（你選擇的關係應該是你想要提高信任度，並因此在工作上大幅提高績效，在個人方面得到更大的幸福者）。

在這一部分的最後，我要給你回顧的機會，找出兩、三個會使你呈現出一番新氣象的行為，並且擬訂一個改變的行動計畫。

> 這個世上唯一值得和能夠持久的關係，就是彼此的信任。
>
> ——英國作家及傳記作者 史邁爾斯（Samuel Smiles）

在你思考用建立信任的方式做事時，記住和每一個人的每一個互動，都是「信任的時刻」。當下這一刻的行動方式，不是建立信任，就是削減信任，而且是呈倍數增加或減少。你對一個家人的表現，會被其他家人看在眼裡；你對一個部屬的表現，會被其他部屬拿來討論；你與一個顧客互動的方式，會受到其他顧客的觀察。這就是漣漪效應，而且我們又再次看到和黑手黨信條相反的情形：用對一個人建立信任的方式做事，你也讓許多人建立了信任。

行為1：坦誠直言

> 我覺得難相處的人……是不提供完整資訊的人。
> 他們故意保留部分內容——他們扭曲了事實。
>
> ——奧美集團總裁暨執行長 拉撒路（Shelley Lazarus）

　　我曾經跟一個在決策出爐之前，絕不讓你知道他對這件事的立場，以及他認為做出這個決策的思惟是對或錯的人合作。你永遠無法從他那裡得到確切的說法。然而，一旦做出決策，有了成效之後，他就會得意洋洋的宣稱他一直都持同樣的意見。

　　有一次一項非常重要的企畫案在主管會議上提出來。我知道這個提案做下去，不是一舉成功，就是踩到地雷。一如往常，這個人在會議上冠冕堂皇的說了一堆話，卻沒有真正表態該怎麼做。

　　我已經厭煩他這種迴避問題的做法，所以要逼他攤牌。當天晚上我去他家找他。他知道我是反對這個提案的，所以當我問他是什麼立場時，他說：「哦，我是完全反對的。」

　　第二天，當著全體的面，我對他說：「昨天開會時，我不是很清楚你對這個議題的立場。可以請你發表一下你的看法嗎？」公司總裁也參加了這次會議，而且這個人知道總裁有意接受這個企畫案，於是他推翻前一天晚上對我的說法。

我略帶誇張的對他說：「你昨天晚上不是這麼跟我說的。你昨天是直截了當的跟我說你反對這項企畫案。」他支支吾吾的說：「呃，那是我那個時候的想法，可是……」他規避承諾和投重要人士所好的本事，堪稱一流。

實話實說、留下正確印象

在你個人或工作生活中，有沒有處於一種情況，就是希望大家坦誠直言，開誠布公的說出自己的想法，實話實說，清楚說出他們的目的？

他們不這麼做時，對信任有什麼影響？他們這麼做時，對信任又有什麼影響？

「坦誠直言」是行動的誠實，是根據誠信、誠實，以及直接的**原則**而來。我在前面說過，這指兩件事：實話實說和留下正確的印象。這兩件事對建立信任而言都非常重要。實話實說卻留下錯誤的印象，這是有可能的事。留下正確的印象表示表達得很清楚，所以不會被誤解。

> 我們說的是實話和即將發生的事，而不只是技術上正確而已。
>
> ——**戴爾公司的行為準則**

我認識一個人，他可說是坦誠直言的好例子。他是一家公開上市公司裡一個大部門的董事長。每次必須正式對績效不彰以及工作岌岌可危的人打考績時，他總是一清二楚的說：「你

需要做的事情是這些，要是你不做這些事情，**就會被炒魷魚。**」他不讓大家以為自己頂多只是被打打手心，或調到其他部門。這些人很清楚的知道：要是績效不佳，就會被開除。這句話聽起來很刺耳，無疑也很難說出口，然而總比給人口是心非的印象來得好。

另一個坦誠直言的好例子是巴菲特。他每一年會為公司的年度報告寫一封管理階層致股東書。他這封信的內容都按照事實陳述，毫不添枝加葉。例如，他寫說：

- 我自己做過幾次這種交易——整體來說，我的行動花了你們不少錢。
- 去年那件工作我做得不太好。我原本是希望完成數件價值數百億美元的購併案，在我們現有許多盈利來源之外，再添一些重要的收益。
- 我沒有直接處理這個情況，反而在嘗試脫手這個營運單位時浪費數年時間……我的猶豫難辭其咎。

相形之下，許多年度報告裡的管理報告讀起來像在做公關，盡量使公司看起來好得很。當一封信的起頭是這樣：「二〇〇五年對公司是具有挑戰性的……」的時候，你就知道這家公司這一年可能很不好過，可是還是會盡量「打腫臉充胖子」。巴菲特則會直接說。

坦誠直言的**相反**，就是說謊或欺騙。這種行為會在互動時產生巨額的稅，如果不是立即產生，就是等紙包不住火的時候。一九七〇年代初期美國總統水門案醜聞就是最有力的例子，說明說謊、欺騙，以及掩飾的影響。人在說謊的時候，就

破壞了信任。他們是自作自受，以後再也不會有人相信他們說的話。

最教我難過的不是你對我說謊，而是我以後再也不能相信你。

——尼采

大多數人都不會公然說謊——至少不是明目張膽的。反之，他們是做出坦誠直言的**冒牌**行為。這些冒牌行為包括旁敲側擊、保留訊息、含糊其詞（說假話）、拍馬屁、故作姿態、裝腔作勢，而其中最厲害的就是「硬拗」，以便控制別人的想法、感覺或行動。另一個危險的冒牌貨是「技術性」的說實話，反而予人不誠實的印象。這就是閃爍其詞和鑽牛角尖。這些行為都無可避免的減少信任。

對速度和成本的影響

根據二〇〇五年默瑟管理顧問公司（Mercer Management Consulting）做的一項調查，相信老闆誠實表達心中所想的員工只有四成。換句話說，十個員工裡面有六個認為老闆說話不老實。

你認為這對速度和成本會有什麼影響？

組織的生命中有一大部分是充滿了「硬拗」，而不是實話實說，於是製造出我所謂的「硬拗稅」，這也是許多組織裡信任低落的原因之一。當人們不斷從領導人口中聽到他們硬拗

時，往往會有所懷疑，並開始冷嘲熱諷，就和許多人對政客及他們永無止境的「瞎掰」的反應是一樣的。一旦發生難以適應的變化，像裁員、重組、合併，大家就不會對最高管理階層說的話或做的事疑中留情，而是一股腦兒把稅全部加在他們頭上。

有時候整個企業文化成為向下沉淪的硬拗和故作姿態的循環下的人質。大家都把訊息扣在手上，不讓別人知道他在幹什麼，這種情形會削減信任，產生額外的「預扣稅」，這樣一來，公司本來只要開一個會就好，結果卻開了三個：先是會前會（準備和採取立場），接著是會議本身（因為硬拗和扣留訊息而少有討論），然後還有會後會（較小型的會議，但卻是真正進行討論和真正提出問題的場合）。

一個文化被捲入硬拗和扣留訊息的向下循環時，就需要很大的勇氣才能坦誠直言。你或許還記得安徒生童話「國王的新衣」。一個國王中了兩個騙子的計，他們宣稱可以織出一件神奇的衣服，這件衣服只有愚魯之徒或不適其位者才看不見。誰也不想顯得愚魯或不適其位，於是看到這塊布的人（包括國王在內）都讚嘆它的非凡。不久，儘管這明顯是個騙局，然而每一個人都陷入瞎掰和逢迎拍馬的「公司路線」。

國王最後終於穿上這件「衣服」公開遊行，這時所有夾道的人群開始「哇」呀「啊」的，最後一個小孩子說：「可是他身上什麼也沒有穿！」這時大家才領悟這個事實，於是所有的人開始大叫：「可是他什麼也沒有穿！」

當人有勇氣停止睜眼說瞎話，開始坦誠直言時，神奇的事情就會發生。溝通起來一清二楚，會議開得又少又簡短，而且

173

切入重點。信任增加，速度加快，然後成本就下降了。

過度坦誠直言

和所有其他的行為一樣，坦誠直言也可能過當。我認識一位領導人打著坦誠直言的旗號，認為他刻毒傷人和嚴苛的溝通方式師出有名。他若不是沒有認清他的方法對別人和對信任造成的有害影響，就是即使知道但仍我行我素。就這個例子來說，他的「坦誠直言」已成為一個極端的弱點。

坦誠直言雖然對建立信任非常重要，但是在大多數情況下，需要用技巧、婉轉和良好的判斷力緩和處理。這一點深烙在我的腦海裡。有一次我們全家人到海邊度假，我決定下水游泳。當我脫掉襯衫時，三歲的女兒看著我驚呼：「哇，爸比！你的肚肚好大喔！」真不幸，那就是坦誠直言，而且是毫不婉轉或無所顧忌的坦誠直言！

這些簡單的例子證實，這些行為必須彼此平衡互補，以及讓四個核心提供判斷，使我們維持在鐘形曲線的「最適點」。當你融合勇氣（誠信）和真正對彼此有益（立意）的目標，結合直接處理各種情況的能力（才能），以及注重建立信任（成效），就會有洞察力，並用一種大幅提高信任的方式實話實說。

在家坦誠直言

坦誠直言不但對組織生命很重要，對個人和家庭關係也很重要。在這種親密的關係裡，特別是你有為難的事情要說或要聽的時候，在討論之前先說明自己的用意通常會有幫助。

在家坦誠直言的好例子有：

- 家長在教導或幫助孩子時適當的直截了當，即使是在處理棘手的問題亦然，例如吸毒、選擇朋友或性。
- 和氣、清楚的表達自己的想法，並且向雙贏努力的夫婦，即使是在處理棘手的問題也一樣，例如教養子女、姻親或金錢。
- 當家裡成員願意負責任說出：「我做了某件事，希望你看一下。」並不是希望覺得受輕視或被犧牲，相反的，此時你該鼓勵他的坦誠。

你想到坦誠直言時，要想一想這麼做可以對你和生活中大部分人的關係造成什麼重大的影響。

信任的小祕訣

把坦誠直言放在鐘形曲線上時，會發現左邊的行為——也就是有話不直說，一般可能是誠信的問題（缺乏勇氣）、立意問題（以自我中心為目標，比較在乎避免不舒服，而不是為別人的最佳利益著想）、才能問題（缺乏口頭表達或人際關係的技巧），或是成效問題（無法專注於可以建立信任的成效）。顯而易見，曲線左邊的行為不會使信任發揮到極致。

然而右邊的行為過度也一樣無法發揮信任，例如我在「過度坦誠直言」提到的那個例子，或是打著「坦誠直言」的旗子，經常破壞別人名譽和在背後說人壞話。這類過度的行為也反映在四個核心上面，就是不謙虛（誠信）、不關心（立意）、盛氣凌人（才能），或是對結果的反應不敏銳（成效）。

同樣的，若你想得到最好的效果，關鍵就在於確定每一個行為在最高點和四個核心連接，這會使你對這個行為的運用發揮最佳判斷，同時呼應控制信任關係的原則。這一來就可以創造出最大的信任紅利。

以下是幾個改善坦誠直言能力的建議：

- 問自己：什麼事情使我無法坦誠直言？是害怕後果、害怕痛苦、害怕自己是錯的、害怕讓別人難過？或是缺乏勇氣面對在一個有話不直說的環境裡生活或工作的挑戰？找出誠實和直言無隱的紅利，以及不這麼做的代價，然後努力加強四個核心和坦誠直言的能力。

- 意識到自己和別人的談話。在互動中，停下來問自己，我是坦誠直言，還是在睜眼說瞎話？如果你是在說瞎話，找出原因來，認清自己是在為此付稅，然後努力加強誠信和立意。

- 學習快速說出重點。避免長篇大論，一番話說得又臭又長。你應該體認到，在大部分情況下「少」即是「多」。套法律界的行話：「如果你是在解釋的話，你就輸了。」坦誠直言的個人原則有助於用字的精準，而且防止瞎掰。

雖然我不會在討論每一個行為時都列出一張表，不過我還有一個建議，你和其他幾點一起牢記在心，絕對有利無害：

- 找別人幫忙。告訴他們：「我真心想要加強和別人溝通時坦誠直言的能力，你願意幫助我，給我意見，讓我知道我在和你的相處上做得如何嗎？」

首先，這麼做你比較容易有所改變。在成長的過程中取得

別人的幫助，就把一個一般而言抗拒改變的企業文化，轉爲鼓勵改變的文化。

第二，你更能看清自己目前的處境和進展。在個人行爲方面，一般人通常會有「盲點」，有一些自己看不見，但別人會看到的事情。問別人的意見可幫助自己看到那些盲點。

然而，一旦決定找別人幫忙，就必須意識到一點：對方會用一個比較高的標準衡量你。在改進自我時尋求幫助，相對也就提高另一個人對你的期望。如果你沒有貫徹始終，這絕對會是提款。可是只要有始有終，這是另一個建立信任的方法。

摘要：行爲 1 —— 坦誠直言

要誠實。實話實說。讓別人知道你的立場。措辭簡單就好。有什麼說什麼。展現誠信。不要控制別人或者扭曲事實。不要硬拗事實。不要給人錯誤的印象。

行爲2：尊重別人

從一個人對待和自己沒有利害關係者的方式，
可以判斷這個人的品德。

——無名氏

西諾烏斯金融公司（Synovus Financial）名列《財星》「全
美最值得工作的百大企業」的榜單，而且從有這個排行榜開始
便年年上榜，一九九九年甚至名列榜首。他們的總裁布蘭嘉
（James Blanchard）和我們分享他認爲自己以及其他類似公司成
功的祕訣：

始終位於顛峰的極少數企業，有一個共同的脈絡，就是達
到目標並超越目標、實現願景和抱負。他們總是超出自己的預
期。……這些強勁有力、活力充沛、滿腔熱忱、不斷創造成功
的組織，似乎擁有一個祕訣。坦白說，我們曾對其加以研究
——去學校深造，去諮詢專家，盡所有可能去尋找一個「如何
成爲這一小群永遠成功的菁英團體中一員」的公式。

然而，祕訣、線索、共同的脈絡，都在於你對待別人的方
式——你如何對待同事、隊友、顧客、主管機關、社會大眾、
觀眾、社區，甚至重視個人價值的程度，也就是你如何眞正重
視人的因素，而不只是把它列爲年度報告裡的一句話而已。

行為二是尊重別人。這個行為有兩個非常重要的面向。第一是用行為表現出對別人的基本尊重，第二是用行為表現出關心和關懷。在許多文化（尤其是東方文化）裡，這個行為受到高度重視，被視為一個人有良好教養的證明。因此，有人認為大部分西方文化行為舉止隨便，是傷人或沒禮貌的行為。了解諸如此類的文化差異，對在今日全球經濟體系中建立信任帳戶異常的重要。

尊重別人根據的原則是尊重、公平、友好、愛、謙恭，然而其中兼容並蓄的原則，則是個人的內在價值，是人類這個大家庭裡的每一個人的重要性。這個行為就是行為準則，而且是幾乎被世界各地每一個文化和宗教認可的準則。不妨參考下面這些例子：

基督教：「你要人如何待你，你也要怎樣待人。」

猶太教：「己所不欲，勿施於人。」

伊斯蘭教：「只有愛兄弟如同愛自己一樣的人，才是真正的信徒。」

印度教：「不希望鄰人做什麼，就不要那樣對鄰人。」

佛教：「不用會使自己痛苦的方式去傷害別人。」

尊重別人的**相反**，就是不尊重別人。這是在職場和家中常有的經驗，也是一個大問題。尊重別人的相反也包括**不對別人表現出關心**，不論原因是真的不在乎，或不知道如何表現關心、懶得花時間做這件事。

尊重別人的**冒牌**行為，就是假裝尊重或關心，或是最陰險

的——只尊重某些人（能為你做事的人），而不是所有人（不能為你做事的人）。

我特別喜歡一個商學系學生的故事。這個學生在期末考試時得心應手，直到最後一題：「幫妳打掃宿舍的人叫什麼名字？」她覺得這太荒謬了，教授怎麼能期望她知道那一題的答案？而且這跟商學系學位有什麼鬼關係？最後，她問教授，這一題是不是真的會計分？「當然會！」他回答，「妳的夢想應該是要擔任一家成功企業的董事長和總裁，可是成功是群策群力才能造就的。一個好的領導人不會把一切視為理所當然，而會賞識團隊裡每一個人的貢獻，包括那些看起來做的是最微不足道工作的人。」

在工作上，歧視和性騷擾之類的問題已經使「尊重別人」升格到使組織卓越的一個重點，包括把它視為正確當為之事，和做生意較好的方式。「傑出工作場所協會」（Great Place to Work Institute）和《財星》雜誌合作製作「百大最佳企業名單」時，便把尊重別人列為組織裡信任的三大柱石之一。塞洛塔調查公司（Sirota Survey Intelligence）把尊重別人視為組織士氣激昂的一個關鍵特質。他們並且發現，在頂尖的百分之十組織，基層員工受到的待遇和高層管理人員是一樣的。許多雇主採取行動，至少使大家以尊重的行為遵從規定。如此一來，當然就很有機會不是被動的遵守法規而已，而是發自內心的尊重。

沒有小事情

尊重別人的行為對建立信任帳戶而言，顯然有小兵立大功的作用。我記得有一次行政助理的母親住院，我去醫院探望

她，這個舉動對她而言意義非常大。這只是一件小事，但是對我的助理而言，足以證明我的關心。她的反應猶如一句老話所說：「沒有小事情。」

我們研討會的一位學員，在某所大學擔任校長的行政助理，約有十年時間，他和我們分享以下的經驗：

某日下午，我們正在校長家中為一項特別的餐會做準備。第二天就要舉行開幕式，所以那天晚上我們要主辦一項餐會，款待學校主要的捐款人以及榮譽博士受獎人。

我們在擺設座位時，桌上的花飾送來了，顯然是學校的發展部門訂的。校長夫人緊張的走到校長身邊說：「有件麻煩事。」她拎起一個裝人造奶油的不起眼桶子，裡面裝著從花園摘的紫蘿蘭。原來，在他們家工作多年的老管家，一位歐洲老婦人蘿拉，已經準備好餐會要用的「桌上花飾」。

校長看著他的夫人，說：「一點問題也沒有，只要把花送回去給花店就好了。我們就用蘿拉做的花飾。」

對我而言，那是一個顯示校長性格的關鍵時刻。我學到了無論對一項活動或為一個努力付出的貢獻有多麼的微不足道，這個貢獻都需要受到表揚和尊重。

想想看，這個顯示關心和尊重的「小」舉動，在帳戶裡存入一筆多大的款項。想想看，這位大學校長對每一個相關者信任帳戶的影響有多麼深遠，包括員工、賓客、在大學發展部門工作的人，以及這位研討會的學員。事實上，我相信每一個聽到這個故事的人（包括我在內），都受到這個信任時刻的影

響。故事並沒有在這裡劃上句點。這位小姐在研討會告訴我們這個經驗之後，又說出她把從這一刻學到的心得，如何運用到現有的工作（與那所大學完全無關）上，對她現在共事的人的信任帳戶產生了影響。

想想看，在那一個關鍵時刻產生的信任！

家裡的「小事情」更重要。只要說「請」或「謝謝」、誠心誠意聆聽別人說話、用完物品後自己清理乾淨、和別人共用遙控器、送花或用其他方式傳達情意，讓對方驚喜，都會在家庭信任帳戶存入大筆存款。

我記得在成長期間，我的父母每天騎著本田機車在家附近遛達半個小時，這樣才有單獨相處的時間可以講講話。我記得每次從外面回到家時，家人都會停下手邊的事，溫馨的跟我打招呼。我記得父母告訴我們所有的人，他們其中一人很努力的把廚房、車庫或是院子打掃乾淨，只是為了讓對方得到一個驚喜，以及當他看到對方臉上驚喜的表情時，又有多麼快樂。如今在我自己的家裡，我看到三歲小女兒在十三歲的哥哥帶她到後院玩四輪車時，眼睛會發光，或是她十九歲的哥哥在家，而且願意打扮成王子的模樣，參加「公主」的茶會時，兩人的眼神是如何的晶亮。

我親身體驗到那些「小事情」可能帶來的大不同！

最重要的事

雖然有的人認為尊重別人的態度是「柔性」的行為，但我認為這對信任絕對有直接的關係，因此和最重要的事也有直接關連。

回想一下我在本書說過的一些研究。**為什麼**只有百分之二十九的員工認為管理階層關心他們有沒有培養技能？**為什麼**只有百分之四十二的員工認為管理階層關心他們？有太多的情況，雖然管理階層可能會**談論**這樣的事，但基本上，管理階層的**行為舉止**並沒有表現出尊重，所以員工並不信任管理人員。

> 到了最後，領導人對追隨者展現出的尊重，是產生信任的原因。
>
> ——《領導變革》（*Leading Change*）作者 歐圖（James O'toole）

會對速度和成本產生影響的是什麼？當員工認為經理人不關心他們時，他們會有多樂意盡心盡力？有多願意創新、合作？反之，他們埋怨、批評、組成工會、罷工的速度，會有多快？

從顧客的觀點來看，尊重他人事關重大。數年前，不動產仲介商之間激烈競爭，有許多競相爭取代表一家土地開發商的機會，在猶他州公園市附近銷售一些純住宅區。這塊地的面積共有四千英畝，而且從拓荒時期開始，就一直為一個畜羊的家庭所有。

土地開發商邀請公園市若干頂尖的不動產仲介做說明。皮克也在受邀之列，他說明的內容和其他人大同小異，然而他做了一件非常與眾不同的事情，就是親手寫了一張簡短的謝函，感謝這家開發商把他列入考慮。這個開發商說，就是皮克的這個舉動讓他做出了選擇。另一方面，對皮克而言，寄這張謝函

是一件再自然不過的事。他說：「尊重他人並且時時刻刻為他們著想，即便你不在場也一樣，是一件很重要的事。」

這個稱為「殖民地」的開發案，是踏上滑板就可以開始滑雪的住宅開發案，規模在北美洲首屈一指，每一塊地至少都有四英畝，住家面積有三萬平方英尺，而公園市也變成了二〇〇二年冬季奧運的比賽場地之一。

根據關懷別人的表現（有時候只是一個小小的舉動）而做出的經濟選擇不勝枚舉。廣告界深諳這一點，所以經常想辦法說服消費者，某一樣產品的製造對他們而言就是展現關懷。

信任的小祕訣

把「尊重別人」放進鐘形曲線之後，顯然左邊的行為（展現的關懷太少）往往是來自不夠謙虛（誠信）、太多自我、關心不足（立意），或不知道如何關心或尊重別人（能力）。右邊過度的行為，包括過度保護、嫉妒、迎合、徒勞無益的擔心，可能來自重視自我勝於為某人的最佳利益著想（立意）、態度和風格（能力）、負太多責任，或對這個行為的影響不敏銳（成效）。

同樣有趣的是，這個行為和所有的行為一樣，從加強和融合四個核心而得的判斷力，對達到鐘形曲線上的「最適點」而言非常重要。

下面是幾個可以幫助你尊重別人的方法：

- 思考一下自己如何對待工作上接觸的人和家人。
- 想出一些可以具體關心別人的事情。打電話、寫謝函、道謝、發電子郵件給他們表示關心。試著一次做一件事，使某

一個人的臉上露出笑容，即使這個某人是辦公大樓的警衛。不要讓你的感覺和行為之間出現落差。

- 絕對不要把現有的人際關係視為理所當然，尤其是和你摯愛的人、家人、朋友之間的關係。避免把較多力氣放在新關係上，並且以為現有關係裡的人知道你關心他們。事實上，在現有關係裡需要展現關懷的程度，可能大於新的關係。

摘要：行為2 —— 尊重別人

真心關心別人。表現出關心。尊重每一個人和每一個角色的尊嚴。用尊重的態度對待每一個人，特別是無法為你做任何事情的人。在小事情上態度親切。不要裝出關心的模樣。不要嘗試對人「有效率」。

行為3：公開透明

對某些人來說，成為領導人可能是名副其實通往權力的道路。他們喜愛控制人和掌控資訊的感覺，因此口風很緊，不太透露對大家的表現有何想法，對這個業務及未來的展望也三緘其口。這種行為當然確立了他們的地位，卻耗損了團隊的信任。

——威爾許

卡提（Donald Carty）擔任美國航空公司執行長時，公司為了救亡圖存而努力和工會磋商大幅減薪，最後和工會談成年薪和福利減少十八億美元的方案。

在磋商過程中，公司卻提供大筆的「留職」紅利給擔任美國航空最高職務的六位行政主管，同時成立一筆特別的信託，即使公司破產，四十五位最高職位的行政主管，還是可以得到行政人員退休金。這一切並沒有不合法之處，可是磋商時並沒有告知工會。

然而，這些行政津貼必須列在年度財務報表內，而年度財務報表就在工會同意減薪的同一天公布。公布的內容令工會驚詫萬分，卡提以往擁有的信任也毀於一旦，而且不只是工會，至少也包括董事會的部分董事對他的信任。《商業週刊》（*BusinessWeek*）指出：「轉瞬之間，卡提高喊的『共同犧牲』

毫無誠意。」而且「卡提為失誤付出的代價，就是他的工作」。數日之內，卡提下台。

亞貝繼任為新總裁後，立刻面臨前任總裁製造出的龐大「遺產稅」。亞貝說，他會努力「恢復全體員工的信任」。他的方式就是開誠布公，而非躲躲藏藏，坦白透明而非神祕兮兮。他營造開放的環境，開始對各工會公開所有的財務事項，婉謝董事會給他加薪的建議，同時賣掉公司昂貴的藝術品，因為在營運困頓之際，那些藝術品成為格格不入的象徵。最重要的是，他讓各工會的代表加入高階管理委員會，讓工會直接參與公司的問題，這樣他們就可以和管理階層從同一個制高點看面臨的挑戰。他說：「有人認為工會是問題所在，可是我們認為他們是解決辦法的一部分。」

> 盡量透明化、清晰、誠實，即使是時機艱難都要如此。
> 時機艱難的時候這麼做尤其重要。
>
> ──法國航空總裁暨執行長 史皮內塔（Jean-Cyril Spinetta）

亞貝不是在做「秀」，這是他真正的品德和能力（四個核心）的延伸。他說：「在工作和個人處世建立信任的唯一方法，就是做一個值得信任的人。我希望自己達到那個標準。」結果，亞貝得以重新建立信任，而美國航空也得以避免破產，但是另外四家美國最大的傳統航空公司卻未能倖免。工會領導人李德說：「我相信亞貝是一個誠懇的人。他有同情心，而且想要在美國航空扭轉乾坤。」

數月前，我在電梯裡遇到一位美國航空的駕駛，我問他：「你覺得亞貝這個人怎麼樣？」

他毫不遲疑的回答：「他非常傑出！我可以信賴他。」

行為三——公開透明，也就是要開放。這就是真誠、不造作，用人們可以求證的方式說真話。這個行為的**原則**是誠實、公開、誠信、可信賴。我還要納入「光的原則」——當事情透明化的時候，光線就會穿透它。套前美國最高法院法官布蘭迪斯（Louis Brandeis）的話說：「陽光是最佳消毒劑。」陽光可以淨化，可以使影子消失，逐離黑暗，使人們可以看得見，給人們舒適感和信心，因為他們知道沒有東西被藏起來。

公開透明的**相反**就是隱瞞、掩飾、模糊的，或是漆黑，包括保留、有祕密、沒有公開、不可告人的目的、別具用心、隱瞞目標。公開透明的反義字是不透明，指的是不透光的東西，無法透過這樣東西看到影像。

公開透明的**冒牌**行為就是幻象。假裝「像是」而其實並「不是」。網路就是兼具公開透明和幻象的好例子，一方面非常的公開透明，使人們可以在任何地方取得資訊和看到真相，但是也創造一個地方，讓大家在一個虛擬世界裡，用假名和他人互動，都不知道彼此的真實身分或意圖。

快速建立信任

在全球經濟體系裡，公開透明漸漸被肯定是高信任組織裡一個相當重要的價值觀。資誠會計師事務所（PriceWaterhouseCooers）指出，「公開透明的精神」是恢復公眾信任的首要關鍵。

公開透明通常很快就可以建立信任。舉例來說，當某一個慈善組織最近遭遇麻煩時，恢復信任的最快途徑，就是讓大家知道他們的金錢流向。在有利益衝突的情況下，要預防金錢變成顧慮的最佳方法，就是用一種完全公開的方式處理它。透明化的企業經常事先公開他們的各種關係、利益、衝突，沒有人可以質疑他們的目的。

豐田汽車與供應商之間的運作，就是公開透明的好例子。在汽車製造業，大部分汽車製造廠致力於把成本降到最低，告訴供應商怎麼做，但是豐田採取不同的做法。他們注重與供應商，以及在供應商和供應商之間建立長久的關係，到最後，這些供應商不但和豐田合作，也和彼此合作。雖然產品知識被視為財產，但是加工的知識可在這個價值鏈裡共享。若是所有參與者沒有充裕的透明化，豐田的做法是行不通的，而這種透明化就是豐田所有供應商關係的核心。

另一個好例子，是一家五億美元資本額企業的執行長和我磋商，達成一個特殊交易的方式。那次經驗對我個人而言，是在我的帳戶裡存了一大筆款項。他和我見面，提出這項交易可能的架構，但並沒有拍板定案，因為這位執行長提供和認同的銷售額、產品研發、法律團隊的資料攸關成敗。我寫出交易的重點，用電子郵件發給這位執行長作為協商項目備忘錄。他與部屬會商後，那些主管在這張備忘錄上用紅線標示出他們有意見的部分，並說明他們的問題和關切的事。他並沒有彙總部屬的顧慮，而是**完全不作刪改修飾**，直接把那些意見傳給我。這個做法讓我倍感驚訝。我因此得以了解和處理真正的問題，不用東猜西想。我決定投桃報李，在他們擔心的事情上面加注我

的意見，回傳一份類似的文件給對方。結果，我們協調出一份對雙方更好的交易，而且只花了三分之一的時間。

從速度和成本的觀點看，公開透明大有意義。你不必擔心背後的目的，不必猜忌，不必浪費時間和力氣去努力維持表象，或努力記住對不同的人採取不同的方法。

許多公司採取所謂的財務資訊開放式管理，公開所有的財務報表，讓全公司的人都可以看，也就是對員工建立透明化的做法。我合作過的一位財務長說，這個做法建立信任的速度，遠比公司做過的任何事情都來得快。他說：「剛開始，大家對我們公開的是不是真實的數字還存有疑慮，可是我們持續這麼做，不久就出現一股明顯的興奮感，信任度隨之大幅提升。就在這個時候，公司開始有高獲利。」

> 我們採取一個宗旨，就是不對員工隱瞞任何事情，包括公司的任何問題。
>
> ——西南航空公司創辦人 金恩（Rollin King）

公開透明也會使認同感油然而生。以家庭為例，讓子女明白家裡的財務，並且邀他們一同決定花什麼錢，不但有助他們了解你為什麼有時候必須說「不行」，也幫助他們更敏銳的知道自己要求擁有某些東西是否妥當，這樣就用不著浪費時間和精神去處理不適當的要求。透明化讓子女了解家庭經濟，並幫助他們長大以後對自己花錢的決定更負責。

公開透明的磋商，不表示你必須永遠把所有的牌攤開在枱

面上，但是你的確需要適時公開的提供適當資料，而且盡量讓嘗試完成的目標讓人一目了然。

信任的小祕訣

公開透明如同所有的行為，一定要有重要的平衡。尤其是在公開上市的公司裡，有的事情是法律不允許你向別人透露的；有的事情是機密的，不適合透露。良好的常識會告訴你，你不能談機密的事情、不能進行私人談話或其他你沒有權利談的事情。

我遇到過一個情況，一位執行長在管理會議中，想要用公開每一個人，包括參與會議的成員在內的薪水，創造透明化。會議的進程立即變調，大家開始東張西望，納悶為什麼有些人賺的錢是自己的兩倍。在缺乏尊重別人的行為平衡之下，這個舉動對公司體系是一大震撼。這是在鐘形曲線極右端的行為，是不負責的透明化，不但做得過當，而且速度太快。最常見的情形是，這種行為是因為缺乏謙虛（誠信）、共同利益的目的（立意）、信任能力和領導技能（才能），或對結果適當的定義與敏銳性（成效）。

然而，如果位於曲線的左邊，你要探討自己為什麼會限制適當的透明性？為什麼對資訊要留一手？如果不能把所有的牌都攤開在桌上的話，何不至少把目標說出來？不能公開透明通常顯示缺乏誠實或勇氣（誠信），有不可告人的目的而非公開的目的（立意），或是缺乏信任能力，無法分辨透明化和營造透明化的重要性（能力）。

再者，要牢記加強四個核心，會使你一直保持在鐘形曲線

的「最適點」，而且所有這些行為一起作用，會有平衡的效果。

在你努力公開透明時，我提供一些祕訣：

● 不論在職場或家庭中，定期問自己有沒有扣留應該公開的資訊？如果有的話，問自己原因是什麼。想一想你因此會付出的稅？想想你若是再透明化一點，可以得到什麼紅利。

● 如果你在職場上是領導人，請針對你的組織對各個利害關係人公開透明的程度評等，然後考慮每一個狀況，問自己：如果我們更透明化一點，會有什麼不同？找尋方法適當提高透明度，以及信任的紅利！

● 如果你與某人（例如你的配偶）共同負責財務管理，想一想你在處理財務問題時透明化的程度。記住，錢的事情仍然被許多人列為離婚的一個主因。如果你在財務方面優先處理的事情、決定和支出方面，不公開透明的話，問自己原因。加強四個核心，不只會幫助你用比較透明的方式做事以及與夥伴互動，也可以提高能力，朝方法一致的方向努力。

摘要：行為3 —— 公開透明

用一種大家可以查證的方法說實話。要真實，不做假。公開和真心誠懇。寧可透露較多的訊息。在「眼見為實」的前提下工作。不要有祕而不宣的目的。不要隱瞞資訊。

行為4：彌補過失

見義不為，無勇也。

——孔子

我和弟弟們在成長過程中熱愛運動，而且競爭非常激烈。這股熱情一直維持至今。遺憾的是，兩三年前我在看一場比賽時表現太離譜，完全失去了正值青少年的外甥卡姆的信任。

那天是楊百翰大學和猶他大學對決，是猶他州最大的比賽。這樣的對陣具有傳奇色彩，不論過去輸贏如何，戰況總是激烈無比。因為我的妹夫是猶他大學校友，所以賽前已有人告訴卡姆，歡呼的聲音要收斂一點，以免讓在場的一大家子尷尬，特別是只有卡姆和他爸爸，不是楊百翰大學的粉絲。

卡姆一直壓抑熱情，直到比賽的一個關鍵點，裁判把一個非常值得商榷的球判給猶他大學。卡姆當場跳起來，揮舞兩手慶祝。他坐下來時，我完全按捺不住，抓起水瓶就往他頭上丟！卡姆臉上的笑容轉為震驚，繼而是失望，然後是難過。不言可喻，他無法相信我竟然對他做出這種事。

那一瞬間，我覺得羞愧無比，對自己不成熟的舉動懊悔萬分。我知道自己從我們的關係裡提走了一大筆存款。我想要彌補，於是做了當場唯一想得到的事：向他鄭重道歉，並且買了

一瓶飲料，要卡姆往**我的**臉上丟！卡姆覺得很尷尬，拒絕了。他說他知道我只是一時激動失去控制，而他原諒了我。可是我並沒有原諒自己。

接下來兩個月，我幾乎每個星期都打電話給卡姆，而且每次跟他講話時都會說：「嗯，我只是要你知道我很抱歉把水瓶砸在你頭上。請你原諒！」下一次楊百翰和猶他大學的對抗賽快到時，我便幫卡姆和我妹妹買了票。這次比賽是在猶他大學舉行，我強迫自己不吼不叫的坐在現場，並幫卡姆買了一些有猶他大學標識的衣服和所有他可以吃的零食，同時再說一次：「卡姆，我只是要再說一次，我對我做的那件事感到非常抱歉。」這個可憐的孩子終於回答：「好了，別再說了！我真的原諒你，就讓我們忘了這件事好不好！」

有意思的地方在於，經過這整件事之後，我和卡姆的關係反而更緊密。我再三道歉和補償的努力，使他相信我真的深深關心彼此之間的關係。我得到一個額外的收穫，這次經驗幫助我克制自己的脾氣。我雖然還是觀看比賽，也很在乎我支持球隊的輸贏，但是再也沒有因此發飆。

多付出一分努力

行為四──彌補過失，不只是道歉而已，也要做補救。這是補償和重新開始，是採取行動，是盡己所能的在彌補這個過失之餘……再多做一點。

在生意方面，彌補過失包括「服務補救」，或補救對顧客犯下的錯，而且希望這個補救措施做得非常得宜，不但令顧客滿意，也給他們一個誘因，讓他們對這家企業產生更大忠誠

度。企業應該為鼓勵這種忠誠度而「多做一點點」。這「一點點」可能是件小事情，例如連同補正的訂單附上一份免費的產品或禮品贈書，為造成的不便致歉。這「一點點」也可能是件大事，像捷藍航空公司對沒有搭上飛機的旅客不收取分文。

在恢復個人或家庭關係方面，「多一點點」可能是特地多付出一分心力表達愛意，例如在誠懇道歉和補救的同時，送花或把早餐送到床上等關心的舉動。

謙虛和勇氣vs.自大和驕傲

彌補過失的原則是謙虛、誠信和補償。它的**相反**就是否認犯錯或為過錯找理由、為過失行為合理化，或非不得已不承認錯誤。這和自大、驕傲有關，是為情境所逼而不得不謙卑，而非出於良心。

彌補過失的**冒牌**行為就是掩飾，是嘗試隱瞞過錯，和修補過錯背道而馳。以彌補過失來說，冒牌的行為反而會製造雙重的信任稅，一次是在犯錯，另一次是嘗試掩飾的時候。但紙包不住火，後者的稅反而遠比前者更重。事實上人人都會犯錯，問題不在於犯錯，而在於你如何處理錯誤，你是選擇謙虛勇敢的路，還是自大傲慢的路。

不妨看看選擇謙虛勇敢路線的例子吧：

二〇〇五年三月，布希總統前特別助理韋德（Doug Wead）發表一封道歉信，因為他在一本書中公開和總統討論的內容，而這些討論是在布希不知情的狀況下被錄的。韋德在信中說出，他最早是一九八七年在布希同意之下，開始錄音。他繼續說：

　　我們的談話在一九九七年再度開始，起初我是用筆記錄內容。我們在這些談話中討論和捨棄許多選擇。最後，我被要求帶敏感的訊息給記者，甚至是敵對的陣營。我覺得自己不適合這個工作。因此，第二年，我就開始暗中錄下布希講的話。起初只是為了確定自己是在做對的事，是按照他想要的去做。可是我的狂妄自大使我自認出發點是好的，所以這個行為情有可原。我在未徵求對方許可的情況下，把他說的話錄音，而這個人剛好當選總統。我公開部分錄音帶內容的決定，使我的家人付出可怕的代價，也深深傷害了許多人。

　　我未徵求布希先生的許可便錄下他講的話，這是愚蠢錯誤的。我把部分錄音帶內容放給出版社聽，也是錯誤的，不論當時的情況如何都一樣。我把部分內容放給一名記者聽，也是不對的。我在這件事曝光前向總統道過歉，事後再次道歉。他還是一樣的寬容大度，儘管他受到了傷害。

　　現在，補償的工作已經展開：

- 這本書的宣傳活動已經取消。
- 這本書未來的版稅收入已經指定捐給慈善團體。
- 有人出價數百萬美元購買錄音帶的內容，但錄音帶已交給總統。
- 我重建與上帝、總統和朋友之間關係的努力，已經展開。

　　如果可以重新來過，很多事情會用不同的方式處理。我無法消除自己造成的傷害，但是在上帝的協助下，我可以承受我應得的壓力，展開新的生活。

　　這個情況耐人尋味之處在於，它從來沒有真正演變成一個

政治風暴。我認爲一大原因在於很快的、謙卑的、誠懇的道歉，而且還有後續的行爲（包括放棄版稅以及錄音帶可帶來的收入）證明他言行如一。

關於彌補過錯對建立信任的作用，通常我並不是聽到當事人現身說法，而是員工在被問到對組織內部信任感的意見時說出來的。換言之，團體裡的領導人激發信任的行爲，已成爲一個組織的象徵。這是另一個會影響信任速度倍數成長的例子：在你建立一個人信任感的同時，也建立許多人的信任感。

現在，我們對照選擇自大驕傲路線的人，得到的結果。前費城鷹隊接球員歐文斯（Terrell Owens）在媒體上大放厥辭，被認爲是放話抨擊他的四分衛和經理人。媒體指出，那個賽季的上半，歐文斯的態度一直是粗魯、不合作的，而且不斷批評經理人和其他隊友。最後，儘管他的才華洋溢，球隊仍決定以「行爲對球隊造成傷害」爲由，讓他在剩餘的賽季暫停比賽。歐文斯立刻出面道歉說：「我由衷知道自己可以……成爲合群的人。」然而誠意不足、道歉得太晚、太言不由衷。他已經失去信任，無法用三言兩語就從行爲招致的麻煩裡解套。

請留意這一章正向的例子，是很快承認錯誤和努力彌補過失。犯錯時，只要**很快的**承認和道歉，大都可以大事化小，小事化無。對信用和信賴感殺傷力最大的是，犯錯後死不承認或道歉。這種做法會使小事膨脹成大事，而一旦試圖掩飾的話，又會雪上加霜。晚道歉顯然比完全不道歉來得好，但立即道歉和彌補過失，更能夠建立和恢復信任。

彌補過失會強力影響結果。儘管大部分保險公司會告訴醫師，有疏失時千萬不要向患者道歉，但愈來愈多證據顯示，會

道歉、受人尊敬、富有同情心的醫師，比較少挨告。人在生氣的時候比較可能一狀告上法院，而當人覺得別人該向自己道歉，卻沒有得到的時候，就會生氣。在大多數情形下，衷心道歉都可以化解暴戾之氣。

即使你是另一方，也就是受到他人無禮對待者，你還是可以做很多重要的事情來幫助對方彌補過錯和建立信任。例如，你原諒別人時，對方就比較容易道歉、做一些彌補。承認自己有不是之處，別人也比較能夠放下和認錯，對職場和家庭文化都非常有昇華的作用。

建立信任的小祕訣

行為在鐘形曲線上太偏左，也就是彌補得不夠多的話，可能就要在誠實、謙虛、勇氣（誠信），或關懷（立意）方面下功夫，或調整行為和想要的結果（成效）。如果你太靠右，亦即道太多歉或因為犯下同樣的錯誤而反覆道歉，可能就要在一致性（誠信）、動機（立意）多下功夫，或強化與融合四個核心而來的判斷力。

在努力提高彌補過失的能力之際，提供你幾個想法：

- 下一次犯錯時，留意自己的反應。你是試圖置之不理、找理由，甚至加以掩飾？或是你很快認錯，並盡己所能的補救？如果你現在沒有迅速彌補犯錯所需的謙卑和勇氣，就要努力讓自己的行為和你想要成為的人一致。

- 想一想自己的過去。有沒有什麼錯誤是沒有改正和彌補的？有沒有緊張的關係等待重新來過或「完美的了結」？就算這麼做看起來好像千難萬難，但我可以向你保證，在試著彌補

以往的過失時，不論你感受多大的痛苦，絕對比不上長期在
不受信任的生活中痛苦。當你真正努力改正以往的錯誤時，
那種輕鬆感筆墨難以形容。

- 下一次有人讓你受委屈時，很快的原諒對方。試著讓別人比
  較容易改正錯誤。這不但幫助他們，也幫助了自己。

摘要：行為4 —— 彌補過失

犯錯後，要改正過錯。迅速道歉。盡可能的補救。
練習「服務補救」。展現個人的謙遜。不要文過飾
非。別讓驕傲成為做對事情的阻礙。

行為5：待人忠誠

迅速獲得信任、忠誠、振奮和能量的人，
是那些把功勞歸諸於真正完成這份工作的人。
領導人無須居任何功勞；他得到的已多於應得的。
——前艾維斯汽車租賃公司（Avis）總裁
湯森（Robert Townsend）

多年前我在一家公司工作時，幾乎天天和一群同事一起吃午餐。用完餐後總有幾個人會先起身離去，然後其他人就立刻開始對他們議論紛紛。再有兩、三個人走掉，其他人又開始談這幾個走掉的人，而且內容已到了使我不敢先離開的地步，因為我知道我前腳剛走，他們後腳就會開始對我品頭論足。

我和這一群「餐友」用餐的經驗，就是和行為五相反的例子，他們表現出不忠的行為，而且不但是對被討論的人，也是對在場的每一個人提出大筆提款。所有的人心裡都雪亮，這種對待不在場者的方式，表示**自己**不在場時，也會被批評得體無完膚。這種行為當然不會建立信任！

反之，待人忠誠則會在信任帳戶存入大筆存款，不但你忠誠對待的人是如此，對每一個注意到你這麼做的人也如此。

在馬奇卡（John Marchica）著的《負責任的組織》（*The Accountable Organization*）中，西南航空公司董事長暨營運長

巴蕊（Colleen Barrett）顯示出一種對員工忠誠的方式，顯然在這個組織裡建立了信任。她說：

> 我想對有些以顧客服務為主，認為顧客總是對的企業來說，這可能會令他們跌破眼鏡：我們並不認同他們的說法，也曾經公開這麼說過，並且因此收到投訴信件！可是那是我們贏得員工信任的方式之一。我並不是說員工犯錯，而且犯的是嚴重錯誤時，不會受到懲罰或約談。我要說的是，如果錯的是顧客，我就會挺身支持員工。我們並不常做這種事，但是有時會告訴某位顧客，我們不歡迎他再搭乘我們的飛機。

待人忠誠根據的**原則**是誠信、忠實、感謝和肯定，這個行為的做法有很多，而且有大有小，但是在這一章會著重在兩個方面，就是稱讚別人，以及談論別人時要當對方在場一樣。

讚揚別人的功勞

待人忠誠的一個重要方式，就是讚揚別人的功勞，為他們參與工作展現成效而向他們致謝。讚美別人的時候，不但肯定個人貢獻的價值，也塑造出一個讓大家覺得受到創新、合作、能自由自在說出心中構想的鼓勵，使信任倍增的環境。

在讚揚別人的功勞方面，我特別喜歡柯林斯提出的「窗子和鏡子」的比喻。他說，事情進行順利的時候，像是透過窗戶看出去，你看到的是窗外的每一個人，以及他們努力做出的貢獻，你讚揚他們、把功勞歸給他們、肯定他們、感謝他們。當事情不順利的時候，像是看著鏡子——你無法看到外面，歸

咎、指責別人，而是看著鏡子裡的自己。

讚揚別人功勞的**相反**就是自己居功。在某個研討會裡，一位業務員說到他發現一個大顧客，於是把握住機會，下足所有功夫，直到交易的最後階段才跑去找他的主管協助。他的主管明白這個顧客有多大之後，竟然據爲己有，獨占所有的收入和功勞。這製造了非常大的不信任，不但是對被搶走客戶的業務員來說是如此，這個團隊裡的每一個人都有同樣的感覺。以後再也沒有人敢向這個主管求援，因爲他們知道他可能故技重施。這個例子說明了在建立（或摧毀）一個人對你的信任之際，你也建立（或摧毀）許多人對你的信任。

讚揚別人的**冒牌**行爲就是虛僞——當面讚美對方，一旦對方不在場時，就貶低他們的功勞，自己獨占。這種欺騙很少瞞得住人，會破壞所有人對你的信任。

一位參加研討會的資深主管提供這個構想：

我們部門每次被要求提供給高層意見時，我就把這個要求告訴適當的部屬。有好的建議傳回時，我不是整合這些建議，或簽上我的名字往上呈，而是附上他們傳給我的電子郵件，只說：「我們的意見如下。」這個做法是肯定他們的表現，同時也在我和部屬之間創造很大的信用和忠誠，因爲他們知道我會盡可能肯定他們，並且給他們應得的讚賞。

只要選擇這麼做，我保證表揚別人的功勞會大幅提高所有層面的信任和經濟效益，以及其他正向的結果。我鼓勵你毫不吝嗇的表揚他人的功勞。「給人應有的讚賞」是一個判斷，而

充分讚賞他人的功勞，則來自一顆富足的心。

談論別人時當作對方在場

　　待人忠誠的第二個面向，是談論別人時當作對方在場。我從前面提到的那群「餐友」身上，直接體會到這個行為的重要性。我看到針對先離開者進行的午餐討論，破壞了參與討論的每一個人對彼此的信任。

　　顯然和談論別人時當作對方在場**相反**的行為，就是出賣別人，或是當別人不在場，不能為自己講話時，沒有公平的替他們講話。這個行為的**冒牌**行為，就是當著別人的面巧言令色，背地裡卻「毒舌」批評對方。有時候我們甚至不知道自己有這些相反或冒牌的行為，也不知道它對信任的影響。一家軟體公司的執行長告訴我們，她從她的三百六十度信任考核看到一些見解深刻的意見時，心中的感受。她說：

　　在「意見」這部分，有一個人寫說：「當某人離開公司時，不要在妳員工面前說他們的不是。這會讓我覺得不論自己對這家公司有什麼貢獻，一旦我離職，就會被忘得一乾二淨，不論我離開的原因是什麼。」我完全不知道自己在做那樣的事，也不知道這個行為造成的影響。聽到自己的行為，真令我無地自容。

　　耐人尋味的是，在背後批評別人的人，好像都認為這麼做能夠和在場的人建立某種友情和信任感，可是事實正好相反。當你在背後道人長短時，在場的人只會認為你也會趁他們不在

場時，對他們做同樣的事。所以這種行為顯然對信任造成很大的負面影響。

在家庭方面，我認識的一個年輕女孩說，她在成長的過程中，始終知道自己私底下對父母說的話，絕不會被拿來和其他的家人討論。父母絕不會對哥哥說：「唉，你真該聽聽你妹妹前幾天說的話！」也不會對她說他們和其他家人私下的談話。這種待人忠誠的做法，在親子之間建立高度的信任關係。

顯然，不論好與壞，我們在別人不在場時談論那個人的方式（或沒有談論），會產生倍增或衰減的效應，會建立或破壞信任……而且很快。

當你必須談論別人時

當你是在工作上要談到別人時，會怎麼辦？這時你不可能逃避現實，說：「我就是不談論別人的是非。」所以你要怎麼做？

一位前人力資源主管和大家分享以下這個經驗：

我曾經擔任一個必須整天談論別人的工作。經理們會來找我說：「我和提姆或蘿莉有問題。我該怎麼辦？」顯然我們必須討論這個人，而且很多時候還不是好聽的話。所以我必須自問如何能展現對這個不在場的人忠誠，但是做好我的工作？

我終於明白待人忠誠和不忠誠的差別，就在於出發點。如果目的是要改善績效或關係，而且這個談話對當事人是公平和尊重的，那麼我就覺得我待人是忠誠的。那些談話後來大都把重點放在經理和他（或她）能做什麼，而不是我們在談的這個

人的缺點（眞實的或想像的）上面。

重點在於用一種尊重他人的方式談論，而另一個關鍵是鼓起勇氣直接找和你有利害關係的那個人談。有時候需要改變的人是最後一個才知道的，所以鼓起勇氣找當事人，和對方談你關切的事，這也是一種忠誠待人的方式。

信任的小祕訣

我們再看一下這個行爲的鐘形曲線。左邊是只用最起碼的方式忠誠待人。也許你只有在方便的時候對別人是忠誠的，或者你可能展現出某種程度的忠誠，但還沒有到即使別人不認同，也願意堅定立場的地步。

在曲線的右邊，你當下可能表現出對某人極爲忠誠的樣子，但卻沒有忠於他們未來的福祉，或者是沒有忠於原則。例如，你可能同意對某人犯下的罪行三緘其口，或是強烈「忠於」一個觀念或信仰的系統，就算其他資料清楚顯示，這個觀念已經落伍或不完整，也不在乎。

誠信（尤其是勇氣和言行一致）、立意（動機和行爲）以及才能（信任的能力）可幫助你留在最寬闊的範圍內。要記住的是，經常忠於原則是忠誠待人的最佳方法。

你在努力改善這個行爲時，可能會想要參考以下這些想法：

● 下一次與別人談話，大家開始說不在場某人壞話時，考慮一下你的選擇。你可以參加討論、離開，或留下但保持沉默。

你可以說有關這個人正面的事，平衡這個談話。或者你可以說：「在這個人不在場的時候這樣談論他，我真的覺得不好。要是我們有什麼想法，就直接去找這個人談好了。」考慮一下在當時的情況下，最合乎原則的行為會是什麼，然後照著去做。

- 下一次和別人合作一個案子時，要盡己所能讚美對方。協助去營造一個環境，讓每一個人的貢獻都受到肯定，每一個人都受到感謝。

- 定出一個絕不用否定方式談論家人的原則。注意你要用什麼方式與伴侶談論家人，包括子女在內。盡量發覺子女在正確的做事情，然後把你對他們的良好行為感到的興奮之情，告訴他人。

摘要：行為5——待人忠誠

衷心讚揚別人的功勞。感謝別人的貢獻。談論別人時，要當作對方在場一樣。幫不在場無法為自己說話的人講話。不在背後批評別人。不談論別人的私事。

行為6：展現成效

未來領導人對說出達成何種成效比較不感興趣，
他們比較關心的是展現自己說過要達到的成效。
—— 商業書籍作家暨教授 尤瑞奇（Dave Ulrich）

人們時常問我：「和新客戶建立關係時，做哪一件事可以最快建立信任？」我毫不遲疑的回答：「展現成效！」成效使你立即有信用可言，使你立即獲得信任，使你有影響力，清楚證明你增加了價值，你可以有所貢獻、有所成就。成效不但是個人信用（四個核心之一）不可分的一部分，也為你與他人的關係提供一個建立信任的有力工具。

在展現成效這一章，我們從以品德為主的行為，進入以能力為主的行為。這個行為的**原則**來自責任、可靠性和績效，而展現成效的**相反**，是績效差或是交不出成績，**冒牌**的行為是完成交辦的工作而非展現成效。

我多年來和許多人合作過，尤其是業務員，他們花很多時間講話，但是交出的成果卻不足。他們做簡報時說得天花亂墜，也會拍胸脯保證達到各種美好的結果，然而到最後不是交不出業績，就是業績遠不如所做的保證。我後來學會找少說話，多交付成果的人。這種人做的簡報不是不精采，也不是不期望自己締造佳績，這些事他們都做得來，只是他們不會過

當，而會一直做出業績。我學會最有效率的做法，是把最好的機會給予不高談闊論但會交出成效的人，而不是給光說不練的人。

信任帳戶的影響

我在柯維領導力中心擔任執行長時，有一個部門被當時的企業文化視為一個「消遣」，或者說是一個大家喜歡參與，但當時並不（而且好像永遠也不會）賺錢的業務。三年來講了又講，但是這個部門始終沒有創造出任何產品或成果。我和這個單位的領導人會談後，一致認為**會**有一個產品出來，而且**會**在六個月之內交出成效，絕不延遲。我們定出明確的目標和達到目標的權責。

在那六個月中，我開始收到那個部門人員的意見，說期限太趕，他們做不到。我說：「別鬧了，我們的信用現在懸於一線。在拿出產品之前，這個部門充其量只是一個消遣而已。我們說要做出一個產品，而且都已經好幾年了，所以現在一定要達到這個目標。」

他們全都討厭我，要我多給他們一點時間。可是我強烈認為他們必須對這個協議有所交代。最後，他們做到了。產品在一致同意的期限當天交出來，而且在短短幾個月之內就賺進數百萬美元。

此舉完全改變了這個部門只是好玩而已的觀念。他們已經展現出成效！而這就建立了信任，信任那個部門裡的人與文化。那些交出產品和完成這件事的人，生活裡也有了自我信任和團隊信任。

在家庭方面，我和潔瑞最近把將垃圾桶拿出屋外和拿回家來的工作，交給十二歲的兒子克里斯。這在我們家是一件大工作，因為拿那些沉重的垃圾桶走出門外，得經過又長又陡的車道，所以下雪的時候會很辛苦。我們做父母的，看到克里斯如此盡責感到十分欣喜，因為我們只跟他說過一次，後來也沒有再提過這件事。可是每個星期三晚上我回到家時，垃圾桶已經拿出去，星期四我回到家時，垃圾桶又拿進來了。他交出了成效。

我們對克里斯的行為感到格外開心，部分原因在於這和我們以前的經驗完全相反。以前這是他哥哥的工作，但是我們必須提醒、提醒、再提醒，可他還是有一半的時間沒有做到。

盡責（以及沒有負責）處理這個工作時，對信任帳戶（以及對速度與成本）大有影響。我們發現，當孩子展現成效而且帳戶結存高的時候，我們聆聽孩子的要求和給予優待的速度會快很多。

展現成效是讓批評「變身」的方式，是在一個新關係中快速建立信任的方式，是取得彈性和選擇的方式，也是在職能方面失去信任後，可以快速恢復信任的方式。這也是我定義為領導的前半部分：用激發信任的方式**展現成效**。

開宗明義說明成效

有時候，我跟交出成績但並未得到預期反應的人談話。他們期望在信任帳戶裡存一千美元，結果只存了十美元，或者更糟，反而是提款。他們不知原因何在。

這些情形十之八九都是因為沒有弄清楚別人期望的是什

麼。他們認為的「好」或甚至是「棒」的結果，對他們交付成
果的對象而言，可能只是「馬馬虎虎」。若非如此，就是展現
「成果」的地方不對，就像父母一星期工作八十小時，為孩子
提供許許多多額外的好東西，以為這應該是存了大筆款項，然
而孩子真正最想要的，卻是父母的時間。或者就像產品研發團
隊一頭熱的製作出顧客根本不在乎的特色。

最近在英國舉行的一項會議中，資訊長和其他資訊科技專
家，討論到科技與組織裡的信任。其中一個主要訊息是，科技
雖然會帶來許多令人興奮的希望，但是除非日復一日的呈現出
基本的成果，否則這些希望沒有意義。會中，英國航空公司資
訊長柯比（Paul Coby）說：

我對嘗試建立信任的看法是，我不會特地去討論我在英國
航空的網站上要進行的大革新或其他的新發展，除非我已經提
供一星期七天、一天二十四小時的資訊科技服務……等做到這
一點以後，才可以跟著談更有創意的構想。

處於今日的經濟體系中，花一點時間開宗明義為成效下定
義尤其重要，因為有一大部分人的工作，難以將成效量化。因
此，定義出可以建立信任的成效，是很重要的，這樣才能在時
限和預算之內締造成果。

信任的小祕訣

在鐘形曲線上，我們看到能力的核心充分發揮作用。在曲
線的左邊，可看到低於預期的成效，顯示需要加強誠信、才

能，當然還有成效（通常是一開始就定義清楚）。在右邊可以看到展現出的績效很多，但並沒有考慮這些績效是不是應該著重的（例如，一名員工拚命的工作，做的卻不是老闆想要優先處理的工作……或是經常加班而沒有花時間陪孩子）。著重誠信（尤其是言行合一）、調整才能，並定義成效，會幫助你邁向曲線的「最適點」。

在努力展現成效之際，你或許想要試試以下方法：

- 下一次計畫展現成效時，確定自己徹底了解期望是什麼。不要以為展現出自己以為的好成效，就是達到目標。如果真想要建立信任，就必須知道對提交的對象而言，什麼才是「成效」。

- 下一次計畫承諾締造成果時，停下來問自己，這個承諾是否切合實際。過度承諾及交付的成果低於期望，每一次都會導致一筆提款。

- 盡量事先預期顧客或同事會有什麼需求，在對方提出要求之前便交出成果。加拿大曲棍球員葛雷斯基（Wayne Gretzky）說：「我會先到球要去的位置，而非它原本在的位置。」預期對方的需要會給信任帳戶帶來額外的紅利。

摘要：行為6——展現成效

建立績效。做該做的事情。實現成果。完成份內之事。在時限內和在預算內完成工作。不要過度承諾，交付的成效也不能低於預期。不要為沒有交付成效找藉口。

行爲7：提升實力

二十一世紀的文盲不是不能讀寫的人，
而是不懂得學習和重新學習的人。

——托佛勒（Alvin Toffler）

我年輕時多天常去滑雪。我非常努力練習，滑雪技術一年
比一年好。我知道自己滑得愈來愈好，不只因爲表現比較好，
也因爲我常常失敗。聽起來好像和直覺相反，可是我開始領悟
到，如果不摔倒的話，就不會認眞推動自己改進。

十八歲時，我的滑雪技術到達顚峰。這時我反而變得比較
保守，因爲動機不同了。我再也不想要摔跤，不想要摔斷腿，
所以不再冒險。

我的滑雪技術還是很好，可是二十五年來一點進步也沒
有。我完全活在過去，靠的是多年前學會的技術。滑雪是有
「某種困難度」的運動之一，如果現在讓我去滑簡單的綠線
道，或是級數中等的藍線道，我的姿勢還算挺不賴的。可是如
果讓我去滑有陡坡和隆起點、最難的雙黑色菱形滑道的話，姿
勢看起來就會很滑稽。我去年冬天才試過，沒多久就明白我無
法維持平衡或控制住自己。

科技、全球化和知識型勞工經濟已提高困難度，使我們處
於一個更具挑戰性的環境。在這個高要求的新環境裡用過去一

直使用的技術，如同嘗試用綠線道的能力去滑黑線道。

> 人們停止學習的原因之一，是愈來愈不願意冒失敗的危
> 險。
>
> ——《卓越與自我更新》（*Excellence and Self-renewal*）作者 加德納
> （John Gardner）

　　除非大幅提高自己的能力，否則勢必無法適應這個挑戰。處於今日競爭性日益增高的環境，這會是顯而易見的事。就像我滑雪一樣，在綠線道，我看起來可能跟另一位技術比較好的人不相上下，然而一旦把我們兩個放在雙黑線道，高下立見。

　　顯然真正激發信任的人，是雙黑菱形道的滑雪者／願意接受挑戰的領導人。

提升實力建立信任

　　提升實力根據的**原則**是不斷改進、學習和改變。這就是日本人說的「改善」，這會建立莫大的信任。當別人視你為一個不斷學習、成長、更新的人，或是認為你的組織是不斷學習、成長、日新又新的組織，就會對你在快速變遷的環境中成功的能力產生信心，使你得以建立高信任的關係，用令人難以置信的速度做事情。

　　提升實力的相反就是退步、退化，以過去得到的桂冠為滿足，或與環境脫節。以今日世界變遷的速度而言，如果不刻意提升實力的話，就不只是站在原地不動，而是落後愈來愈遠，

愈來愈跟不上時代的脈動。因此，只是停留原地無法激發別人對你的信任，只會破壞信任。

提升實力有兩個常見的**冒牌**行為。第一個是「永遠的學生」，就是永遠在學習，但是從來沒有任何作為的人。第二個是如作家赫伯（Frant Herbert）觀察到的：「我最不信任的人，就是想要為大家謀福利，但只有一種方法可用的人。」那樣的做法就是強迫每一樣事情都符合你最擅長做的事，這也說明心理學家馬斯洛（Abraham Maslow）的想法：「擅長使榔鎚的人，往往以為每樣東西都是釘子。」

提升實力的範例

《心靈雞湯》（*Chicken Soup*）系列書籍的作家之一坎菲德（Jack Canfiled）每天至少看一本書，微軟創辦人比爾・蓋茲、聯邦快遞的史密斯（Fred Smith）……都是學習的速度快而且不間斷學習的人，他們不只是在創辦公司的時候跟得上趨勢，在時代變化時也完全不脫節。

在運動方面提升實力的一個好例子，是在NBA打了二十年的大前鋒馬龍（Karl Malone）。馬龍以菜鳥上陣的頭一季，在七公尺罰球線的命中率只有百分之四十八。他明白自己未來在籃球生涯中會有許多罰球的機會，於是決心把弱點轉化為強項。他努力練習，以後在他的籃球生涯中，罰球命中率皆達百分之七十五。

除此之外，新秀賽季之後，馬龍決定做重力訓量，而且是用一種前所未見的強度進行。第二年他出現在訓練營時，立刻看得出來他把自己鍛鍊到極限，體能遠比前一個賽季結束時

好。顯而易見，他的隊友們仍然維持在原來的水準。馬龍提升實力的努力，不但成績進步神速，成為名人堂的一員，還成為整個聯盟提高力量與體能訓練的催化劑。

芬蘭的諾基亞公司是在商界提升實力的絕佳範例。諾基亞被視為歐洲最受信任的品牌，現在是世上最大的行動電話製造商，銷售一百三十國，營業額達四百〇五億美元。可是諾基亞並非從行動電話起家的。約在一個半世紀以前，諾基亞是一家紙張製造商，當時的領導人把改革創新的精神帶進企業文化，視其為公司關鍵的能力，並稱之為「更新」，其後一百四十年諾基亞一直力行不輟。如《快速企業》（*Fast Company*）所說：

（諾基亞）從生產紙張變成製造橡膠鞋，然後是雨衣，然後獵槍，接著是消費性電子產品，直到最後全部押在行動電話上。這都是鍥而不捨的強調更新……諾基亞是一個拒絕變大、變老或變慢的企業。

現在諾基亞置身一個挑戰性十足的行業，它的領導階層體認到，如果公司不經常根據市場需要革新和改進，就會被別人超越。因此，諾基亞一直在求新求變。

不論這個做法是稱為更新、重新發明、再創造、革新、鍥而不捨的改進，或是精益求精，這個行為已成為在充滿挑戰的世界裡成功的條件。

如何提升實力

尋求提升實力時，有兩個策略特別有幫助，就是徵詢別人的意見和從錯誤中學習。

徵詢別人的意見

徵詢和有效利用別人的意見，對品質的精進非常重要。在我自己的生活中，我參與的每一個成功案例，從內部的意見調查和外部的顧客拜訪，到經常在家問潔瑞如何讓生活更舒適等，都少不了別人的意見。

適當徵詢意見並採取行動，是一家公司學習、成長、革新的保證。萬豪國際集團（Marriott International）幾乎每次在我投宿旗下的旅館之後，都會用電子郵件發一份意見調查給我。每次我向第三方賣家購物時，amazon.com 都會請我評等，我的意見就成為那個會員績效評等的一部分。幾乎所有大型組織都會做某種類型的員工意見調查，詢問員工滿意度、認同度和敬業態度等等。卓越的公司與優秀的公司不同之處，不是在於有沒有做意見調查，而是如何回應蒐集到的意見反應。

意見反應對改進非常重要，所以我們已在「速度與信任」課程裡，納入一個深入的三百六十度信任意見調查。看別人學習這個過程向來很有趣，包括比較你和別人對你的優缺點的觀察，而且有時候會聽到一些意想不到的想法，使你改變思惟、敞開思想和心胸，創造一條正向改變的路線。

我們告訴所有學員，過於重視意見反應或對意見的反應過度都是有可能的事，而且在這個過程中，你可能會對自己的直

覺和識見大打折扣。此外，意見反應通常會讓你更了解提供這個意見的人，而不是自己。不過，即使是這個資訊本身，也可能對建立信任大有幫助，因為讓你深刻了解到他人帶進這個關係的意義，以及什麼樣的行為會在你和他們共有的「信任帳戶」裡存入款項。

你務必感謝那些提供意見的人，讓他們知道你打算採納他們的意見。當大家看到你認真處理時，不但激發他們對你的信任，也會營造出一個成長和改變的環境。但是我們在「展現成效」裡說過，你永遠要貫徹到底，否則你表達出來的意向就會造成提款，比根本沒有請大家提供意見還慘。

從錯誤中學習

我在滑雪坡道上發現，一個人如果不願意犯錯，就不會有所改進。通常人們不願意犯錯，是因為害怕失敗，或是太注重形象。可是聰明人和聰明的企業明白，犯錯是生活的一部分。他們把犯錯視為意見反應，會幫助自己改進，而且成為從錯誤中學習的高手。

事實上，最常見的情形是，失敗帶來突破和深刻的了解。愛因斯坦說：「我反覆思索好幾個月、好幾年；有九十九次都是錯的，而第一百次我對了。」愛迪生在針對使燈泡臻於完美的過程發表看法時說：「我不是失敗一萬次，而是成功去除一萬種行不通的物質和組合。」

高明的領導人會營造一個鼓勵適當冒險的環境，一個使大家能夠安全犯錯的環境。IBM創辦人華特森（Tom Waterson Sr.）就是一個好例子。在《領導人：掌控大局的策略》（*Leaders:*

Strategies for Taking Charge）一書中，班尼斯（Warren Bennis）
和納努斯（Burt Nanus）敘述這個故事：

> IBM一位前途看好的低階主管參與公司一項有風險的案
> 子，在這場賭博中賠了一千萬美元。那個案子可說是一敗塗
> 地。華特森把這個緊張的主管叫進他的辦公室時，這個年輕人
> 脫口說出：「我猜你是要我辭職吧？」華特森說：「別鬧了，
> 我們才剛花了一千萬美元教育你呢！」

就是這種學習類型使華特森說：「如果你想要提高成功
率，就要使你的失敗率增加一倍。」

信任的小祕訣

在鐘形曲線上，一眼便可看出「提升實力」與四個核心全
部有關。你需要誠信做出和實踐改進的承諾。當你的意向是提
高能力，好對別人有所貢獻時，就會位於高峰，不論那些別人
是你琢磨天賦和技能後的受惠者，或者（像你的家人）是從你
賺錢能力受惠的人。「提升實力」和才能有關，除了明顯的能
力之外，還包括設定和達成目標的能力，以及建立、培養、付
出，和恢復信任的能力。這也和成效有關，既要努力去提升實
力，獲得最大成果，同時也要看到改進的重點與你想獲得的成
果之間的關係。

為了提升實力，你可能會想考慮採取以下的做法之一：

- 把「繼續／停止／開始」調查發給部屬、顧客、團隊的成員
  或是家人。問以下這些簡單的問題：

1. 我們現在做的哪一件事你認為應該**繼續**做下去？

2. 我們現在做的哪一件事你認為應該**停止**做下去？

3. 我們現在沒有做的哪一件事你認為應該**開始**做？

- 下一次犯錯時，別再懊惱不已，而是把它視為一個意見反應。找出從這個錯誤學到的事，以及如何改善方法，使下一次得到不同的結果。

- 如果你在一個組織、團隊或是家庭裡擔任領導人的話，採取一些措施塑造可以讓人安全犯錯的環境。鼓勵別人承擔適當的風險和從錯誤中學習，這樣才能建立高度信任、產生高度協同作用，以及創造高度生產力。

> ## 摘要：行為 7 —— 提升實力
>
> 鍥而不捨的改進。提高你的才能。做一個經常學習的人。建立意見箱系統，包括正式和非正式的。收到意見反應後要採取行動。感謝大家提供你意見。不要不屑於採納意見反應。不要以為今天的知識和技能，足以應付明天的挑戰。

行爲 8：面對現實

領導人的第一個責任，就是界定現實。

——赫曼米勒（Herman Miller）公司總裁暨執行長

帝普雷（Max Depree）

你有沒有參加過「開不完的會」？就是一小群人在非正式的討論中，討論原本早應該在正式會議中解決的事情？你認爲有多少時間和金錢被浪費掉，因爲沒有直接針對眞正的問題處理和解決？

你在家有沒有處於一種情況，就是每一個人都在迴避作家萊恩（Kathleen Ryan）稱之爲「不能討論的事情」，也就是沒有人有勇氣討論那些妨礙開放、信任關係的事情。如果沒有那些「不能討論的事情」，如果大家都可以隨意用開放和尊重的態度提出任何話題的話，你覺得會有多大的差別？

行爲八——面對現實，是關於正面處理棘手的問題。好消息要說，壞消息也不忌諱，適當處理這些事情，因爲大家知道你是眞心誠意的，不會閃避棘手的問題，而會直接處理眞正影響他們生活的問題，就會建立信任，而且速度奇快無比。

面對現實的**原則**是根據勇氣、責任、覺察、尊重。有一個好例子是麥卡伊（Anne Mulcahy）的故事。《財星》雜誌報導，她二〇〇一年八月就任全錄公司執行長時，面臨的現實是

殘酷的。全錄不但虧損，而且債台高築、成本居高不下、業務量節節滑落，同時人才嚴重外流。雪上加霜的是，他們正面對美國證券交易委員會的會計醜聞，是一個跟不上時代的企業模型，一成不變的產品和服務線，整體經濟情況糟糕之至。這些事實十分殘酷，然而麥卡伊沒有迴避，而是正視它們。她首先救亡圖存避免破產，儘管專家們都不建議她這麼做。她說：「不論從財務的角度認爲（破產）多麼有利，我認爲對一個力圖扭轉頹勢和恢復商譽的企業而言，那是一件令人洩氣和打擊士氣的事。」

接下來麥卡伊處理棘手的問題。她關閉筆記型電腦部門，縮減成本結構，解決會計醜聞，改變產品和服務線。最重要的是，她實話實說，即使當時實話並不受歡迎，而且別人不想要聽實話。有一次，她誠實的說，全錄的商業模式無法支撐下去，需要重新塑造。然而華爾街並不想聽到這種話，於是股票一天之內就下滑〇·二六美元，但是她對員工的信用卻飆漲，因爲這是一位願意把被忽視多年的問題扛起來的領導人。她的信任度提升，先是全錄的同事對她的信任感，然後是顧客和包括銀行業者在內的投資人。大家在麥卡伊身上看到一位領導人，一肩扛起前幾任領導人全都看到，但是卻無法——或是不願意處理的問題。

在那之後，全錄便起死回生，現在已有盈利，債務大幅減少，股票回升。儘管任何一家仍在經營的公司好壞仍未有定論，但是麥卡伊就是一個現成的例子，說明領導人正面處理棘手問題，可以贏得大家的信任。

面對現實的**相反**就是置之不理，把頭埋在沙子裡，以爲這

一來問題就會消失。**冒牌**的行為就是好像在面對現實，其實是在逃避它，也就是注重做虛功，卻迴避真正的問題。

相反和冒牌行為造成的問題，就是別人對你的看法往往是這兩者之一：認為你缺乏品德（不坦率或不誠實、不公開透明、有話不直說），或能力不足（茫無頭緒、幼稚、不稱職；根本不知道真正的問題在哪裡）。不論是哪一種看法，都不會使別人信任你。

速度和成本

坦率的面對現實，至少會在兩個重要方面影響速度和成本。第一，會建立加速坦率互動和有所成就的關係。第二，你不是一面單打獨鬥苦苦應付所有難題，一面為每一個人勾勒美好的未來，而是激發大家的靈感、才幹和協同作用，一同解決那些問題。大家自由發揮，革新加上合作，更快、更高明的解決問題，而且是在體諒、認同、配合，以及參與解決過程的人通常都感到振奮的情況下進行。

我個人的經驗是，在法蘭克林柯維合併之後，我因為面對現實而獲得對自己強力肯定的信任紅利。那天在華府，我提出拋開會議的議程，討論大家真正想談的事情時，剛開始我可以感覺到那股震撼和不信任。可是在一個小時內，就像大水壩潰堤，我感到開放的態度和信任感湧進會議室，以及在場的每一個人，那種如釋重負和讚賞。那真是一個重大的轉折，使我們自此以後的合作能力（最後是我們為顧客創造更大價值的能力）不可同日而語。

把最能夠協助你應付挑戰和解決問題的人排除在外，是不會有任何幫助的。美國航空執行長亞貝談到他決定讓工會一起面對問題時，說：「如果他們不是你真正的生意夥伴，就會為你的策略扯後腿。」

所以，人們為什麼不面對現實？

有時候，他們想要受人歡迎，不想當「烏鴉」。有時候領導人把壞消息留給他們的副手去傳達，認為他們需要跟「凸槌」的事情拉開距離，才能維持信用和信任。然而事實上，這種做法適得其反，製造出巨額稅金，因為大家會覺得他們的領導人不誠實、不坦率，迴避針對這些棘手問題和他們互動，把「擦屁股」的事留給別人去做。

有時候，人們想要逃避不安。比如說家長不想聽到子女嗑藥，或有其他成癮的行為，因為那會讓他們太痛苦，於是他們刻意忽視蛛絲馬跡，而不是承認問題，迅速採取行動，以免孩子陷入更大的癮頭。

有時候，人們不想丟臉。有一次，我為一個發生嚴重財務問題的家庭提供諮詢。他們的收入突然大幅減少，可是仍堅持維持以前的生活水準。因為他們感到很尷尬，擔心看起來成就不如從前，擔心在朋友面前丟臉，所以耗光存款並且舉債，試圖掩飾真實的情況。然而事實是，如果他們繼續那樣下去，就會傾家蕩產，陷入真正可怕的困境。他們不想面對現實，所以把頭埋在沙子裡。他們做了很多的諮詢，經過好幾個月坦誠直言的談話，最後才終於承認他們實際的情況，採取必要步驟去處理。

面對現實這件事是不能等待的，因為情況並不會變得比較

容易處理，也不會好轉。有時候，如果不從別人那裡取得資訊，趕快行動的話，選擇就會愈來愈少。那等於是在做損害管控。

爲美世人力資源諮詢公司（Mercer Human Resource Consulting）做的一項調查顯示，只有百分之三十九的員工認爲高階管理階層在問題**變成大問題之前**，好好面對。想想看那個成本！若是提早面對問題，在處理的成本相對來說是低的時候就去面對，效率會好多少。

最重要的是，不要害怕傳達壞消息。不要覺得必須把每一件事情硬拗成正向的。當然，你也不必位於鐘形曲線的極右端，說：「每一件事都很可怕，我們全部死定了！」柯林斯指出，你可以「面對殘酷的事實，但是絕不失去信心。」事實上，他研究的那些從優秀提升到卓越的企業（和領導人），就是這麼做的，而他們的方法事實上反而成爲他們優勢的來源。

信任的小祕訣

面對現實的「最適點」清楚反映出需要由四個核心互動而來的判斷力。在曲線的左邊，現實被置之不理，或者最好的情形是把事實稀釋掉了。可是這一來問題顯得溫和，所以沒有什麼用。或者，是有面對現實，但處理得虎頭蛇尾。提高勇氣（誠信）、改善立意、加強信任的能力（才能）、從面對現實的成果獲得信心，就可以向「最適點」邁進。

在曲線的右側，人們不是就事論事，而是針對人，有時候甚至十分嚴苛。或者他們喜歡走極端（「這下慘了，我們全部死定了！」），或是害別人（「這個情況糟透了，我絕對無能爲

力。」)。同樣的，加強四個核心才是關鍵之道。

在努力改進面對現實時，你或許想參考下列想法：

- 下一次覺得不願意面對現實的時候，探索自己的感覺。你是因為害怕結果或害怕痛苦？思考面對現實的結果。必要時，試著改變對其他相關者的態度。如果面對的是兒童，把他們當成能夠堅強處理事情的大人。面對現實，並且以尊重的態度處理問題。

- 想一下自己的財務管理、專業條件，或是健康。你是在面對現實，還是活在幻想國度？努力完全誠實的面對自己。接受挑戰。

- 如果你對人際關係感到不安，問自己原因是什麼。有什麼事情妨礙建立一個開誠布公、高度信任的關係嗎？考慮用尊重的態度，正視問題。

摘要：行為8——面對現實

直接處理難題。敢於說出隱諱的事。與別人談話時勇敢說實話。化干戈為玉帛。不要迴避真正的問題。別把頭埋在沙子裡。

行爲9：說明期望

幾乎所有的矛盾都是不符期望的結果。

——《與影響力有約》（*The Power Principle*）作者 李卜廉

有一天晚上，內人潔瑞告訴十六歲的女兒：「妳沒有把房間和浴室打掃好的話，晚上就不能跟朋友出去。」後來，潔瑞跟我大吼說：「麥金莉要被罰禁足！因爲她違反自己的承諾！沒有打掃就出門了。」

我打行動電話聯絡上她時說：「麥金莉，妳現在就必須回家。妳答應媽媽，可是妳並沒有做到。」

「可是我做了啊，爸爸！」她嚷道。

「顯然妳並沒有。」

「有，我做了！」

「那麼就是妳做得不怎麼好。」

「可是，爸爸，我是按照自己平常做的方式做的啊。」

潔瑞和我處理這個情況時，明白問題出在麥金莉和潔瑞對「乾淨」的標準並不一樣。而且她們沒有討論過，所以沒有清楚界定「打掃妳的房間和浴室」是什麼意思。最後，麥金莉保證回家後會和我們討論這件事，我們便允許她留在舞會上。

期望和信任

行為九──說明期望，是**預先**對要做的事建立共同的願景和協議。這是人們很少會注重的行為之一，我稱之為預防的行為，因為只要做到，就可以避免後來的心痛和頭痛。相對的如果事前沒有在這裡下功夫，以後就**會**有信任的問題，而這些問題又會影響速度和成本。

想一想你自己的經驗，有多少時間和努力都浪費在因為人們不清楚有什麼期望？「你應該做這件事……」「我以為你說的是要做那件事……」「你**什麼時候**要？」「你說這個超過預算是什麼意思？」人們有多麼常偏離案子的正軌，只因為領導人沒有把正軌說清楚？有多少「表現不佳」其實是因為沒有清楚說明期望？這一切對信任有什麼影響？

說明期望根據的**原則**清楚、責任、權責化。說明期望的**相反**，就是不界定期望，以為每個人都已經知道，或是沒有公開說明，所以大家對想要得到的成效並沒有共同的願景。這會造成大家猜測、納悶或自以為是的期望。然後，當成效交出來卻不受重視時，每一個人都覺得失望，信任、速度和成本全都受到打擊。

說明期望的**冒牌**行為，就是設立「騙局」，用空頭支票說明期望，而沒有具體說明（成效、期限或確切金額），無法促進有意義的權責化。要不然就是期望隨著狀況不同而有高有低，而這些狀況卻會因為大家的記憶、解讀，或當時有利或方便，而有所改變。

說明期望可能具有挑戰性。在我們的課程中，有時候會做

分組練習，讓每一組的組員列出自己在回答「信任是什麼」這個問題時，最常想到的十個字。出乎意料的是，儘管信任這兩個字大家經常掛在嘴巴上，但是每一組至少有六、七個人想出的字眼竟然頂多只有一、兩個是共同的。我相信這一點表達了說明期望的困難。每一個人都把自己的意思帶進說的話和經驗裡面。意義不是在事情裡面，甚至也未必在字裡面，而在人的身上。所以如果你和我要對某件事達成共識，就必須確定對彼此說的話有相同的理解。

說明期望的影響力如此普遍的原因之一，在於人們對**每一個**互動——不論是明確或含蓄、了解或不了解，都有所期望，而這些期望達到或未達到的程度會影響信任。事實上，沒有說明期望是背信的主要原因之一，就像潔瑞和麥金莉的情況，不符期望幾乎總是被轉為信任問題。

在生意上說明期望

有人問過我，如果我們信任另一方的話，何必把生意上的協議白紙黑字寫下來？我認為書面協議事實上確認和說明了期望，長期而言可以保有信任，甚至還可以提高信任。我知道幾個「握手」成交的交易後來風波不斷，因為在口頭協定之外，雙方從來沒有界定期望，或是後來經手人走馬換將，對交易的理解也有了出入。我並不是反對握手成交的協定，可是我比較喜歡把協議形諸筆墨，以便雙方對彼此的期望了然於胸。

沃葛林（Walgreens）連鎖藥店執行長科克·沃葛林三世的故事，表達了「說明就是力量」。這家公司很早就決定，他們能執世界牛耳的是經營藥店，而不是餐廳，雖然他們經營食品

服務業也有好幾代了。在柯林斯的書《從A到A⁺》中，科克的
繼任者喬恩特說：

> 科克在一個計畫委員會的會議中說：「現在我要下定決心
> 了。我們要在五年內完全撤出餐飲界。」當時我們有五百多家
> 餐廳。會議室裡瞬間鴉雀無聲。他說：「我要每一個人知道，
> 現在已經開始倒數計時⋯⋯」六個月後，我們開下一次計畫會
> 議時，有人順口提到我們只剩下五年時間，就要退出餐飲業。
> 科克輕輕敲桌子說：「聽清楚，你們只有四年半。我六個月前
> 說過你們有五年，現在你們有四年半。」第二天，所有的事情
> 真的開始動起來，我們逐漸縮減了餐飲生意。

我記得自己有一次參加一項會議，一位主管要確定每一個
人了解我們要談的事情的敏感性。因為與會的同一批人中曾有
人違反保密原則，這位主管為了讓大家清楚了解這個期望，特
地繞著會議桌走一圈，一面逐一注視會議室裡的每一個人的眼
睛，一面問：「你了解這是機密，而且你願意保守這個機密
嗎？」這是一種引人注意的說明期望的方式，而且十分有效。

在家說明期望

我說過，說明期望會使家庭很不一樣，一如在工作上。比
如說，如果你已經結婚，想想看角色或責任的期望不清楚或不
同時，會導致多少失望和爭吵。也許你的配偶期望你處理財
務、懲罰孩子，或是倒垃圾，因為在他成長的家庭裡都是這樣
的，然而你認為這些事情理應由配偶來做，因為在你家都是這

樣的。你們從來沒有真正把這件事拿出來談、做出一個決議，於是這件事永遠是你們婚姻裡的痛處。

如果你為人父母，不妨想一下，當你沒有花時間說明對家中的責任或其他事情的期望時，會浪費多少時間和精力。我的朋友說她在子女小的時候，在每一個櫃子的門裡面貼了一張紙條，說明期望，同時清楚界定當她告訴孩子「打掃」房間時，她要的是什麼。然後她訓練子女，並且要他們負責做到單子上列出的標準，所以他們對媽媽的期望是什麼毫無疑問。她說，這並不能消除所有的問題，但對減少浪費時間和精力、提高工作的品質，營造信心和信任的環境很有幫助。

一條雙向道

美國管理協會與人力資源研究所，最近合作的一項研究顯示，企業做出不道德行為的最大原因，就是不切實際的期望。主管交代了期望、期限，以及成本之後，在限期內交出成果的壓力變得強烈，於是他們開始抄捷徑，做一些不道德的事，以便達到期望。

記住，有效說明期望永遠是一條雙向道。人們必須有機會互相磋商，才能定出雙方都同意且切實可行的期望。

我在柯維領導力中心時，有一次某家公司的代表，提出一個圍繞某個構想形成策略聯盟的企畫案。我們慎重的探討各種可能性，最後的結論是這個企畫對雙方都沒有什麼意義。

後來這個組織裡的一個人又跑來找我，懷著幾分幹勁說：「我對你真的很失望，因為你沒有實踐你父親的教導。」

那句話把我嚇了一跳。我盡量不讓情緒反彈的說：「對不

起，麻煩你說得詳細一點。」

他說：「你父親教的是雙贏，我來就是要跟你達成一個雙贏的交易，可是你完全不願意做！」

我有點鬆了一口氣說：「我完全贊成雙贏的策略。問題是你們建議的不是雙贏，而是一個贏另一個輸。我父親不是那樣教的。他教的是『雙贏，否則就不要交易』。如果雙方不能都贏的話，我們就不做這個交易。這就是我們現在的情形。」

你不能省略「沒有交易」，否則你就會淪為磋商的人質，最後落到雙輸的下場。這個人了解我說的話，也就是期望獲得說明之後（雙輸或沒有交易），立刻改變他的看法。

促成實際效果

多年來我學會幾件和說明期望有關的重要事情。

首先，我學會量化每一件事。要什麼成效？由誰做？什麼時候做好？成本是多少？如何衡量成效？怎麼知道已經完成了？什麼時候該由什麼人負責——就基準點和最終結果而言？我在四個核心那一章談到「成效」時說過，一般而言把重心放在成效上的效率，比放在交辦的工作上好，雖然對待子女有時候就必須把重點放在交辦的工作上。

第二，我學會了在大部分情況下，看品質、速度、成本這三個變數，並且明白你通常可以三選二，但是別想同時三者皆有，這才是明智之舉。例如，如果想要高品質，而且要很快擁有，通常要花的錢就比較多。如果要用低成本快速達到，可能就得放棄品質。如果要用低成本得到高品質的產品，花的時間可能就要比較久。這幾乎永遠都是一個選擇：三個選兩個，放

棄另一個。然而，有一個改造的變數，可以改變這個取捨的等式，那就是高度信任。當信任的環境夠強，達到高品質（價值）、高速度和低成本的成效，就是切合實際的。

最後，我學會了即使有時候期望難以說明，例如給某人一個切合實際的期限，而不是投其所好作虛假的承諾，還是寧可一開始就讓對方失望，也比到後來才令人失望來得好。

信任的小祕訣

到達「說明期望」的「最適點」需要誠信（誠實勇敢的設定期望和與別人溝通）。要有意圖才能產生代表所有相關者「贏」的期望。要有能力，包括組織協議的要素、建立權責、卓越執行的能力。而且要有能力用每一個人都了解的方式，確認想要的成效。

如果你在曲線的左邊，那麼就某種程度而言，你的說明仍嫌不足。在右邊的話，你可能說得太仔細、太以交辦的工作為主、太封閉而無法在必要時做機動調整，或是太不信任別人。比方說，對許多人而言，婚前協議會是在曲線的極右端。雖然這種說法的確說明了期望，但可能也破壞了信任。

看一下四個核心，想一想你在哪一方面需要改進。除此之外，你可能想要嘗試以下的做法：

● 和別人溝通時，講清楚、說明白就是力量。有一個方法可以檢查你的溝通夠不夠清楚，就是藉由問一些簡單的問題來「檢查清晰度」：

一你從這次談話中了解了什麼？

一我們互動的結果，你覺得你或我的下一步要怎麼做？

—你覺得別人清楚有什麼期望嗎？

—我們可以怎麼做，讓事情更清楚？

- 下次要做一個案子時，先設計一份清楚的書面協議。如果你是負責人，把每一個人召集起來，鼓勵他們自由表達任何的想法和關切的事。努力擬出一份清楚、切合實際，而且所有利害相關者都是贏家的協議。如果你不是負責人，那麼向負責人提出你自己擬的協議：「關於你的期望以及我可以做的事情，我就個人的了解整理出一份書面協議。不知道你有沒有不同的看法？」這麼做會給你一個說明期望，同時把這個期望敲定下來的機會，以後才不會遇到問題。

- 在家裡說明期望。計畫和配偶一起做「結婚投資」的時間。你們可以各自寫下婚姻中三個最大的挫折，然後看著每一個挫折，自問：我對這件事有什麼期望是沒有達到的？互相說出對彼此的挫折與期望的看法，然後一起努力使期望更清楚。

摘要：行為9 —— 說明期望

公開說明期望。討論並確認這些期望。必要和可能時，重新磋商這些期望。不要違反期望。不要以為這些期望已經很清楚或大家都有一致的看法。

行為10：承擔責任

所有的力量就在於信任；
我們必須爲運用信任負責。

——狄斯雷利（Benjamin Disraeli）

「擔當責任」對信任顯然有很大的影響。高誠公司
（Golin/Harris）在二○○二年做的一項意見調查顯示，「承擔
個人執行的責任和爲結果承擔責任」被列爲建立信任的第二重
要因素。資誠會計師事務所把「爲結果負責的文化」列爲建立
公眾信任的三個關鍵之一。

承擔責任有兩個主要的面向。第一個是要**自己**爲結果承擔
責任；第二個是要**別人**爲結果承擔責任。能讓人產生信任感的
領導人兩者都會做到。

自己為結果承擔責任

在「信任的速度」的課程中，一名學員跟大家分享另一個
學員「麥特」的經驗。麥特是美國一家大牛肉供應商的採購主
管，他的同事在駕駛公司車時發生車禍。車禍本身並不嚴重，
但是公司的規定是，只要公司車發生事故，不論大小，當事人
都必須立刻向警方報案。麥特並不知道公司有這個規定。所以
當老闆找他說：「你的部屬沒有填寫警方報案單，所以你得寫

一份檢討他的報告。」麥特說：「他並不知道有這個規定，因為連我自己也不知道。」麥特寫了一份報告檢討部屬，再寫一份報告檢討自己，然後兩份報告一起往上呈。他的老闆說：「我不接受這個做法。」麥特說：「可是我有責任讓部屬知道那個規定。」

麥特的行為是自己承擔責任的絕佳範例。

這個行為是建立在為結果負責、承擔執行的責任、管理的**原則上**。這個行為的**相反**就是不負責任、不承認自己的錯誤。**冒牌**的行為就是互相指責和怪罪別人，說「都是他們的錯」。

要領會這個行為對信任的影響，不妨看看以下的例子。

在一場重要比賽的最後一場，舊金山四九人隊的四分衛楊格（Steve Young）把球丟向他認為接球員應該在的位置，可是接球員卻不在那裡，結果這個球被攔截，四九人輸掉這場球。事後，一名評論員向楊格指出，他的接球員好像跑錯了路線，並向他求證。事實上，接球員的確是跑錯了路線，楊格一定也挺想認同評論員的說法，以免自己被錯怪。然而，我記得楊格回答：「我丟出去的球被攔截，所以責任在我。我是球隊的四分衛，是我沒有符合期望。」楊格出面承擔責任的結果，使教練們和其他知道被截球的錯在於接球員的隊友，對球隊的忠誠度和信任因此大幅提升。

負責執行和為結果承擔責任是一個挑戰，因為我們生活在一個愈來愈喜歡加害別人的社會。承擔責任是從這個充滿加害別人的現象中，做一百八十度的扭轉。

從另一方面看，這也是承擔責任非常能夠建立信任的原因之一。讓別人受苦會製造依賴性和不信任，但為結果承擔責任

> 好的領導人承擔的責難比他們應承擔的更大，但是讚揚
> 別人功勞要大於自己居功。
>
> ——格拉斯諾（Arnold Glasnow）

則會產生獨立和信任。這個幾何效應非常強大。當大家（尤其
是領導人）為結果承擔責任時，就有鼓勵別人跟進的作用。當
領導人說：「我原本可以做好一點，也應該做好一點！」就會
帶動別人說：「不是這樣的，我才是應該要注意的人，當時我
應該給你更多協助才對。」

婚姻或家庭亦然。當有人說：「很對不起，我在衝動之下
花了那筆錢，違反了我們的共識。」或是「我不該對你大吼大
叫，那樣太不尊重你了。」這會鼓勵別人為自己的行為承擔責
任，同時營造出一個開放和信任的環境。

讓他人承擔責任

除了自己要有擔當之外，讓他人為結果承擔責任也很重
要。事實上，人們會對承擔責任做出回應，尤其表現優良的
人。他們**想要**別人要求他們為結果負責，這會讓他們覺得老
闆、領導人、團隊成員、同儕，以及其他利害關係人對他們的
信心是增加的，因為他們得到為傑出的表現負責的機會。他們
也會因為一再的做出承諾和實踐績效，而提高自我信任和自
信。

此外，表現優良的人也要他人為結果負責。當他們置身於
一個人人都被期望挺身負責的環境，在一個渾水摸魚和績效不

良的人無法矇混過關的環境時，就會使出渾身解數去表現。

　　承擔責任會在文化裡建立非常大的信任感，因為當大家知道每一個人都必須符合某種標準時，就會有安全感。領導人不要求大家為結果負責時，情況就會相反。大家覺得不公平：「你看看他做的……可是他卻一點事也沒有！」這會製造一股失望、不公平、不安心的氣氛。

　　全錄公司總裁伯恩絲（Urshula Burns），是讓他人能在工作上負責的一個好例子。伯恩絲一直是執行長麥卡伊團隊和全錄求進步時的左右手。她的風格一直是從營運的觀點，要求沒有達到目標的人說明原因。她會向員工說：「吉姆，你把事情搞砸了，現在說說看是怎麼回事吧。」伯恩絲並沒有惡意，可是也毫不容情。《財星》雜誌裡形容伯恩絲的風格：「很快大家都懂了：只要達到自己的目標，就可以安安穩穩的坐在位置上，看著別人不安的扭來扭去。」

　　要他人為結果承擔責任，未必總是容易的事。事實上，有時候還很棘手。可是就信任這個好處來說，卻是好到令人難以置信。

信任的小祕訣

　　這個行為鐘形曲線的顛峰，顯然反映出四個核心的力量。曲線的左邊是沒有足夠的擔當，這是因為沒有好好承擔全部的責任，或沒有以負責任的態度貫徹始終，或沒有建立一個為結果負責的有效制度。要達到「最適點」，通常必須加強品德（誠信與立意），尤其是要自己承擔責任。可是這永遠需要加強

職能，也就是提升能力之後才能達到，同時建立權責。

　　曲線的右邊是過度擔當。爲破碎婚姻裡的每一個過失負起責任，包括他的配偶做的可惡的事情在內。爲父母之間惡劣的關係或離婚承擔責任的是孩子。家長盡己所能的好好撫養孩子，但孩子自己做出不好的選擇時，父母卻覺得有罪惡感，覺得自己難辭其咎。經理人懷著不好的出發點運用權責施加處罰、證明自己對某人不好的看法，而不是協助他們做出成效和改進。商人爲了他們無法控制的事情，例如幣值或利率的浮動產生的影響而負責。回到「最適點」需要品德和能力，而這個判斷力是來自全部四個核心。

　　在努力練習爲結果負起責任時，你可以嘗試以下的方法：

- 聆聽自己的措辭和想法。當事情「凸槌」，而你發現自己在責怪或指責別人時，趕快打住。在心中比較指責和推卸的方式，以及承擔個人責任的方式，在建立信任上有何差別。

- 在工作上，要下屬爲自己的行動承擔責任。永遠要先說明期望，這樣每一個人才會知道自己要爲什麼事情負責任和什麼時候要交出成果。當別人向你提出報告時，允許他們先依據你同意的成效做自我評估（大部分人對自己比你對他們還要嚴格）；然後你再針對同意的成效或是做出績效（或沒有績效）後的自然結果，去評估他們。記住，你在公司最仰賴的人，也就是績效優良的人，他們喜歡別人要他們承擔責任，也想要別人爲自己的表現承擔責任。

- 找尋方法在家中營造一個負責任的環境。和配偶建立信任談話，討論彼此同意共同努力的事情（例如財務）。和子女建立協議，定出他們在家裡的責任，包括後果在內（有自然的

和邏輯性的，有好的也有壞的）。貫徹你們的協議，給家人一個他們能信任的人和教養。

摘要：行為 10 —— 承擔責任

要自己為結果負責。要別人為他們的結果負責任。為結果承擔責任。清楚說明你會如何溝通你做事的方式，以及別人要如何做。不要迴避或逃避責任。事情「凸槌」時，不要推卸責任或指責他人。

行爲11：專心聆聽

專心聆聽的意思不只是用心聆聽（眞正想要了解另一個人的想法、感受、經驗及觀點），而是**先**用心的聆聽（在嘗試診斷問題、發揮影響力或對症下藥以前）。

我讀高中時，對專心聆聽的重要性有了一點點心得。當時我決定加入辯論隊，而且興奮的做我的第一場辯論。我在做論述時，注意到裁判有時候會舉起手快速轉圈。我以爲他是要我就剛才提出的論點加以說明，於是便從另一個角度陳述一次。這個情形反覆發生，所以我就反覆用不同的方式陳述論點。辯論結束後我才發現，原來裁判要告訴我的正好相反。他是在說：「我懂了。繼續下一個！」我沒有懂他的意思，眞是糗到家了（還害我隊輸了）。

多年後，我爲一家大企業的一群人演講時，遇到一個類似的情況。當時我協助他們討論企業文化，提出各種瓶頸問題。大家都非常的投入，也熱烈的參與討論，可是忽然之間大家變得非常沉默，好像沒有人想要再談那些棘手的問題。那是因爲工廠經理（不受任何人信任者）剛才走進房間的緣故，可是我

不知情。某位坐在這個人後面的人終於感覺到我的困惑，於是指著他，想要傳達這個意思：「他在這裡。他就是我們全體默不吭聲的原因。」可是我把他的意思解讀為：「問他。要他回答問題。」於是我就這麼做了，害我的同事們和所有與會者大大捏了一把冷汗！

我相信你懂我的意思。**先**聆聽、了解，極其重要，否則你可能是根據完全不正確的假設在行動，結果弄巧成拙，既尷尬又達不到預期目標。

專心聆聽背後的**原則**包括理解、尊重、互利。**相反**的行為是先說後聽或完全不聽；只注重達到自己的目的，完全不考慮別人是否有一些資訊、想法或觀點，可能會影響你要說的話。這是漠視別人被了解的需要，其實這個需要通常是放在聆聽別人之前的。這是自我中心、自我導向，不會建立信任。

冒牌的行為是假裝聆聽，把「聆聽」的時間用來思考如何回答和等待說話的機會；或者是「有聽沒有懂」。不論哪一種情形，別人說的話對你毫無影響，而且通常「聆聽」的人也沒有被了解的感覺，儘管你花了時間聽他們說。

有意思的是，我發現自己接受訪問或有人在演講後提問時，我最常建議的行為就是「先聆聽」。常見的情形是，人們遇到的問題，都是因為他們沒有真正做到先聆聽而產生的。

對速度和成本的影響

有人說，先聆聽是沒有效率的，太花時間。我非常不認同這個說法。我堅信這個行為是高度切合實際，而且對建立信任、加快速度、降低成本，有幾乎無與倫比的正向影響。

　　《哈佛商業評論》轉載的一篇文章指出，管理大師彼得·
杜拉克列出有效率主管的八個做法。他最後的結論是：

　　我們剛才溫習了有效率主管的八個做法。我要再添加最後
一個紅利做法，而且這個做法重要到我把它提升為一個原則：
先聆聽，最後才說。

　　他為什麼把先聆聽提升為一個原則？因為當你這麼做的時
候，會獲得深刻的理解，你會做出比較好的抉擇，而且會尊重
他人。先聽後說對建立信任的影響十分驚人。

　　聰明的組織明白先聆聽的力量，特別是和顧客及其他外部
的利害關係人有關的時候。如果企業在製造產品**之前**，不做市
場調查，判斷顧客的需求和喜好的話，就賺不了錢。有時候他
們因而必須投入大量時間和金錢，重新設計和推出這項商品，
有時候還落到結束營業的地步。

　　聰明的領導人明白先聆聽的力量，特別是和同事及內部顧
客有關的時候。如果不這麼做的話，就是在削弱自己的力量，
同時也使公司的資訊、意見反應、創新、合作、合夥人關係等
等，這些高度信任環境裡保有的特質（對今日全球經濟而言非
常重要），無法發揮應有的影響。

　　葛瑞特（Mike Garrett）擔任喬治亞電力公司（Georgia
Power）董事長時，我問他在這個新職位上有什麼計畫。他
說：「我上任後，頭幾個月基本上只是在聆聽。我要看看那裡
在做些什麼事。如果我一進去，沒有先聆聽就勾勒出一個願景
和計畫的話，就永遠接近不了效率、得到做我要做的事所需的

信任。我到任後總是先聆聽。」

> 領導力是出於聆聽和達到公司內部人員的需求，而不是
> 因為走在前面帶路。
>
> —— **MBNA 總裁兼執行長 考利**（Charles M. Cawley）

這個做法很有學問，在我擔任柯維領導力中心執行長時，對我大有幫助。當時我們有八個官司纏身。這些官司拖了好幾個月，其中一個甚至已經歷時數年，耗費很多時間和精力，令我為之氣餒，因為我覺得我們應該把力氣放在別的事情上才對。再說，我對大家的看法有那麼大的偏歧感到十分失望，於是決定要在兩個月之內統統解決。

我基本的做法就是先聆聽另一方的說法。八個案子裡面有七個因為聆聽而建立了公開、信任、諒解，找出適用每一個人的解決方案（而且多半是同心協力的）。結果除了最後一個案子多花了幾個月，我們確實達到兩個月解決的目標。

存款

先聆聽的一大好處，就是幫助你學習**如何**建立信任，幫助你了解哪些行為會在某個信任帳戶裡存款，哪些不會。按照這個認知行事就會促進更快的速度，因為你和試圖建立信任感的對象說的是同一種語言，用同樣的語言做事情。

崔普曼（Gary Chapman）在談論人際關係的書《愛的五種語言》（*The Five Love Languages*）中，提出愛有無限多表達方

式這個有趣的主張。他說：「你的愛情語言和配偶或有不同，就像華語和英語……若想有效溝通愛，就必須樂意學習配偶主要的愛情語言。」同樣的觀念也適用於工作上的關係。學習說顧客、投資人、供應商、經銷商、同事的母語，就更能了解他們，和他們的溝通會更好。西門子公司執行長派若（Heinrich Pierer）說：「領導力最終的意思就是了解大家。」

在人際關係方面，務必牢記在心的是，有時候言語只傳達出一點點一個人真正的想法、感受、意思而已。事實上，有時候言語是完全無法溝通的。研究顯示，面對面溝通時，在表現出來的態度和給人的感受方面，有百分之七在於說話的內容，百分之三十八在於說話的方式，百分之五十五在於肢體語言。因此先聆聽的意思就是不只用耳朵聽，還要用眼睛和心去聽。這一點對現在必須做很多遠程溝通，而且是和素未謀面的人進行的企業而言，提高了挑戰性。這事實上是更重視聆聽。巴恩斯－諾勃出版社（Barnes & Noble）執行長瑞吉歐（Leonard Riggio）說：「我盡量透過別人的耳朵聽事情，透過他們的眼睛看事情。」

先聆聽的意思是在凝神傾聽之外，還要聽出**重點**。聆聽顧客說話時，是在留神對他們而言最重要的是什麼；聆聽投資人說話時，是要聽出來對他們的目的來說，最重要的是什麼；聆聽同事說話時，要聽的是什麼事情會引起他們的興趣和創意。

最後，可能也是最重要的，先聆聽表示在做決定、行動之前，先聆聽自己、聆聽自己的感受、自己內在的聲音。我記得有一次我必須做一個公司縮編的棘手決定，對公司和許多人都將產生影響。我聆聽許多人給我的建議，而且這些人，從董事

會成員到外界的顧問、同事以及我的部屬，都是我真正信任，而且在我眼中都是有信用的人。然而每一個人的建議都互相矛盾，像散點圖一樣，整塊板子上到處都是。我茫然不知所措，感覺到這麼多人的生活重擔，全部繫於我的決定。

我在迷惘中得到一個結論，就是我聽太多別人的說法，現在我只需要聆聽自己的內在、本能，這樣才會引導我做出最佳決策。這麼做的時候，我開始清楚自己要做什麼，而且這個決策成功的實施。經過這整件事，我學到當你有自我信任的基礎時，有時候要聆聽的最佳意見，就是你自己內在的聲音。

信任的小祕訣

顯然，鐘形曲線上的「最適點」是用誠信、立意、才能和成效先去聆聽。如果你是在左邊──不聆聽或不先聆聽，可能就必須注重謙遜（誠信）、互利的目的（立意）、同理心的聆聽技巧（才能）、讓對方覺得被了解（成效）。

如果你是在曲線的右側，就是花所有的時間聆聽，卻從不把談話引導到做決定、諮詢或發揮影響力的地步，這時可能就要把重點放在勇氣（誠信）、從對這個人的最佳利益**行動**（立意）、發展出做決定和合作的技巧（才能），或者單純的把事情做完（成效）。

在努力先聆聽之際，你可能會覺得以下這些建議對提高信任感很有幫助：

- 回想你過去這一星期和別人的互動。想一下你有專心聆聽或沒有專心聆聽的時候，結果如何？如果當時用不同的方式做的話，可能有什麼結果？

- 下一次你和人談話時，停下來問自己，我真的有聆聽這個人說話嗎？我真的了解他的感受嗎？如果沒有的話，就停下來，去聆聽、去了解。把自己的目的放到一旁，在你說出自己的看法之前，真正專注去了解對方的觀點。
- 主動採取步驟去了解利害關係人。不要陷入自以為知道一切，或是握有所有正確解決辦法的錯覺。想一想可以做什麼事，使別人相信你是在聆聽他們，並且努力符合他們的需求。

摘要：行為 11 ── 專心聆聽

開口說話之前先聆聽。了解。判斷。用耳朵聆聽，也要用眼睛和心聆聽。找出對合作的對象而言最重要的行為是什麼。不要自以為知道對別人最重要的事情是什麼。不要自以為已有正確的解決辦法，或是掌握了所有問題。

行為12：信守承諾

支持對的事情，無論大小事，
永遠實現你的承諾。

——高露潔棕欖公司總裁暨執行長 馬克（Reuben Mark）

　　行為十二——信守承諾是所有行為的「老大」，是在任何關係建立信任的最快方法。**相反**的行為，是失信或食言而肥，無疑是破壞信任最快的方法。

　　顯然，這個行為包含許諾和實踐諾言。我大致重述一次我朋友梅瑞爾說過的話，就是當你許下承諾時，就築起希望；實現承諾的時候，就奠定了信任。在背信會產生影響的前提下，許諾時千萬要謹慎。

　　這個行為的**冒牌**行為就是做一些模稜兩可或言辭閃爍的承諾，讓人無法要求你履行諾言。或者，更糟的是，因為害怕打破承諾，所以根本就不許下任何承諾。那就變成依循拿破崙的思路：「信守諾言的最佳方式，就是不要許諾。」這種方法顯然缺乏勇氣和保證，在今日的全球經濟當然行不通，因為企業必須做出相當大的承諾並且實踐，才能在這麼多供應同樣產品和解決辦法的公司裡引人注意。

　　再說，這個做法對拿破崙不是真的管用，而且我可以拍胸脯保證，這個方法並不會為你建立信任。

　　前不久我接受一項訪問時，和大家分享承諾和實現承諾何以是建立或破壞信任的最重要行為。我說完的時候，訪問者興奮的說：「你需不需要進一步的證明？」他告訴我他最近如何買下一家身價數百萬美元的公司。這家公司四年來三度易手，公司裡的經理和員工都抱持存疑的態度，因為他們看過其他買家做了一大堆承諾，但從來沒有兌現過。這位新領導人把大家聚在一起，在大家表達他們的挫折感和關切時，他只是豎耳傾聽。在尋求和傾聽員工的建議之後，這個人對員工做出十四個他要改善的承諾，而且每一個都定出一個期限。當時每一個人都非常的懷疑，可是一週之內，這位領導人兌現他做的每一個承諾，然後再度面對他的員工，說：「我告訴過你們，我會兌現我的承諾，而且我做到了。現在，還有什麼事要做的？」他的信用立刻大幅飆升，幾乎可說是一夜之間就建立了一個信任的環境，把長期存在的稅變成了紅利。成效很快隨之而來，經過數年停滯或負成長，第一年營收便翻了一倍，營利增加得更快。

　　絕對不要對你無法實現的事情開出空頭支票。真正建立信任的方式，就是透過嚴酷的考驗。你必須證明你會做好你的部分，即使再難也一樣。

——前美國大使羅斯（Dennis Ross）

　　信守承諾是根據誠信、成效、勇氣、謙遜的原則，而且和

其他行為息息相關，包括坦誠直言和展現成效。這是品德和能力的完美平衡。

信任的影響

幾乎在所有和信任有關的討論裡，信守承諾都是影響力最大的行為。在美國管理協會與人力資源研究所二〇〇五年針對企業倫理做的研究顯示，「守信」被列為創造倫理文化的最重要行為。另一方面，二〇〇二年世界經濟論壇對領導人做的一項調查發現，「說話不算話」是破壞信任的頭號殺手。

雖然守信是淺顯易懂的行為之一，也是一個稀鬆平常的常識，然而有句話說得好：「一般的常識未必就是一般的做法。」實際作為上的失信對信任的殺傷力很大。

某家公司建立了一個資料庫，公司的領導階層清楚保證絕不販售或出租裡面的名單。然而兩、三年後，新的決策者來了，他決定租出名單。在短時間之內，一名顧客發現，他開始接到一些新成立的公司寄來的郵購廣告，而且地址錯誤之處和那家保證不出租名單的公司的錯誤同樣明顯、特殊。他覺得這絕非巧合可以解釋，於是打電話向這家公司投訴。這家公司承認這個行為並且道歉，然而這個顧客說他已無法再信任一家做出明確承諾卻失信的公司，於是停止和他們的生意往來。

這些例子清楚顯示，承諾有暗示的、沒有說出口的，也有明示的、說出口的，不論是哪一種，失信都會造成信任的巨額提款。許多人理所當然以為大部分企業都做出誠實、誠信和品質保證的承諾，因此當安隆、世界通訊、帕馬拉（Parmalat，義大利乳製品巨擘）等違反那些隱性承諾時，就會造成巨額提

款和立即的不信任。同樣的情形對人際關係亦然。舉例來說，大部分已婚者理所當然的認為，他們的配偶應該百分之百投入這個婚姻關係，和全心全意的為子女謀求福祉，所以當配偶沒有信守那些承諾時，就會造成嚴重背信。

> 偽君子有三個標誌：言必有謊、背信棄義、承諾必食言。
>
> ——默罕默德

不論承諾是不言而喻或明白表示的，對速度和成本都有影響。背信會造成懷疑、猜忌、譏諷、不信任，使進步的輪子生鏽。守信則會產生希望、熱忱、信心、信任，這些不但會提升動力，對創造績效還有潤滑作用。

文化智商

置身全球新經濟體系中，你必須了解有時候不同的文化對承諾的看法也不同。這個差異是存款和避免提款的關鍵。

我說的不是種族或地域性文化。例如，我接觸過許多企業文化是，當你安排在兩點鐘開會時，每一個人都被期望在兩點整到場準備開會。我也接觸過一些文化是，約定的時間是用「一點多」、「兩點多」、「三點多」等等來表示，完全視大家當時認為最重要的事是什麼而定。

我清楚記得宣布合併為法蘭克林柯維公司後舉行的第一個會議。法蘭克林的人在大會議室裡，個個西裝筆挺，而且非常

守時。我們柯維的人則是穿著卡其褲，而且還遲到十分鐘。法蘭克林的人是來自一個「管理自己時間」的公司文化，我們則是來自一個強調「過自己生活」的公司文化。我知道兩家公司的人都在想，我們做了什麼事？

這個例子的重點是，對不同文化的承諾（隱含的和直接明示的）性質有敏銳的觀察，建立信任的速度才會快。

最重要的承諾

在處理對顧客的承諾時，人們往往比較嚴格。但是在處理對家人的承諾時，就比較有彈性，有時候只是因為他們是在努力賺錢供養家人，因此容易為失約一事合理化。可是我確實認為對家人的承諾，說不定比在工作上對別人的承諾，更為重要。

一段時間以前，我讀高中的女兒麥金莉在學校演出的音樂劇擔任女主角，雖然我要出差，可是還是答應趕回去看她演出。對我而言，我並沒有做出「我無論如何一定會到場」的承諾，而是「好啊，我想我可以去吧」。可是對她來說，那是一個承諾，而且是一個重要的承諾。

我在出差前數週，和顧客的一位代表談話，他們說：「史蒂芬，我們真的需要你在這裡待久一點。」我想去找女兒商量。然而，我很快就明白，光是找她商量都會是一大筆提款，於是我試著降低顧客的期望。他們對我的要求不太高興，很認真的要我待久一點。

我左右為難。後來我決定運用我的同事布蘭・李所謂的「十年法則」。我問自己，從現在起算的十年後，我會對自己做

了什麼事情感到高興？我清楚推論，從現在起算十年後，我會很高興自己信守女兒眼中的一個承諾。於是我告訴這個顧客，我沒辦法留下來。我因而失去了一些商機，但是這個顧客還在，讓我很慶幸。我的女兒高興萬分。那天晚上她上台演出，而我就坐在第一排，兩個手臂裡捧著十二朵玫瑰花。

因為守信對信任有這麼大的影響，而且因為信任對家庭的教養非常重要，所以明智之舉是牢記對家人的承諾通常才是最重要的承諾。對自己許諾和守信是一切的開始，而且給你力量和信心，也就是自我信任。有了自我信任，你才能夠建立別人對你的信心。

信任的小祕訣

如果你是在這個行為鐘形曲線的左邊，那麼你做的承諾就不足夠，或者只是坐而言，沒有起而行。你可能需要注重加強誠信、加強互利的立意、培養能力反覆實踐這個行為，把它變成一個習慣，或更加留意可以建立信任的成果。

如果你是在右邊的話，可能就是不自量力做太多承諾或不惜一切履行承諾，一旦情況改變，履行承諾就會變得不切實際或不智的事，你可能必須注重加強全部四個核心，培養判斷力。你可能想要特別加強誠信，思考做出無法履行或不應履行的承諾，會造成什麼結果。

在努力信守承諾時，你可能想做以下的事情：

● 建立一個新關係，而且想要快速建立信任時，按照這個過程：找一個許下承諾可以加值的理由並且實現它⋯⋯然後再做一次⋯⋯再做一次⋯⋯再做一次。在你實行這「許諾－守

信－重複」的循環時，注意信任帳戶增加的速度有多快。

- 下一次在工作上對某人許諾時，要確定這個承諾是切合實際的。如果必須讓別人失望的話，一開始就這麼做，會比過度承諾但表現不盡理想好得多。務必實現答應要做的事。如果錯過期限，試著盡早重新磋商期望，不要置之不理。
- 注意在家裡的措辭。要明白的是，當你說會去做某件事時，家人就視其為承諾。認真處理你說會去做的事情，而且要實現它。要體認到一點：你在家裡建立的信任感，可能是最重要的信任。

摘要：行為 12 —— 信守承諾

說你會去做的事，然後做你說會去做的事。謹慎許諾，履行承諾。使守信成為個人的榮譽象徵。不要辜負信賴。不要嘗試用「公關」的方式，從你背信的局面裡解套。

行為13：信任他人

信人者人恆信之；待人尊重，別人才能尊重自持。

——愛默生

有一季我擔任小聯盟奪旗美式足球教練，隊上有一位非常勇敢的球員叫做安娜。她是隊上唯一的女孩子。事實上，我記得除了她以外，整個聯盟只有另外一、兩個女孩子。安娜打得並不差，只是經驗和技巧略遜一籌。

根據小聯盟的規定，我必須讓每一位球員在每一場比賽出賽大約半場。鑑於安娜的經驗和技術有限，我大可以在每一場比賽讓她打半場之後，就把她換下來，可是我覺得她很勇敢的和這些男孩子競爭，我想鼓勵她，所以決定讓她在場上的時間和其他球員差不多。

一切都很順利，直到打進冠亞軍之賽為止。當時已經到賽季末，兩隊都是全勝紀錄。比賽最後一場，對方跑向安娜的防線，然後達陣得分，現在只落後我們一分。在比賽只剩一場的情況下，他們必須得兩分才能獲勝。

我有一個選擇。我可以把安娜換下來，或者是讓她繼續留在場上。她這一整年都很努力，而且按照我先前讓每一個人公平出賽的決策，當時還是輪到她上場。我隊能否得勝就看此

刻，我決定讓她留在場上，並且告訴她，如果對方再度進犯她的防線，她可以主動出擊阻止對方的攻勢。對方果然和安娜又展開一次交鋒，但她搶下對方跑鋒的腰旗，在達陣區前僅僅數吋之處成功把對手攔截下來。這是她那一年來僅僅奪下的第二面旗，但那是全年最重要的一場比賽。

我們贏得那場比賽，拿下非正式的聯盟錦標。直到今天，每次我看到安娜，都會為自己相信她和賦與她信任而感到欣慰。我告訴她：「妳是我的英雄！妳做到了！」

從被信任者變成信任別人的領導人

行為十三──信任他人，這個行為的性質和其他行為不同，它是把「信任」這個名詞變成動詞。其他行為幫助你成為一個受人信任的人或主管，而這個行為則是幫助你變成一個信任他人的領導人，不但建立信任，而且提升它。信任他人會建立相互作用；當你信任別人時，別人往往也會信任你。此外（諷刺的是），信任他人是在毫無信任基礎的情況下，建立信任的最佳方法之一。

不妨想一下寶鹼（Procter & Gamble）執行長拉夫雷（A. G. Lafley）與吉列公司（Gillette）執行長奇爾茲（Jim Kilts）在公司合併時的互相信任。拉夫雷在《財星》雜誌中形容這個出色的方法：

我決定在磋商時要合作無間。我們達成一個友好的交易，而且絕對沒有理由不把底牌亮出來。我打電話給一個奇爾茲和我都信任的人，就是麥肯錫（Mckinsey）公司的總裁古普塔，

他鼓勵奇爾茲毫無保留的讓我看成本協同效益，和吉列科技未來的展望。我們合作無間，而且完全沒有聘請顧問。奇爾茲問我：「你不帶銀行的人來嗎？」我說：「我們不需要任何銀行的人。」他說：「你不帶律師來嗎？」我說：「我們不需要任何律師。」……那是我們信任彼此一個非常重要的信號。

這個例子是信任**移轉**的例子，麥肯錫的古普塔在雙方之間擔任我所謂的「信任橋梁」。因為交易的雙方都信任同一個人，而這個人向雙方表達他對另一方的信任，所以雙方公司都能夠把這股信任感移轉到對方。

我當然不是建議每一個人在處理交易時，都應該運用拉夫雷處理合併案的方式。你大可以與某人見面、握手定案，然後什麼調查都不做，結果發現你買的是一個根本不存在的倉庫！

無庸置疑，你不想受騙上當，不想做一個盲目樂觀的人，不想要一視同仁或不智的信任他人。否則你會被騙得精光，會死得很慘。可是當信任他人可能帶來莫大好處時，你也不應該堅持拒絕。

本書最後一部分談的都是關於激發信任，深入討論何時與如何「聰明的信任」，這樣就可以使風險降至最低。可是在這一章我只想要指出，大部分時候信任他人對在人際關係和在文化裡建立信任，都會產生不同凡響的影響。這顯然是建立與培養信任最好和最快的方法之一，而這就是我們現在要著重的討論。

信任他人時會發生的事情

信任他人根據的**原則**是授權、相互關係，以及大部分人都足以被信任、想要被信任、賦與信任他們便能運作的基本信念。

付出信任的**相反**是保留信任，但是這個做法會在每一方面造成很大的成本，尤其是在組織內部。

想想看，為什麼信任高層領導人的員工比例如此低？原因無疑不一而足，可是我認為一個主要原因在於高層領導人不信任底下的人，而這種不信任感是相互的。因此，高層領導人其實無形中在促使員工產生不信任，變成一個向下的惡性循環。

舉一個例子。許多企業不允許加班，除非有主管在場。為什麼？因為基本上他們不信任員工會去做事情。一個在這種公司工作的員工說：「他們以為我們只會坐在那裡吃甜甜圈，乾領加班費！」

現在和以優質服務受到肯定的捷藍（Jet Blue）航空比較一下。捷藍沒有訂位中心，訂位員是在家中工作，他們絕大部分是想要平衡工作和家庭、不想離開家的主婦。捷藍的主管們為她們架設終端機，信賴她們在該工作的時候就會工作。換成一家信任度較低的公司，可能就會擔心她們離開工作崗位，去照顧孩子或做其他事情。然而這些訂位員以超負責的態度和在電話中非常有禮貌、親切、愉快、迷人著稱，部分原因就在於她們是把自己受到的待遇、信任，以及她們對公司和自己工作的感受，回饋給顧客。

被問到捷藍和其他「正統」航空公司有何不同時，副董事

長史達拜（People Vincent Stabile）回答：「我們用希望他們對待顧客的方式來對待他們。」

百思買公司（Best Buy）對員工有類似的信任。二〇〇二年，在員工流動率和壓力相關的健康問題激增後，公司決定只要員工能夠完成工作，可以在任何時間、任何地點工作。最近一位經理艾亨在「六十分鐘」節目中說：「我信任我的團隊在這個環境下會把工作做好，而且……諷刺的是，這個信任因素反而使他們更賣力為你工作。」這個做法顯然奏效了，因為生產力激增百分之三十五。

查帕洛鋼鐵公司（Chaparral Steel）前董事長兼總裁福沃（Gordon Forward）說過：

我們沒有政策。我們是從非常基本的想法開始。首先，我們決定信任和誠實對我們做的事情很重要。我們覺得許多組織設計很多的程序，只是為了逮住那百分之三設法矇混摸魚的人。我們決定為百分之九十七能夠信任的人構思規定。我們認為，其他人會像疼痛的大拇指一樣十分刺眼，最後就會離開。結果的確如此。

在家工作最大的阻力，就是在考慮一切因素後，雇主不知道能不能信任自己的員工，於是他們選擇用對待百分之三不能被信任的人的方式，對待百分之九十七能夠被信任的人，而不是反過來的做法。

有的人或許會認為，百分之三這個比例低得不切實際，說有百分之十的人不能被信任還差不多。就算真是如此，百分之

九十你**可以**信任的人要怎麼辦？我們要讓「少數」人界定「多數」人嗎？如果是這樣的話，對速度和成本會有什麼影響？

我認爲這個影響的殺傷力很大！簡直是扼殺可使組織飛快前進不知多少的潛在熱忱、投入、合作以及相互信任，捷藍和百思買的例子皆已清楚顯示。

信任他人的**冒牌**行爲有兩種形式。第一種是給予「不眞實的信任」。給人做事情的責任，但不給他做好這件事的職權或資源。第二是給「假信任」，表現得好像信任某人，其實並非如此。換言之，你委託某人做某件工作，但是無論如何你都做「窺察管理」、守候在旁、「像大哥哥一樣照顧」這個人，甚至幫他做他的工作。

這對主動的精神和對信任有什麼影響？

人在被賦與信任時，就不需要被管理或監督；他們會自己管理自己。

事實上，當大家被要求想出一個在生活中對他們影響力最大的人，以及描述那個人爲什麼會有如此大的影響力時，通常會說：「她在沒有人相信我的時候相信我。」或「他在我身上看到別人沒有看到的東西。」他們受到那股信任感的強烈影響，所以會對那股信任有所回應。

在賦與別人信任的同時，你就對別人充分授權，提升領導力，創造出一個高信任的文化，讓大家盡其所能的發揮所長，產生高度協同作用，使任何組織（不論是企業、學校、非營利性組織，或是家庭）的能力發揮得淋漓盡致，可以完成已經開始的事。

信任的小祕訣

信任他人是明顯把力氣放在誠信、立意、才能和成效上面。如果你在鐘形曲線的左邊，你可能對別人的信任不足或者並未有效的付出信任。你可能要特別注重提高勇氣（誠信）或提高信任他人的傾向（意圖），或注重提高說明期望和要求別人承擔責任的能力，或者你想用可行的方式聰明的信任他人（才能）。

如果你是在右邊，你可能就是過度信任，然後累死自己。你需要培養四個核心之後得到的判斷力。在本書最後一部，我會更確切提供方法，幫助你邁向「聰明信任他人」的「最適點」。

在努力培養這個行為時，你可以考慮下列應用方法：

- 想一個不信任你的人。問自己，這個人不信任我，有可能（至少有一部分）是反映出我自己不信任他嗎？如果你被困在一個不斷向下轉的漩渦裡，就嘗試去逆轉它。開始用信任他人的方式做事情，注意觀察會有什麼結果。

- 用一到十的量表，評量自己在信任他人方面的程度。想像把績效點移到左邊（較少信任他人）的話，結果會如何……然後再往右（過度信任他人）。如果你給自己的評量是五或低於五，試著去找出一、兩個可以更信任他人的步驟。

- 如果你是家長，注意與子女互動的方式。你容易多疑、守護在他們身旁或事必躬親嗎？還是你把他們當成負責任、值得你信賴的人？在後面「激發信任」的部分，我們會討論如何「聰明的信任」子女，可是現在，你至少可以想想自己的傾

向，以及這些傾向傳達給家人的訊息……還有結果是什麼。

摘要：行為 13 —— 信任他人

展現信任的傾向。充分信任那些已贏得你信任的
人。有條件信任那些正在贏得你信任的人。學習如
何根據情況、風險、信用（品德和能力），適當信任
相關的人。別因為有風險而保留對別人的信任。

製作行動計畫

在討論十三個行為一開始，我就提出一個挑戰，讓你找出兩個你想要建立信任的關係，一個是工作上的，一個是個人的，然後使這份資料切合需要，有可行性。我說過，這一部分結束時會給你一個回顧的機會，決定哪些行為可以使你判若兩人，然後製作一份行動計畫為自己帶來改變。

現在，做這件事的時候到了。這是你做出決定、建立信任，把稅改變成為紅利，改善和許多人之間關係的時候。

許多人覺得使用下一頁這樣的表格很有益處。如果這個方法對你有用，建議你從某一個人際關係開始著手。在這條線上標出你認為自己目前在每一項的表現，然後再圈出兩、三個你覺得會帶來最大正向改善的行為。

為這幾個行為各自找出一、兩個可以帶來改變的步驟。你可能要用每一章最後面的信任小祕訣，或者你可能想出對你的情況較有效的步驟。關鍵在於讓這些步驟可行，並且對自己許諾，然後實踐這個承諾。

接著回頭為你選擇的第二個人際關係做同樣的事。

擬訂計畫時，記住提款的最快方式是違反**品德**的行為，而存款的最快方式則是展現**能力**的行為。記住這一點，對如何最快建立信任或許有所幫助。

如果你寧可用其他做法，也沒有關係。不過請你還是看一看這張表，它對這十三個行為有一個概述，包括相反行為和冒牌行為在內，不失為一個很好的參考。

	行為	現有表現	相反行為／冒牌行為
品 德	坦誠直言		撒謊、硬拗、半真半假的陳述、模稜兩可的欺人之談、奉承。
	尊重他人		不在乎或不表現出在乎；表現出不尊重或只對對你有幫助的人展現尊重。
	公開透明		保留資訊；保有祕密；製造假象；裝模作樣。
	彌補過失		不承認或補救錯誤；掩飾錯誤。
	待人忠誠		出賣別人；自己居功；當面讚美人，背地批評人。
能 力	展現成效		無法交出成果；交出交辦工作的結果，而非成果。
	提升實力		退步；不在改進自己上面做投資；一以概全的解決每一個問題。

能	面對現實	⌞＿＿＿＿⌟	逃避現實；專門做虛功，逃避真正的問題。
	說明期望	⌞＿＿＿＿⌟	理所當然的有所期望，或是不公開有什麼期望；製造模糊的期望或期望變化不定。
力	承擔責任	⌞＿＿＿＿⌟	不負責任：「不是我的錯！」；不要別人為他自己的行為承擔責任。
品 德 和 能 力	專心聆聽	⌞＿＿＿＿⌟	不聆聽；先說後聽；假裝聆聽；有聽沒有懂。
	信守承諾	⌞＿＿＿＿⌟	失信；食言；做出模稜兩可和左閃右避的承諾，或是不做任何承諾。
	信任別人	⌞＿＿＿＿⌟	保留信任；假裝信任，然後問東問西；給予沒有實權的責任。

第三、第四、第五圈漣漪——
利害相關人的信任

你現在有了建立信任的工具，就是四個信用的核心和十三個行為。接下來將著重在如何使用這些工具來加快速度、降低成本、創造價值、建立信任，同時使你和組織的影響力擴展到最大。

在進入這個部分的同時，我鼓勵你現在做一個選擇，這個選擇會影響你閱讀接下來這三章的方式，也會影響你在建立利害關係人信任方面的能力。這個選擇包含把「組織」定義在對你來說最能夠發揮影響力的架構或環境。

如果你是一個組織的董事長兼（或）執行長，你的架構或環境會是整個組織，所以內部利害關係人就是所有在這個組織內部工作的人。而其他利害關係人都被視為外界的，包括顧客、供應商、經銷商、投資人。

如果你是一個部門或單位的經理，你的組織就是你的部門，內部利害關係人是在部門裡工作的人。外部利害關係人則是在你這個部門以外的所有人，包括公司其他部門、外面的顧客，甚至所謂的內部顧客，也就是你在公司內部服務的對象。

　　如果你是學區的督學，組織就是你的學區。如果你是校長，組織就是你的學校。如果你是老師，組織就是你的班級。如果你在一個團隊裡工作，組織就是這個團隊。如果你有一個家庭，組織就是這個家庭。以上每一個情況的內部利害關係人，會在「組織信任」這一章裡討論，而外界利害關係人則會在「市場信任」與「社會信任」中討論。

　　不論你的角色是什麼，我衷心相信只要你把自己的組織界定在最有行動力的層次，你就會從本部分獲得最大收穫，同時可以把這當成「鏡片」，透過它閱讀和運用書裡的內容。看完之後，你可能想從最宏觀的層次閱讀第二次，把自己的組織界定爲整個公司，將有一番全新的理解和應用。

第三圈漣漪：組織信任

組織不再是建立在力量之上，而是在信任之上。

——彼得・杜拉克

我們與顧客合作時，甚至在談四個核心和十三個行為之前，通常會問四個問題。只要你花幾分鐘在心裡回答這些問題，就會大大提升你對這一章內容的投入程度和運用這些觀念的能力：

你會如何形容一個低信任的組織？

你會如何形容一個高信任的組織？

哪一個形容最能代表你的組織？

結果是什麼？

參加研討會的學員和演講的聽眾一般都會說，他們在低信任的組織裡看到以下這些企業文化：

- 人們操控或壟斷事實
- 人們保留或隱藏資訊
- 得到好評非常重要
- 人們把真相硬拗成對自己有利
- 新的構想公開受到排斥和扼殺
- 掩飾錯誤；大部分人都在玩推卸責任的遊戲，在背後批評別

人
- 有很多組織內部的八卦
- 開不完的「會後會」；有很多「不能討論的事情」
- 人們容易過度承諾，但實現不足
- 有很多違反期望的行為，但是人們往往找藉口搪塞
- 人們假裝壞事情沒有發生，或是予以否認
- 幹勁低落；人們往往感覺一股無益生產力的緊張，有時候甚至是恐懼

　　學員和聽眾說，在高度信任的組織，他們一般會看到不一樣的行為，例如：
- 資訊公開共用
- 容忍錯誤，並鼓勵把錯誤視為一種學習方式
- 革新和有創意的企業文化
- 大家忠誠對待不在場的人
- 每個人坦誠直言和面對真正的問題
- 有真正的溝通和真正的合作；不太有「開不完的會」
- 充分共享成果的榮譽
- 公開透明是一個身體力行的價值觀
- 高度權責化
- 可感覺到生機與活力——大家都可以感受到正向的動力

　　我們還沒有開口詢問學員與聽眾，哪一張清單最能代表他們工作的公司，大部分人已經看著第一張表，笑說：「那完全就是我工作組織的寫照。」

我們再問他們關於這些行爲的結果，例如：

- 在你們公司工作是什麼感覺？
- 你的時間真正專注在工作上的比例有多少？
- 你和別人合作的能力有幾分——內部的？外界的？
- 你的企業革新的情形如何？
- 同事都投入工作嗎？大家執行策略的能力有多好？
- 大家知道組織要優先處理的事情是什麼嗎？
- 決策者得到他們需要的資訊了嗎——而且是未加以過濾的？
- 倫理方面如何……是要求遵守規定還是做對事情？
- 對速度的影響是什麼？對成本的影響是什麼？

有趣的是，做這個練習時發出最大聲驚呼「啊！」時，並不是在大家看到自己組織裡的信任度低產生的影響，而是因爲這是他們大部分人每天處理的事情。

發出最大聲「啊！」時，是當他們明白信任度之所以會低落，是因爲違反規定的結果——不只是個人，還有組織，違反了不只是四個核心和十三個行爲，也違反了使核心與行爲**一致**的組織設計原則。當大家——尤其是領導人，把低信任的環境怪罪到組織裡其他人的行爲，而不了解自己有責任營造、部署、維持制度，促進高度信任的環境時，就會出現這樣的結果。

組織設計專家瓊絲（Arthur W. Jones）說：「所有的組織都是調整到完全一致時，才能得到他們想要的結果。」我要補充：「所有組織都是調整到完全一致時，才能得到他們想要的**信任程度**。」所以，如果你還沒有達到那樣的信任度，組織裡

也沒有你想要的高信任紅利的話，現在就該注重一致的原則，而且該是檢討結構和制度的時候了，因爲它們的表達力比言辭更強，是影響文化信任背後的思惟。

> 一個和自己交戰（不一致）的企業，不會有力氣或把重心放在今日充滿競爭的環境中求生存或蓬勃發展。
>
> ——哥倫比亞商學院教授　惠特尼（John Whitney）

我之前說過，信任是會影響每一件事情的隱藏變數。它隱藏在組織裡的原因，是領導人不從與所有日常行爲息息相關的制度、結構、流程、政策、架構中尋找信任；他們只注意症狀，也就是只專注於水面上耀眼的陽光。領導人有可能在自我信任和人際關係信任的層次上是成功的，大家信任這個人，但是因爲沒有設計和整合促進信任的制度，而在組織信任的層次上遭滑鐵盧。

象徵：展現一致性（或不足）

一家大型顧問公司在財務困境中掙扎的當下，對新任的財務主管實施一套鉅細靡遺和繁瑣的支出申請政策，裡面有非常「龜毛」的規定，例如：「到機場交回出租車，而沒有把油箱加滿，就必須自掏腰包用較高的單價支付油錢。」那些忙著在不同城市的顧客之間奔波，只能勉強趕上飛機的顧問，被當成懶惰和不負責任的人對待。另一個規定是，除了合夥人層級以外，公司不支付出差時的行動電話費用。同樣的，他們傳達出

的假定是，這些顧問會把行動電話的額度全用來打私人電話，而不是講公事。

整個政策變成一個不信任的巨大**象徵**。幸而這家公司有一些非常有信用的顧問反彈。他們說：「我們不喜歡這種做法，好像把我們當成小孩子似的，對我們完全不信任。」於是這些政策終於改變，符合尊重與信任這些重要的企業價值。

這個例子顯示出，當結構與制度與促進信任的原則不一致時，所產生的影響，同時也顯示組織象徵的力量，也就是那些事情代表並傳達給這個組織裡每一個人的潛在思惟。

的確，象徵的力量不可小覷，而且負載的重要性大得不成比例。象徵永遠勝於滔滔雄辯，比言辭更能清楚傳達思惟，影響力更是高出好幾倍。

象徵可以是正向或負向的，而且形式可能有很多種，包括有形的物件、制度或過程、一貫應用的行為或傳奇故事。象徵包羅萬象，從五百頁的內規手冊，到新上任的執行長因為怕傳達錯誤的訊息給員工而拒絕加薪；星巴克員工遭謀殺時，霍華·休斯表現出的關懷；以及為會議室購買名畫，而員工卻被資遣；還有執行長親自看一萬份意見表，因為他真心關切顧客的想法；也包括全公司內部爭相傳誦的組織傳說，例如捷藍航空執行長尼爾曼在紐約大停電期間，特地開車到機場，用他的個人電腦為顧客辦理登機手續。

不論象徵是用什麼形式出現，都會不成比例的被視為一個組織裡面價值觀的代表、圖像和形象。

以下是幾個傳遞和建立高信任的象徵：

一個受到信賴的領導人，只有在有利於他的神話存在，
特別是關於他的一致性時，才會在一個大組織裡長時間
存在。

——凱捷集團（Cap Gemini, E&Y）荷蘭總裁
布洛德斯（Henk Broeders）

1.惠普公司（HP）成立數年後的某個週末，創辦人之一
惠利特（Bill Hewlett）順道到公司儲藏室拿一件工具，卻發現
工具箱上了鎖，違反公司從成立之初就建立的做法。惠普打從
一開始便開放所有零件箱和儲藏室，讓惠普的員工自由取用他
們需要的任何工具。保持工具箱開放是刻意做出的決策，以示
對惠普員工的信任。這個做法和另一位創辦人派克（David
Packard）早年在一家公司工作的經驗有關，當時那家公司過
度熱中於看守它的工作和零件箱，以便「確定員工沒有偷取任
何東西」。

惠利特討厭那把鎖，於是撬開它、把它丟掉，然後在原本
是鎖的地方，豎起一塊牌子，上面寫著：惠普信任員工。從那
天起，開放的工具箱真正成為信任的象徵，而且是一個激發忠
誠與創意的象徵。這個象徵比其他任何事情更能證實惠普「非
常信任員工」。如派克所說：「開放的工具箱和儲藏室是一個
信任的象徵，而這個信任就是惠普做生意方式的核心。」

2.很多公司的員工手冊和政策手冊厚達數百頁，但是諾斯
壯（Nordstrom）百貨公司的手冊只有一張卡片。卡片的前面
是這樣寫的：

員工手冊

歡迎來到諾斯壯。

我們很高興有你加入。

把你的個人和工作目標訂得高高的。

我們對你達到這些目標的能力深具信心。

所以我們的員工手冊非常簡單。

只有一條規定⋯⋯

卡片的另一面說：

一條規定

運用良好的判斷力面對所有情況。

有任何問題，請不要猶豫，

隨時可以詢問部門經理、店經理，或人力資源處。

西洛塔（David Sirota）、密希凱恩（Louis A. Mischkind）、梅澤（Michael Irwin Meltzer）在他們的書《熱情高漲的員工》（*The Enthusiastic Employee*）中說：

這份一頁的員工手冊，道盡公司的一切，同時強調諾斯壯重視員工滿意度及刻意非官僚的企業文化，還有對員工的才能和品德的信任。這個說明是以文字具體而微的呈現出一個竭誠歡迎人和尊重人的組織。

諾斯壯的「員工手冊」就是信任的象徵，完全符合他們所說經由員工發揮良好判斷力，提供卓越顧客服務的價值觀。

3.走進戴爾公司總裁戴爾和董事長暨執行長羅林斯的辦公室，會發現這兩位領導人的辦公室只隔著一道透明玻璃牆，而且兩人的辦公桌是面對面的。辦公室的門連鎖也沒有，方便對方隨時走進來講話。這已經成為戴爾整個信任文化的一大象徵，象徵這兩位領導人對彼此完全開誠布公，而且不在彼此背後說長道短。

你自己的組織裡存在什麼象徵？這些象徵對你的內部利害關係人傳達出什麼訊息？這些象徵符合創造高信任的原則嗎？有什麼成果？

如何進行組織改造

如果你組織裡的象徵，傳播和培養的是不信任，或是傳播和培養的信任不符合你的期望，就要站在組織的角度回到四個核心，問自己：

- 我的組織有誠信嗎？我們知道自己的信念是什麼嗎？我們的結構和制度反映出尊重和信任的基本思惟嗎？我們有誠實的文化嗎？我們會聆聽彼此的想法嗎？我們可以犯錯並承認錯誤嗎？我們有勇氣處理棘手的事情嗎？我們的制度和結構鼓勵道德的行為嗎？

- 我的組織有良好的立意嗎？我們有關懷彼此的文化嗎？我們是不是真心希望人人都是贏家？公司制度的設立是為了獎賞競爭與合作嗎？公司制度有鼓勵大家自由自在的交流想法和資訊，還是鼓勵大家留一手？

- 我的組織能力如何？我們有締造價值觀的工具嗎？我們有沒有吸引並留住我們在今日市場上競爭所需的「TASKS」──

人才、態度、技能、知識、風格？我們有對的人在對的職位上嗎？我們是不是不斷在進步與求新求變？我們是不是會在必要時重新打造自己？

- 我的組織有做出成效嗎？我們是否展現出答應做到的成效？大家能不能仰賴我們創造價值觀和實現承諾？顧客有沒有向別人推薦我們？我們是不是用激發信任的方式展現成效？

如果你發現你的組織在以上任何一個部分有不足之處，這個部分就是開始建立一致性和建立組織信任的地方。就算你不是這個組織正式的領導人，還是有一些你可以做並且發揮影響力的事情。如果你無法產生影響，第一步就是以個人身分回到四個核心，提高自己的信用，這樣就可以發揮影響力了。

那些對個人有效的四個核心應用方法中，有些也可以在組織層面建立一致性。例如：

為提高組織的誠信，你可以建立或改善組織的使命宣言或價值觀宣言，讓每一個人都參與這個過程，使這份宣言不只是掛在牆壁上的陳腔濫調。你也可以努力在組織內部建立許下承諾和信守承諾的文化，這對領導人尤其重要，而且在小事情上格外重要。我知道有一些狀況是領導人沒有把小事情放在心上，不久這個做法普及到每一個人都不把公司內部的承諾當一回事。

為改善組織的立意，讓組織的使命和價值觀反映出建立信任的動機與原則。你也可以樹立一個關懷的模範。記住，就算只有一個人（尤其是領導人）表現出尊重或關懷，也會在組織內發揮影響力。除此之外，你可以努力建立以實現互利為目標

的制度，也就是運用管理權責的協議和獎勵合作的制度，而非競爭的制度，來表現信任感。

為提高組織的能力，可以一步一步使組織內部結構和制度（包括聘僱和薪酬制度）的設計，吸引和留住在今日市場競爭所需的人才。你可以提供在職訓練和輔導（發展制度），使員工因為成長而有與時俱進的感覺和得到滿足感。你可以確實資訊和決策制度，是與滿足組織、顧客需求的努力協調一致的。

為提升組織的成效，你可以透過一個包含層層傳達的目標，以及使每一個人達成共識在內的制度，協助大家針對想要達到的成果建立共同願景。你也可以製作一個「平衡計分板」，讓成效符合所有利害相關人的需求，而不只是老闆的需求。除此之外，可以經營企業文化，讓大家都有機會為成果（而非交辦的工作）負責。

我保證，只要你戴上信任的眼鏡，在你的組織內任何一個層面，看加強這四個核心的影響，肯定會有驚奇的發現。只要你確實去**做**加強這四個核心必須的事情，那麼就一致性的角度而言，正向的成果以及因此得到的信任紅利，就會十分可觀。

從組織的層面處理這四個核心之後，再思考你的組織文化表現和鼓勵十三個行為的程度。請你再次看著第263頁的表，而且這一次是站在組織的角度。這張表的哪一邊比較能正確形容你「組織」裡的文化？

現在，如果這張表右邊有一個以上的行為，非常貼切的描述你的組織文化，問自己為什麼會這樣？這個組織的制度和結構有什麼是在鼓勵低信任的行為？

> 事情的核心永遠在改變人們的行為。

> ──哈佛商業學院教授 柯特（John Kotter）

數週前，我朋友把一個他收到的禮物退回零售商顧客服務部。他帶著收據，而且箱子顯然原封未動。他排隊等了幾分鐘，一個客服人員告訴他：「對不起，在電子部門的人檢查這個箱子之前，我無法退費。」我的朋友覺得很洩氣，他告訴對方他在趕時間，而且這個箱子很明顯沒有拆開過。那個客服人員完全認同我朋友說的話，但表示要電子部門的人檢查是公司政策，她必須遵守。電子部門的人十幾分鐘後才來，而且只看了一下箱子，就說箱子顯然從來沒有打開過，所以沒有檢查的必要。我的朋友步出那家店，決定以後再也不來了，而且還把這件事講給好幾個人聽。

你看得出來，這家公司的政策是以公司內部為主，顯然不符合顧客服務和信任員工會發揮良好判斷力的原則。這個做法絕對影響利潤。

仔細分析你所有的結構和制度，包括資訊、溝通、決策、薪酬在內，就可以精確找出不一致的地方，就會看到自己被課稅的地方，看到在哪裡的速度減慢和成本增加，看到你在放棄原本可從高信任獲得的紅利。

最後，你會想要確定領導的思惟是與創立信任的原則一致的。當領導人基本上不相信別人是可以信任的，他們就會建立反映出這個信念的制度和結構，例如等級制度、層層管理。反之，這些制度和結構最後又會促使不信任行為的產生，證明領

導人最初認爲大家不能被信任的看法是對的，然後變成一個向下的惡性循環。

> 最能保證使一個人不值得信任的方法，就是不信任他，並表現出你的不信任。
>
> ——前美國國務卿 史汀森（Henry Stimson）

　　四個核心和十三個行爲，就是創造組織一致性和信任的關鍵，使你有力量在這三個層面創造很大的改變，幫助內部利害關係人**看到**信任如何影響組織裡的每一個關係和結果，用促進了解、對話和解決問題的方式**討論**信任，同時用建立信任的方式**表現**。它們使身爲領導人的你得以營造出高信任的組織，而且這一點在組織裡的象徵和利潤都會反映出來。

　　如果你還沒有足夠的動力去提高組織裡的信任，以下有一些參考資料，我相信會成爲「發揮決定性作用的論點」。

　　我說過，如果你的組織沒有高信任，你就是在付稅，而且這個稅是白白浪費錢的。這些稅或許不是一目了然的以「信任稅」顯示在薪資單上，但是它們還是在上面，只是僞裝成其他名目而已。所以我邀請你戴上信任的眼鏡，看到你的組織裡隱藏的信任稅。然後我會再讓你看來自信任度高的可觀紅利。

七個信任度低的組織稅

1. 冗餘

冗餘是不必要的重複。當然，備用的重要系統和資料管理是必要的，可是冗餘稅是付在組織過多的階級制度、層層管理，和重複的結構，而這些都是為了確保管理而設計的。這種現象的思惟是，除非嚴格監督，否則員工是不能被信任的。這個代價非常昂貴。

父親告訴我，他有一次在拉斯維加為一個賭場組織演講。管理階層給他看賭場博弈的樓層，並指出因為這個低信任度的環境，加上偷竊的高危險，所以賭場樓層共有四、五層管理。因此，他們有很多人在監看。然而，在高信任度的環境下，兩層管理就綽綽有餘了。

在某些情況，重做和重新設計也被視為因為低信任而引起的冗餘成本。在軟體的研發方面，最多有三到五成的支出可以花在重做上面。在製造業，重做的成本常常會超過最初生產的成本。

2. 官僚制度

官僚制度包括複雜繁瑣的規章、規定、政策、程序、流程。這一點反映在過多書面工作、繁文縟節、控制、層層核准、政府的規定上面。官僚制度注重的不是持續改進和精益求精，而只是在現狀增加複雜性與降低效率，而且還提高成本。

官僚制度在各種類型組織裡的成本非常可觀，包括政府、衛生醫療、教育、非營利、商業組織。二〇〇四年，估計光是

在美國遵守聯邦規章規定的成本就在一・一兆美元之譜，超過國內生產毛額的百分之十。德國總理梅克爾說，德國中型企業有百分之四到六的營業額花在配合官僚體系。二○○三年，美國衛生醫療官僚體系的成本是三千九百九十億美元，遠多於提供醫療給所有沒有保險的民眾會負擔的成本！

低信任度培育出官僚體系，而官僚體系又引起低信任度。在信任度低的組織裡，官僚體系無所不在。

3. 辦公室政治

在組織裡，「政治」被定義爲使用手段和策略取得權力。辦公室政治製造出作家塞文（Lawrence MacGregor Serven）所謂的「內部敵人」之間的衝突，分裂組織。

辦公室政治會產生諸如保留資訊、內訌、觀察「蛛絲馬跡」、別有居心的作業、部門之間的對立、中傷、開不完的會等行爲。這些行爲導致各種時間、才華、力氣以及金錢方面的浪費。除此之外，還毒害企業文化、使策略脫軌、扼殺積極進取的精神、人際關係和事業。辦公室政治相關的間接成本估計每年在一千億美元之譜；有的分析師認爲甚至更高。

辦公室政治在低信任度的環境盛行不衰。事實上，在許多方面看來，「政治」就是信任的反義字。

4. 無心投入工作

無心投入工作是人們繼續在一家公司裡工作，但心和腦都不在。他們只付出可以領取薪水和不會被炒魷魚所需的力氣，但是不注入才華、創意、活力或熱忱。無心投入工作的原因很

多，而最大的原因之一是覺得沒有受到信任。

蓋洛普組織保守估計，光是美國一個國家人民無心投入工作的成本，一年約在兩千五百億到三千億美元之間。他們的研究估計，美國只有百分之二十八的員工投入工作，這個比例在其他國家更低。一如那個老問題所說，先有雞（不信任），還是先有蛋（無心投入工作）？這是一個永遠可以自我持續的循環，慢慢使組織變成一跛一跛，或者完全停擺。

5. 員工流動率

員工流動率代表組織巨大的成本，而在低信任度的文化裡，員工流動率是高於業界或市場標準的。我說的不是沒有績效者的流動，這是組織期待發生的事。我說的是有績效者的流失，這是組織不希望見到的。低信任導致無心投入工作，而無心投入工作導致人員流失，尤其是你最不想要失去的人。有績效的人喜歡被信任，而且喜歡在高信任度的環境裡工作。他們不被信任時，對他們是侮辱，很多人最後就會另謀他就，到一個他們會受到信任的環境。

人員流動代價高昂。平均而言，企業替換一名現有員工，要花一倍半到兩倍的年薪。

6. 劇烈變動

劇烈變動指的是員工以外的利害關係人離開。當組織內部的信任度低落時，會一直反映在市場的互動上，造成較大的顧客、供應商、經銷商和投資人流失。這種情形會日益嚴重，因為部落格之類的新科技日新月異，可有效使員工把他們的經驗

公諸於世。

員工不被信任時，往往會把那種缺乏信任的感覺傳遞給顧客，最後顧客就會離開。我姊姊告訴我，她最近去一家餐館用餐時，請服務生推薦一些菜。你猜服務生怎麼說？「我的建議是，去另一家餐廳用餐。」

我不知道這個服務生做出這個建議的前因後果，但是我知道員工往往會用管理階層對待他們的方式去對待顧客。這就是何以西南航空董事長暨營運長巴瑞特會說：「因為我們完全是用同樣的方式提供顧客服務，不論是在公司內部或外部，所以我在談到員工或旅客時，對『信任』這兩個字強調的重要性是一樣的。」

對顧客流失做的研究顯示，爭取一個新顧客要付出的成本，高於保住一個顧客的成本，而且有人說是百分之五百！

7. 詐欺

詐欺是完全的不誠實、破壞、妨礙、矇騙、分裂，成本非常高昂。事實上，前面六個組織的信任稅其實都是管理階層因為這個「詐欺稅」才產生的，尤其是冗餘和官僚制度的稅。所以除了個別的稅之外，這還是一個環形作用的稅，引起多種用來解決詐欺的低信任稅，耗盡自己的時間和金錢。

二○○四年舞弊稽核師協會（Association of Certified Fraud Examiners）做的一項研究估計，美國企業平均因為某種詐欺活動而損失百分之六的年營業額。以安隆案而言，詐欺稅最後高達百分之百，使公司陷入萬劫不復。

詐欺幾乎完全是品德的問題，是缺乏誠信加上自我中心的

意圖。如果只用加強控制和實施更多管制的方式來處理，頂多
只會減少些許詐欺稅而已，而且在這麼做的同時，又會產生其
他六個稅，加起來反而比原先的詐欺稅更沉重，說不定甚至高
達**五到十倍**。

我們需要往後退一步，用不同的方式處理這個問題。我們
需要運用信任的四個核心，需要僱用有品德和有能力的人，需
要把重心放在訓練培養上面，幫助大家提升誠信與改善立意。
我們需要建立和仰賴一個有倫理的文化，成為企業文化和價值
觀的主要執行者。社會學家涂爾幹（Emile Durkheim）說過：
「當道德素養足夠時，法律就是多餘的；當道德素養不足，法
律就無法執行。」關鍵就在於加強道德素養；沒有這些，就沒
有足夠的工具執行強制服從。

當你把這些所有對信任度低的組織徵收的稅加起來以後，
對這些稅和低信任、低速度和高成本之間重大、直接和無庸置
疑的關連，還有任何懷疑嗎？

七個高信任度組織的紅利

現在想一下高信任度的紅利。顯然我們剛才討論的七個低
信任度組織稅的相反就是紅利。降低或消除冗餘、官僚制度、
無心投入工作、辦公室政治、員工流動率、劇烈變動、詐欺，
一定會使組織裡的信任帳戶，產生莫大的正向差異和結果。

可是還有額外的高信任紅利，而且這個紅利清楚顯示信任
如何影響速度和成本……以及第三個基準：價值。

1. 價值提高

高信任度會從兩個面向提高價值。

第一個面向是股東價值，而且這份資料十分引人注目。我在前面說過，在華信惠悅諮詢公司二〇〇二年做的一項調查中，信任度高的組織給股東的總利潤（股價加上紅利）比信任度低的組織高出百分之兩百八十六。除此之外，根據羅素投資集團（Russell Investment Group）二〇〇五年做的一項調查，《財星》雜誌的「全美最值得工作的一百家企業」（其中信任占評估標準的百分之六十）在之前七年賺進的收益，是市場上其他所有企業總收益的四倍。《財星》宣稱：「員工能夠在他們思考最清楚的時候才工作，他們很珍惜這份自由，而這些了不起的雇主也信任他們。」

第二個面向是顧客價值。在後面敘述的最後五個紅利，高信任組織一貫可以創造和交出更大的價值給他們的顧客。這個顧客價值，又為其他主要股東創造出更大的價值。

2. 加速成長

高信任企業的表現優於低信任企業，不只是在股東價值而已，還包括業績和利潤。研究清楚顯示，顧客會買得比較多、買的次數比較頻繁、比較常向別人做推薦，而且支持他們信任的企業和人的時間比較久。再加上，這些企業事實上是以較低的成本做出較優異的表現。

淨利不只是加速的成長，而是加速獲利的成長。領航投資公司（Vanguard Investments）執行長布瑞南（John Brennan）

說：「信任是我們最大的資產……顧客學習信任我們的同時，
他們就產生了驚人的成長。」

3.創新能力提升

高信任的企業會創新提供給顧客的產品和服務，而且有很
強的革新文化。

創新只有在信任度高的環境才會生生不息。創新和創意要
很多重要的條件才能源源不絕，包括資料共享、不在乎是誰得
到功勞、有承擔風險的意願、可以安全的犯錯，以及與人合作
的能力。所有這些情況都是高信任的果實。

創新的好處明顯可見：機會、營業額成長、市場占有率。
蘋果電腦在短短幾年前幾乎可說是「死氣沉沉」，可是經由創
新研發出 iPod 和 iTune Music Store 之後，完全年輕化了。最近
《商業週刊》和波士頓諮詢集團，把蘋果列為全球最具創新精
神的企業。

馬奇卡（John Marchica）在《負責任的組織》（*The
Accountable Organization*）中說：

iTune 推出後，顯然（蘋果執行長）喬布斯……終於做對
了。「消費者不想被當成罪犯對待，音樂人不希望他們寶貴的
作品被剽竊，」他說：「iTune Music Store 為兩者提供一個破
天荒的解決辦法。」

4.合作關係更緊密

高信任的環境會促進合作和配合，在全球新經濟開創出一

片天地。真正的合作與傳統的協調與配合不同，它會建立在今日世界裡的重要機會模型。用企業顧問漢默博士（Dr. Michael Hammer）的話來說：「改革再造只是合作經濟的暖身動作而已。」這個合作對組織而言不只是在內部，也有和外部顧客及供應商之間的合作。

《財星》在二○○六年強調這種「合作即是機會」的趨勢，沒有信任的話，合作只是配合，無法達到可以在知識型勞工時代真正合作的好處和契機。

5. 堅實的夥伴關係

華威商學院證實，以信任為基礎的夥伴關係（例如外包的交易），得到高達合約價值百分之四十的高信任紅利。依賴合約文字而非信任關係的關係表現就差多了。這份報告說：「我們發現，以信任為基礎且關係良好的合約（而非依據嚴格的協議和罰則），比較可能會為雙方產生『信任紅利』。真正的信任不是天真無知，而是……來自卓越的績效。」

6. 執行更有效

信任度高的企業比信任度低的企業更能夠有效執行組織的策略。我第一天就讀哈佛商學院，就清楚明白執行的重要性。教授在四小時的個案研究結束後說的話，讓我永生難忘：「如果你在哈佛商學院的兩年裡只能記得一件事的話，就記住這件事：B等策略加A等執行，勝於A等策略加B等執行。」

《策略＋商業》（Strategy + Business）雜誌的讀者票選出的歷久不衰的想法第一名是，執行力是時下所有組織的一大重

心，而且會因為信任度大幅提高。法蘭克林柯維的執行商數工具（「xQ」）一直顯示，高執行力和高信任度之間有強烈的關連。二〇〇六年一項針對雜貨店進行的研究顯示，執行力最高的商店擁有的信任度，在每一個評估的面向皆大幅高於執行力較低的商店。

7. 忠誠度提高

信任度高的企業從主要利害相關人（同事、顧客、供應、經銷商和投資人）贏得的忠誠度，大於信任度低的企業。這些關係裡的每一個人都可以看到清楚的證據：

- 員工在信任度高的企業服務的時間較久。
- 顧客會一直是信任度高的企業的顧客。
- 供應商、經銷商和高度信任企業的合夥關係較久。
- 投資人對高度信任企業持續投資的時間較久。

專門從事研究信息安全和隱私問題的波耐蒙研究中心（Ponemon Institute）總裁兼創辦人波耐蒙（Dr. Larry Ponemon）言簡意賅的說：「信任逐漸成為顧客忠誠度和品牌實力的重要成分。」

你把所有高信任的紅利加起來之後——而且是在減少或消除所有的稅之外，再加上所有的紅利，你對高信任、高速度、低成本與提高的價值之間，有重大、直接、可以衡量的，以及無庸爭議的關連，還有任何懷疑嗎？

沒有任何方法比得上信任的速度；沒有任何方法的利潤比

得上信任的經濟效益;信任的影響廣泛,而且會隨著時代一起進步,一樣沒有任何方法能夠相提並論。

因此,我再次從組織的角度證實:建立、培養、給予和恢復信任的能力,確實是全球新經濟體系的**關鍵**領導力。

家庭也是組織

在結束這個部分之前,我要指出家庭也是組織,而且這一章討論的每一件事都同樣非常適用於家庭,一如適用於其他任何組織。

家庭一致的時候,也就是家庭的結構和做法肯定某些價值觀,並獎勵高信任的行為,同時家裡有一些象徵,傳遞建立高信任關係的思惟時,信任度會比較高。

最近有一個同事問朋友,他的兒子是否要去打籃球,對方說:「哦,他的成績沒有到達標準,所以他今年不會打球。」他們簡短的交談幾句之後,那個人做出的結論是:「我要養的是一個男孩子,而不是籃球員。」

想想看!假設你要鼓勵兒子拿好一點的成績,可是家裡的結構和做法卻不一致,假設是下面這樣的:

獎勵方式:他贏得籃球比賽時,你會大肆慶祝,並且帶他去外面吃大餐犒賞他一番。可是他拿一個A回家時,你只說:「很好!」

溝通方式:你每星期都會興奮的問他:「下一次比賽是什麼時候?」但是你一學期只談論一次他的成績,就是拿到成績單時。

　　做決定的方式：你們全家做的每一件事都是根據下一場比賽、下一次大活動而定。成績永遠不在做決定的考慮之列。

　　結構：你的兒子自己決定什麼時候上床睡覺、看多少電視，和朋友在一起多久時間——不管他的成績如何。

　　這個家庭得到的結果完全符合它要的，就是一個以運動為主，但是不在乎學校課業成績的孩子。

　　如果大家真的重視家庭的話，就必須問類似問組織的同樣問題：

- 家人有誠信嗎？這些價值觀清楚嗎？規定和指導方針（結構和做法），以及家長支持這些價值觀的行為清楚嗎？家裡有誠實和謙遜的環境嗎？家人有勇氣自由表達想法和意見嗎？他們是在受尊重的情況下表達嗎？

- 家人有良好的意向嗎？有沒有建立尊重、關懷的教養？這個目的是互利，或只是大人或小孩一方贏？使用的方法是獎勵合作嗎？

- 家庭的能力呢？這個結構提供和鼓勵發展與成長嗎？可以安全的學習和犯錯嗎？這些方法是否合適幫助子女培養他們的生活技能，符合他們長大以後有所成就之需？

- 家庭產生什麼樣的結果？這些方式是否合適，可以在共同的成就中產生歡愉？有富豐的互動、支持和愛嗎？家人有達成重要的目標嗎？包括個人和全家人的？

　　在我家，我以領導者的身分可以建立信任的最有力方法，是塑造四個核心和十三個行為，同時在家裡建立一致性，讓結

構和做法支持我幫助家人了解和實踐價值觀的努力。如此，我就創造出幾何效應。例如，在我們家，因為我們嚴格的一再重申要兒子為自己開車負責，於是女兒就知道她必須如何開車。我們不必花同樣的時間訓練她，她也用不著常常測試我們會不會堅持到底。她可以信任我們會這麼做。這就是「懲誡一個人，教導全家人」的紅利。可是這個做法必須前後一致，也就是在家庭結構和做法中，必須有建立信任的文化。

　　不論你的組織是哪一種，是公司行號、非營利性組織或是較大組織裡的一個部門或團隊，重要的是明白用一種建立信任的方式去設計或調整組織，當然就會發揮你最大的影響力。在這麼做的時候，對組織內的每一件事都會發揮正向的影響力。

第四圈漣漪：市場信任

> 到最後，你只剩下信譽而已。
>
> ——歐普拉·溫芙瑞

請你看下一頁的企業商標，同時仔細觀察自己的反應。你看每一個商標時有什麼感覺？你對所有商標的感覺都一樣嗎？如果不一樣的話，原因是什麼？

如果你的經驗和大多數人一樣，那麼你看著其中一些商標時，會有正向的感覺。也許是因為你知道那家公司、用過它們的產品和服務，或是你有親朋好友用過。也許是因為你聽過有關它們的財務、領導人、社會責任感的正面評語，或在媒體讀過有關它們的良好報導。因此，你可能會只因為產品上面有它們的商標而購買產品或服務，或向別人推薦。

你看到其他的商標時，可能有一些負面的感覺。也許是因為你或你認識的人，曾經購買這些公司提供的產品或服務，但是不滿意，或者是在媒體聽說讓人覺得不舒服的事情。不論原因是什麼，感覺是不一樣的，你可能不願意購買這些公司的產品或服務，也不願意推薦別人使用。

市場信任講的就是品牌和商譽，是一種感覺，使你想要購買產品、服務或投資金錢或時間——甚至推薦別人採取這個行

動。大部分人在這個層面可清楚看到信任、速度和成本之間的關係。

事實上，「品牌」可說就是顧客的信任感、市場的信任感，甚至說得更露骨一點，是「信任貨幣化」。大部分人至少在本能上懂這一點，只是未必有那麼清楚的認知。因此，企業

會做各種投資，以建立品牌和激發信任感。有些建立品牌的業者其實是套用一些公式，嘗試量化品牌的經濟價值。公關公司高盛形容他們建立品牌的工作無異於「建立世界各地的信任感」。

品牌、信任、速度和成本之間，有非常明顯的直接關連。有一次我為一家百年企業的國際業務與行銷主管演講，其中一位主管對我說：「我們有一個備受信賴的品牌，帶來非常大的紅利。我們服務的更新率高達百分之九十，十分驚人。我們不斷努力保護這個信賴關係裡的誠信，因為那是最寶貴的資產。許多業者想要與這個品牌合作，但我們選擇的條件非常嚴格，因為我們要保護與顧客之間的信賴關係。」

> 當顧客忠於你的品牌（有信賴）時，就比較容易聆聽你傳遞的訊息，會比較仔細閱讀你組織發出的資訊，同時比較願意接受行銷新產品和服務的電話。
>
> ——加拿大貝爾國際電信（Bell Canada International）
> 左丹諾（Charles Giordano）

品牌在每一個層面都重要

顯然企業品牌對有產品和服務要銷售的公司行號而言是很重要的。同樣的，品牌對所有組織實體，包括政府、學校、慈善團體、醫院、城市等等也是如此。舉例來說，許多人在搬家前，會去調查和了解哪些地區學校的校譽最好，然後才決定去

那裡物色房子。而這一點對學校可用的稅金多寡、在該地區內
造築新大樓或改造現有建築的優先權、吸引和聘用行政人員、
教師的能力，大有影響。

　　城市也有聲譽。城市的聲譽反映在最佳觀光城市或居住城
市名單上，這個聲譽會轉化為稅金、觀光收入、企業投資、住
宅價值升值。在比較微觀的層次上，一個組織內某個團隊或部
門的聲譽，對資源分配和預算計畫之類的因素，有很大的影
響。通常經理人會因為他的部門工作很重要，而認為更應該得
到經費，不料卻發現他的預算被其他部門「將了一軍」，因為
別人在展現成效方面的信譽更好。組織內一個部門的信譽會影
響它與其他部門的互動。

　　舉例來說，我記得有一次自己的部門必須仰賴另一個部門
生產材料和運送產品，但是那個部門的聲譽欠佳，不但庫存系
統不好，執行力又差。我們部門知道，如果不好好提供服務的
話，顧客就不會支持，於是採用比較容易但成本昂貴的方法解
決問題，就是一切自己來。我們在辦公室的櫃子裡堆積材料，
建立自己的物流和運送流程，確保東西準時送出去。事實上，
我們建立了對自己而言多餘的系統，而且投入時間和力氣去做
應該由別人做的事，整個組織都被多課了稅。

　　從最微觀的層面來看，每一個人都有自己的品牌或信譽，
而且那個信譽影響信任、速度和成本。這個信譽出現在你的履
歷表上，也出現在你的推薦人的評語裡，並且轉化為人們與你
互動的方式，影響別人是否和你出去，孩子是否認真聽你的
話，你在每一個情況下有幾分影響力。

　　信譽也決定別人是不是會給你有利的考量。

　　我有一次因為一個重要的生意機會，必須評估一些敏感的財務資料，那時就深切體會到個人品牌的重要性。當時那位財務長顯然很能幹，可是他有一個口風不緊的壞名聲，於是我乾脆避開他，去找我信任的人。

　　就連小孩子的聲譽也是重要的。如果你是家長的話，可能會覺得給贏得負責任聲譽的孩子一點優待，會比給沒有這種聲譽的孩子容易許多。對這個孩子，你可能連想都不想就說：「當然可以！」但是對另一個，可能是：「你的功課寫完了嗎？你的鋼琴彈完了嗎？你幾點要回家？我可以去向誰求證這件事？」

　　在每一個層面、每一個關係上，你的品牌、聲譽都會發揮影響力，那個差異是可以量化的，而且與信任、速度和成本有直接的關連。

令人信服的證據

　　在看市場信任方面時，我要再一次敦促你透過「組織」的眼鏡看事情。記住，市場信任處理的是外界的利害關係人。那些人可能包括供應商、經銷商、投資人、顧客在內，可是這時把他們全部視為你的「顧客」，或許會簡單一點。

　　《財星》雜誌一年出爐一次的「全球最受推崇的企業」名單，是《財星》所謂「企業信譽的成績單」，顯示信譽和尊重之間有明顯相關性。

　　這項調查是由合益集團（Hay Group）進行，請二十三國的八千六百四十五位行政主管、總監和證券分析師，對三十個行業裡三百五十一家企業評等。奇異電器八年裡第六次受到肯

定，被評選為「全球最受推崇的企業」第一名。豐田名列第二（有史以來非美國企業的最佳名次），主要是因為他們的成果。他們的獲利比名列其後的十二家汽車製造廠加起來還多。

這些事情為什麼重要？因為「信譽」的另一個術語就是「品牌」，而「品牌」的另一個術語就是「市場信任」，而信任影響人的行為。根據高盛公司二○○三年做的一項意見調查：

- 百分之三十九的個人說，他們會開始或增加與某一家公司做生意，特別是因為那家公司的信用或是值得信任。
- 百分之五十三的人說，他們會停止或減少和一家公司做生意，或改換跟那家公司的競爭者做生意，因為他們擔心這家公司的信任度不夠。
- 百分之八十三的人說，他們在評判所信任的企業做出的行為之前，比較可能給予對方有利的考量，並聆聽他們的說法。

此外，二○○六年愛德曼信任晴雨表（Edelman Trust Barometer）指出「信任不只是紅利；它是一個必須被創造、維持、當做基礎的有形資產。……信任對企業有益，不信任或失去信任則會使企業蒙受損失。每一個國家接受調查的意見領導人，至少有百分之六十四說，他們拒絕購買不信任的公司提供的產品或服務。」大部分人也會對他人批評這些公司（壞的口碑）、拒絕和對方做生意、不投資那些公司。約半數拒絕受雇於這些公司。

國家稅和行業稅

今日全球市場有一個好玩的面向，就是許多品牌是因為大

家對它原產國的感覺和信任度,而被課稅或得到紅利。舉例來
說,一個企業是設在中國大陸、法國、印度或美國,通常就會
影響大家對這家企業的信賴。有很多因素會建立信任的感覺,
包括歷史、文化、政府現有的政策。可是不論原因為何,國家
稅或紅利都是如假包換的。

在今日全球市場,這個稅重創設於美國的品牌,這些品牌
在美國和亞洲得到的是紅利,但是在部分歐洲和其他市場卻被
課以重稅。強調這些信任稅和紅利的愛德曼信任晴雨表發現,
在一項對十一國、七百五十位意見領導人進行的調查中,美國
品牌在加拿大、英國、法國、德國被大打折扣或課以重稅,但
是在亞洲非但沒有被課稅,還在日本得到紅利。與美國品牌有
比較明顯關係的有,UPS 快遞在美國的信任度是百分之八十
四,在歐洲是百分之五十三;寶鹼在美國的信任度是百分之七
十,在歐洲是百分之四十四;可口可樂在美國的信任度是百分
之六十五,在歐洲是百分之四十一;麥當勞在美國的信任度是
百分之五十一,在歐洲是百分之三十。

同樣的,愛德曼信任晴雨表發現我所謂的「行業稅或紅
利」,也就是整個行業影響了一個企業能不能被信賴的感覺。
例如,在大部分國家,能源產業和媒體業一般都被課稅。相形
之下,零售業和科技業一般都是得到紅利。對從事被課稅行業
的企業而言,重要的是建立凌駕在行業名聲之上的個別商譽,
就像嬌生公司在製藥業做的一樣。

信任建立／破壞信譽的速度

哈里斯互動公司(Harris Interactive)二〇〇五年的年度商

譽商數調查顯示出全球新市場另一個有趣的面向，調查結果在《華爾街日報》發表。這項調查是對美國六十家最引人注目的企業進行，根據他們的商譽進行評等。二○○五年拿下榜首（連續第七年）的是嬌生公司。這家公司長期受到信任，而他們成立已有一百二十年。

然而，對我來說最吸引人的是，在這個排行榜上名列第三的是成立才七年的 Google！對我來說，尤其是在今日全球高科技的經濟中，這就是可以快速建立信任的鐵證。

eBay 創辦人歐米迪亞（Pierre Omidyar）曾被問到，他從 eBay 學到最重要的一課是什麼，他答說：「我學到的是一個顯著的事實──一億三千五百萬人學到他們可以信任一個全然陌生的人。這是一個不可思議的影響。人們的共同點比他們自以為的還多。」

回到哈里斯互動的年度商譽商數，你猜吊車尾的是誰？世界通訊（現在的 MCI）排名第五十九，安隆第六十。儘管快速建立信任是可能的，但是用更快的速度破壞它更容易。巴菲特不是說過：「建立商譽要二十年時間，但摧毀它只要五分鐘。」我也說過，在全球新經濟體系中建立商譽用不著花二十年。然而巴菲特的論點依然成立──你幾乎可在彈指之間就破壞它。

如何建立品牌

要如何建立你的品牌？又要如何避免破壞它？我相信你現在不會對我的回答感到訝異了，就是在組織和市場運用「四個核心和十三個行為」。

不過可能讓你跌破眼鏡的是，我強力主張，只要你的組織

加強四個核心和對利害關係人表現十三個行為，就可以**明顯**提高組織品牌的價值。這些核心和行為是在市場上建立信用和信任的關鍵之道。

現在再戴上信任的眼鏡。這一次，透過你自己的「組織」鏡片看市場信任。去細想你的潛在「顧客」，問自己：

- 我的品牌有誠信嗎？我們有誠實的信譽嗎？我們有大家相信和可以信任的價值觀嗎？我們在市場上有敢於快速處理棘手問題，和誠實承認並彌補錯誤的商譽嗎？
- 我的品牌展現出良好的立意嗎？我們在別人眼中是只在乎「獲利」，還是真心關懷，想要幫助別人贏？
- 我的品牌展現出能力嗎？人們想到我們的品牌，就會聯想到品質、卓越、持續改進，以及在全球化經濟的時代中改變、與時俱進的能力嗎？
- 我的品牌讓人聯想到成果嗎？人們覺得我們實踐承諾了嗎？我們的公司名稱會讓人聯想到良好的績效嗎？當你提出拜恩（Bain）公司的顧問雷奇海（Frederick Reichheld）所謂的終極問題：「你會向朋友推薦這家公司嗎？」的時候，消費者是否願意回答「會」？

如果你沒有你想要的品牌或商譽，四個核心會是一個絕佳的診斷工具，可協助你確切找出原因，和在什麼部分投資會帶來最大利潤。一旦判斷這個問題在於品德（誠信或立意）或能力（才能或成效），就可以鎖定這個部分改進，「對症下藥」才會帶來最大的效果。

企業的品牌如同個人的聲譽。你是由努力做好難的事而
贏得名聲。

—— AMAZON.COM 創辦人兼執行長 貝索斯（Jeff Bezos）

　　你可以盡全力去分析你的組織和這十三個行為有關的表
現。一如應用這些行為可建立人際關係的信任，把這些行為應
用在與外界利害關係人——顧客、供應商、經銷商、投資人、
社區的互動上面，也可以在市場上建立信任。參考一些例子：

　　坦誠直言。嬌生公司針對處方藥設計「直接面對消費者」
的教育廣告活動，坦率的傳遞訊息，把消費者當成受過教育的
成人對待。執行長威爾登（William Weldon）希望激發其他同
業跟進坦誠直言的做法，他說：

　　我認為我們應該從認清一件事開始，就是所謂的「直接面
對消費者的廣告」，可能在無心之下低估藥品和藥品危險的重
要性和威力。我們與患者的溝通，其實應該被視為「直接面對
消費者」的教育才對。

　　這種坦誠直言是嬌生之所以能在商譽商數排行榜上蟬連龍
頭品牌的原因。

　　公開透明。eBay 執行長惠特曼和她的團隊，在完全開放
的世界性網路，領導她所謂的「動態的自我調節經濟」。惠特

曼肯定公司的特點：「我們有獨一無二的合作夥伴，也就是不計其數的人。」《商業週刊》網站指出，eBay不去控制或隱藏資訊，他們選擇讓使用者能夠完全看到「eBay世界裡的每一個趨勢、每一筆銷售、每一個新規定。這個系統是完全透明的」。

專心聆聽。「超級昆恩」（Superquinn，愛爾蘭連鎖超市和購物中心業者）根據他們所謂的多管道「聆聽系統」建立一個王國。這個系統包括固定的顧客委員會、顧客意見表、正式的市場研究、對參加超級昆恩忠誠活動的顧客做個人電話服務等。超級昆恩經由聆聽而得以深入了解，因此成為食品安全方面的先驅，並革新顧客服務。這個組織在市場上居龍頭地位，甚至可以和規模比他們大很多的對手競爭。

執行長昆恩（Feargal Quinn）說：「聆聽不是可以委派別人去做的活動——不論你是誰都一樣。」

嬌生、eBay，和超級昆恩這些企業的經驗，清楚顯示這十三個行為對提高市場信任，以及獲得隨市場信任而來的豐厚紅利的價值。

活的稅或活的紅利？

我說過，大部分人在第四圈漣漪：市場信任中，已經看到信任、商譽和最重要的經濟效益之間的關連，因為大部分人都已了解品牌的價值。

然而，大部分人看得沒有這麼清楚的是，同樣的原則也適用於自我信任、人際關係信任和組織信任。

　　所以除了處理與公司、學校、非營利性組織、家庭，或其他組織有關的任何信任問題之外，首要之務是必須問，我的信譽如何？我的品牌是什麼？我是一個活的稅，還是一個活的紅利？

　有誠信的員工是建立企業商譽的人。

——可口可樂前執行長　古茲維塔（Roberto Goizueta）

　　請你牢記：不論我們在組織裡和市場上能夠建立什麼樣的信任，都是我們先在自己身上建立信用的結果。

第五圈漣漪：社會信任

> 受到走捷徑誘惑的主管應記住孔子的名言——好的政府需要足食，足兵，民信。
> 在位者應先去兵，然後再去食。信任是應該一直守護到最後的，因為「民無信不立」。
>
> ——金融時報社論

一九九二年四月底，金恩（Rodney King）審判案掀起暴動，導致加州洛杉磯全城街區的燒殺擄掠，破壞至巨，造成數十億美元損失。

令人嘖嘖稱奇的是，位於浩劫地區內的麥當勞，竟然完全沒有受到波及，簡直就像是一個個完好無損的信標，屹立在被破壞殆盡的廢墟裡。

這個問題顯然浮現出來：在四周幾乎被破壞無遺的情況下，麥當勞何以能夠屹立不搖？從當地居民的反應可見一斑：「麥當勞關懷我們的社區。他們支持識字和體育活動。年輕人知道他們在麥當勞永遠可以找到工作。沒有人會想要破壞對我們全體有這麼多貢獻的地方。」

麥當勞的社會責任感建立了社會的信任，而那股信任顯然產生清楚可見和重要的結果。

> 人類每一種和平的合作主要是依據互相信任，其次才是
> 依據法庭和警察等機關。
>
> ——愛因斯坦

　　也許你聽過一句法國諺語：「魚最後才發現水的存在。」
可是你有沒有真正思考過這句話是什麼意思？

　　對魚來說，水一直**在那裡**。那是牠們的環境，包圍在四
周。牠們一直沉浸在水裡渾然不覺，直到水被汙染或是不存在
為止。然後，這個直接的結果立刻使水的重要性一清二楚：水
質對魚的健康快樂絕對是必要的；水質不佳，魚就會死亡。

　　同樣的，人類最後才發現信任。信任是社會結構不可或缺
的一部分，我們依賴它，視其為理所當然——除非信任被汙染
或被破壞。然後我們才血淋淋的明白，信任當然是維持安康福
祉的必需品，一如水對魚。沒有信任，社會就會停擺，最後會
自我毀滅。

> 一旦人無法互信，商業就停滯了；失信的程度有多嚴
> 重，商業失序的程度就有多嚴重。
>
> ——十九世紀美國作家　畢秋（Henry Ward Beecher）

　　信任普遍存在的性質就是原因所在，我一開始就說過，這
是會改變一切的力量。

　　想一想這個小例子就會明白。我們開車時，相信其他上路

者都是駕駛技術好的人，而且會遵守交通規則，不是要來害我
們的。可是如果你生活的社會是每次出門要上車時，都得擔心
車上是不是被裝了炸彈、路上其他車輛會不會爆炸，或其他駕
駛會不會故意撞你的話，那會是什麼情形？

　　光是想像一個沒有信任的世界都很難。弗里曼在《世界是
平的》一書中聲稱，信任對扁平的或開放的社會是絕對必要
的，而恐怖份子的主要目標就是破壞信任，使大家連對日常做
的事情都會忐忑不安。扁平、開放的全球經濟會因為坦誠直
言、公開透明、彌補過失、承擔責任、信守承諾、信任他人等
行為而日益繁榮，封閉、恐怖主義的社會則是因相反和冒牌的
行為，包括欺騙、別具用心、為過失找藉口、說話不算話、推
卸責任等，而更加令人心神不寧。那個社會就算有信任，也不
堪一擊，而且完全是憑當權者一時高興。

　　想一想封閉和信任度低落的社會被課的稅，再想一想所有
的紅利，例如知識共享、醫學突破、科技進步、經濟合作、文
化交流——這都與封閉的社會無緣。

　　在信任度高的社會，每一個人可以得到的更多。人們有更
多的選擇和機會，互動摩擦比較少，產生更快的速度，降低成
本。這就是建立高信任社會的機會具有實質意義的原因。其他
事情對速度和成本，以及地球上每一個人的生活產生的影響，
都沒有這麼大。

貢獻的原則

　　社會信任最主要的原則就是**貢獻**。貢獻的立意是要創造價
值，而不是破壞它，是要回報而不是拿取。人們愈來愈明白貢

獻以及貢獻產生的拋磚引玉作用，對一個健康的社會有多麼重要。

　　舉一個例子，二〇〇五年，微軟的比爾・蓋茲和妻子梅琳達，以及 U2 合唱團主唱波諾（Bono）被《時代》雜誌選爲「年度風雲人物」，原因不是他們的才華、技術、革新、生產力或財富，而是因爲他們投注大量時間和金錢，改善世界各地的貧民或不幸的人的健康、教育、福祉。蓋茲夫婦爲此特地成立蓋茲基金會，二〇〇六年六月，比爾・蓋茲宣布即將「改變優先順序」，把個人的主要重心從每天參與處理微軟的事務，改成爲這個基金會工作。其後兩週之內，巴菲特宣布捐出三百七十億美元（他個人淨資產的百分之八十四）做慈善用途，其中三〇七億就是給蓋茲基金會的。

　　對社會有很大的貢獻而且令我個人印象深刻的是富勒（Buckminster Fuller），也就是多面體圓頂的發明者和建築師。他的門生之一瑟伯（Marshall Thurber）告訴我，富勒收到支付版稅的支票（其中一張是一百二十萬美元）時，會先支付公司的帳單，然後悉數捐出餘額。瑟伯說，富勒經常使自己的支票帳戶結存減爲零。富勒主張：「只要花時間和精神爲別人謀求最大利益，宇宙自然就會扶持你，而且永遠是在重要關頭扶你一把。」

　　雖然這些例子都是知名度和曝光率高的個人，然而社會上大部分的貢獻，是來自世界各地的個人。數以千計的醫護人員奉獻時間和精力，到開發中國家爲人施行手術矯治身體畸形；許多人捐款協助受災者，例如近年的印度洋海嘯、卡翠納颶風、地震、土石流，以及世界各地的大災害。在地方性社區，

人們自願提供時間和力氣，推動讀寫課程、衛生醫療、教育水準、社會福利等目標。

想想看，要是沒有這些貢獻的話，我們的社會會衰敗成什麼樣子？想想看這些貢獻對社會信任帶來的影響！

這一章的目的不是提出不切實際的烏托邦或政治觀點，而只是著重於貢獻和社會責任帶來的實際好處和信任。

商業貢獻的原則

時下體認到貢獻價值的企業以及個人與日俱增。許多企業的建立就是要經常對別人有所貢獻，例如「紐曼私傳」（Newmans's Own，老牌影星保羅‧紐曼創立的品牌）的利潤在兩億美元以上，但是全數捐給慈善團體。《商業倫理》雜誌每年刊出他們評選的「百大最佳企業公民」，表揚以誠信提供所有利害關係人卓越服務的企業。二〇〇六年，英特爾、富國銀行（Wells Fargo）、德州儀器、通用磨坊（General Mills）等企業巨人皆名列前二十名。《高速企業》雜誌和摩立特集團（Monitor Group）成立「社會資本家」獎，每年發給二十五家有企業家精神的公司行號。

許多有意義的貢獻仍是以工業時代的**慈善**觀念進行，也就是賺取利潤之後，再捐錢，但是現今的**趨勢**逐漸轉向比較全方位的知識型員工時代的**世界公民**（也稱為社會意識、企業公民，以及最近所謂的企業社會責任）思惟。這個做法包括傳統的慈善行動，但也把社會和倫理的目的整合到商業的結構裡。做好事不再只被視為商場以外的事情，而是商業本身的一部分。

> 商界始終有把公民的品德與慈善混為一談的傾向。其實
> 兩者並不是同一件事。安隆是大慈善家，但顯然不是良
> 好的企業公民。世界公民品德的核心，就是倫理和行
> 為，是從企業思考自己在世界上扮演的角色開始。
>
> ——惠普公司資深副董事長　鄧恩

　　許多發展已顯示轉向世界公民的跡象，其中一個例子就是
小額信貸的興起。小額信貸是孟加拉葛來敏銀行創辦人尤努斯
（Muhammad Yunus）大力創建推行。這家銀行的成立就是要提
供貧困的個人小額貸款（通常金額在五十到兩百美元之間），
其中百分之九十六都是婦女，幫助她們在市場上立足並且靠她
們的技能賺取利潤。尤努斯從一九七〇年代開始推行這個做
法，他的努力和其他人的類似努力已獲致成功，聯合國甚至在
二〇〇五年宣布該年為小額信貸年。

　　小額貸款的趨勢現在開始擴大到小型經銷，社會企業家提
供教育和融資，協助別人創建可升級的生意，這樣他們就可以
提升努力，僱用員工，賺取有實質意義的利潤。

世界公民：經濟必然性

　　《富比世》（*Forbes*）雜誌的索羅維基（James Surowiecki）
說：

　　資本主義是朝更多信任和公開透明、較少自我服務行為的
方向進化；這個進化的方向帶來較大的生產力以及經濟成長，

這一點絕非巧合。之所以得以進化，當然不是因為資本主義者是天生的好人，而是因為信任的益處非常大——信任他人和值得別人信任，而且因為成功的市場體系教導大家認識那些好處。

在《二〇一〇大趨勢》一書中，作者奧伯汀提到「自覺資本主義」的興起，以及它和盈虧的直接關連。她指出，在一九八四到一九九九年之間，「利害關係人超級明星」比標準普爾五百指數高出百分之一百二十六。這些超級明星指的是與包括投資人、顧客、員工、供應商、社區在內的所有利害關係人（相對於一般股東）關係非常好的企業，有趣的是，奧伯汀在書中強調的七個大趨勢中，有六個與第五圈社會信任的漣漪本身的貢獻、價值、意義、目的、責任原則有關，就個人和組織而言皆然。

德保羅大學（DePaul University）二〇〇二年做的一項研究顯示，《商業倫理》（*Business Ethics*）雜誌評選的「百大企業公民」整體的財務表現，也比標準普爾五百指數「好很多」。事實上，財務績效已成為企業公民的評量標準之一，而且就社會的層面而言，清楚顯示領導力如何「用激發（所有利害關係人）信任的方式締造成效」。

> 我們不是經營企業來賺取利潤，而是賺取利潤來使企業經營下去。我們的企業如果要融入這個世界，就需要意義和目的，否則它們何必存在？
>
> ——三菱電子公司前總經理　木內孝

　　我個人也深信，好的企業未來必須是成爲世界公民的企業。長此以往，這會成爲企業的一個門檻。即使是今天，也有愈來愈多的消費者用他們的荷包投票，支持展現誠信與立意，還有證明能力與成效的企業。我相信這個令人鼓舞的趨勢最後會成爲一個經濟的必然性。

　　柯維領導中心在成立初期，研發出所謂的「萬用使命宣言」，因爲適用於每一個人和每一個組織，而且原因純粹在於所有的個人和組織都是社會的一部分。這份宣言是：提高所有利害關係人的經濟水準和生活品質。

　　我喜歡把這份萬用使命宣言，視爲早期嘗試從至少兩個重要方面描述世界公民（及平衡計分卡）：首先，體認所有利害關係人（不只是業主而已）的重要性；第二，是了解生活品質的重要性（不只是財務效益）。信任永遠是在宇宙通用的貨幣，而且是最大的刺激因素，可以讓這個世界通用的使命宣言生根。

世界公民：個人的選擇

　　世界公民的核心是個人世界公民。是你我有意識的做出抉擇，要重視和投入時間心力爲別人謀福利；是你我在生活的每一個面向都把決定化爲行動。

　　甘地說：「一個人不能在一個領域做對的事情，同時又忙著在另一個領域做錯的事情。生活是一個不可分割的整體。」所以我們不鼓勵員工爲「付錢」的顧客服務到家，而從公司掏出一點錢給慈善團體的同時，卻對「不付錢」但需要幫助的鄰居視若無睹。當我們這麼做的時候，就是在分割生活，而且傳

達給員工與家人的訊息是，貢獻是象徵性的舉動或作秀，等到
他們沒有我們想要或需要的東西時，可能就會和我們的鄰居一
樣，變得不關我們的事。此外，不一致的行為——在某一個情
況下用一種方式行動，在另一個情況下用另一個方式行動，傳
達出虛偽的訊息，產生巨額的稅金。

反之，我們著重於在生活所有面向，由內而外培養真正的
世界公民品德。我們回到四個核心，從自己做起：我有信用
嗎？我有行善、貢獻、回饋的立意嗎？我給社會一個他們能信
任的人嗎？

然後再移向家庭。問自己：我在家裡有發揮領導能力，激
勵與協助家人成為良好的世界公民嗎？我有樹立典範嗎？我在
我的家庭和世界上都是一個好公民嗎？我有沒有使家庭的結構
與做法一致，在家裡和世界上實踐公民品德？我個人認為，我
們在自己家裡塑造公民品德，和教導子女成為世界公民的機
會，就是建立社會信任最大的機會之一。

接下來是轉向組織。問自己：我們的組織有信用嗎？我們
有誠信，並把誠信導入自己的行為嗎？我們有展現出行善、貢
獻、回饋的立意嗎？我們有發揮影響力的才能嗎？我們締造出
成果，而且不只是為股東，而是為所有利害關係人嗎？我們有
給社會一個能被大家信任的組織嗎？也要問自己：我在組織裡
有發揮領導能力，激勵與協助大家成為良好的世界公民嗎？我
有沒有使組織（或我的團隊）的結構與做法一致，在組織裡和
世界上實踐公民品德？

如果戴上眼鏡去看的話，就會明白從社會的角度去看，心
理學家羅傑斯（Carl Rogers）的話清楚易懂：「最個人的事就

是最普遍的事。」我們看到第五圈漣漪的信任是值得信任的直接結果,而值得信任是從第一個漣漪開始,往我們的人際關係、我們的組織、市場不斷推出去,填滿整個社會。

的確,世界公民的品德是一個個人的選擇,也是一個整體生命的選擇。我們在自己的生活中做出那個選擇,影響和我們一起工作的人,使他們在自己的生活中也做出類似的正向選擇。我們一起建立了組織和家庭,為世人的福祉做出貢獻。

結論和挑戰

利害關係人的信任這個部分的討論已經告一個段落,我希望你透過這本書對核心與行為的力量有一點點概念,然而,「親愛的,你還有很多沒看到呢!」

我們在研討會裡經常會玩一種模擬遊戲,發給同一桌每一個人一套卡片——四個核心和十三個行為卡。然後要他們抽出含有可能情況的卡。

例如,如果你在玩這個遊戲的話,你可能抽出一張卡,上面說:

你現在處於一個企業文化內,按照吩咐遵守公司的計畫,可是卻開始出現扭曲事實、製造不信任的現象。你會怎麼辦?

你可以先打出一張四個核心卡(「從自己做起」卡)。因為你想:「如果我要去和老闆面對面的談,需要先自問:我的信用如何?如果我沒有信用,她可能不會在乎我說的話。她不會認為我的意見是有幫助、有建設性的,而會當我是在發牢騷。

可是如果我有締造成果，如果我達到目標，她可能會願意聆聽。」所以你選擇打出「四個核心：成效」卡。

然後坐在你旁邊的人，可能打出一張行為卡，例如「面對現實」或「坦誠直言」。情況很快就明朗化——行為卡只有在你先打出一張或一張以上的四個核心卡時，效果才會更好。

這些角色扮演沒有對錯，目的只是要產生覺察和做出抉擇，看在這些情況下如何用最好的辦法解決問題。在實現這個目標時，這個遊戲不僅激發熱烈的腦力激盪，同時也讓大家恍然大悟，了解理論與實務經驗（也就是真正在第一線做抉擇和面對）的後果，完全是兩回事。玩這個遊戲讓學員重新而且較深入的學習，對在現實生活中應用這些方法做好準備。

因此我鼓勵身為讀者的你，盡快從經驗上去理解這個內容。找尋方法立即加以運用。找機會教別人。在教別人的時候，我相信結果真的會令你無比驚訝。因為你不但更了解和明白這些核心與行為的威力，當你以信任的速度做事情時，也會對與所有利害關係人之間可能發生的好事情刮目相看。

信任的五圈漣漪摘要

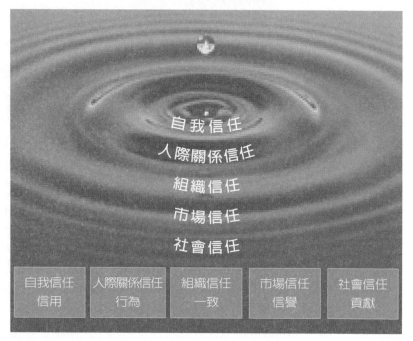

激發信任

現在我希望你相信，如我所說，沒有任何方式比得上信任的速度。沒有任何方式的獲利比得上信任的經濟效益。而且信任的紅利可以大幅提高生活中每一個層面每一個關係的品質。

可是……到了真正要信任他人的時候，你可能還是會躊躇或害怕；也許，在內心深處，你真的覺得別人不可信；也許你是在一個低信任的環境裡長大；也許你以前受過傷害；也許沒有人曾經給予你有意義的信任。

在最後這一部我要證明，不論你處於任何情況，都可以學習「聰明的信任」他人。你可以培養「避免落入圈套」的方法去信任他人，確保相關的每一個人都獲得最大的紅利。你也可以學習如何在失去信任之後，再使別人恢復對你的信任，以及如何培養有效率的領導和生活，不可或缺的信任傾向。

除了成為一個值得信任的個人，以及知道如何在所有層面建立信任的關係之外，適當信任他人的能力是在營造高信任的環境時，最具影響力的因素，這一點對工作和家庭都一樣。事實上，你可能回想起來，「信任他人」是十三個行為的最後一

315

個，因為它對建立信任是有影響的。我們在這個部分，將更深入的去探討。

　　領導人第一件該做的事就是激發信任。事實上，激發信任的能力，是主管和領導人之間的分野。激發信任就是打下基礎，奠定所有真正成功的企業和人際關係的基礎。

聰明信任他人

信任所有的人或一個人也不相信，
是同樣的錯誤。

——拉丁諺語

你有沒有因為無法信賴某人，而錯失良機的經驗？你對這件事有什麼感覺？

當你深究原因時會發現，信任他人實際的問題是：你怎麼知道什麼時候該信任某人？如何用創造出高信任豐厚紅利的方式去信任他人，而不致於過度冒險？

處理信任時，看起來有兩個極端。一端是對別人沒有足夠信賴的人，他們是懷疑的，做事情謹慎小心，避免冒險；通常他們真正信任的人只有自己。另一端是太信任，他們非常容易受騙上當，因為他們誰都相信，對世界的看法簡單、單純，甚至沒有真正去思考（只有表面上的思考）保護自己利益的需要。

信任他人可以帶來很大的紅利，但是也有可能產生嚴重風險。所以要如何到達「最適點」？如何用一種使紅利擴大到最大值，而風險降低到最小值的方式「聰明信任」他人？

某家公司的總裁和董事長之間明顯維持著高信任度的關係，然而有一天，總裁得知董事長其實在公司裡發起了一個小

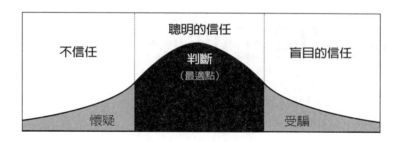

型「政變」──他召集許多公司內部的領導人，想把公司帶向一個和總裁（也是創辦人）與董事會背道而馳的方向。結果，信任感被破壞殆盡。這件事尤其令總裁感到難過，因為他有被背叛的感覺。公司請董事長另謀高就，然後重整公司。在工作上，董事長和總裁從此分道揚鑣。

然而，這兩個人多年來已培養出友情，所以在個人關係上努力恢復對彼此的信賴。經過數月的討論、道歉，甚至淚眼相對，最後終於有了寬恕，兩人到達一個重新對彼此的關係感到舒服自在的平衡點。

有一天，這位已離職的董事長帶著一個企畫案去找總裁。在鄭重討論之前，總裁語重心長的說：「我很感謝你的關注。我在個人或家庭方面都願意和你合作，也願意在公民委員會和你共事。如果你是委會員的成員，我願意當主席；如果你是主席的話，我願意當委員。然而，我選擇不和你做生意。」

最後，這位總裁運用的是「聰明的信任」。他不是做出情緒上的反應，也沒有繼續懷著不好的感覺，並且盡可能的恢復對這位前同事與朋友的信任，然而他也沒有漠視從經驗中得到的教訓。他在自己還沒有辦法充分的信任對方之前，劃出一道

界線。

聰明信任的矩陣

生活中充滿了風險。然而,著名歷史學家和法律教授史蒂芬‧卡特(Stephen Carter)觀察發現:「社會文明有兩個部分:慷慨,即使是代價高昂的時候;信任,即使有風險的時候。」

所以,目標不是避開風險。這既是做不到的事,你也不會想要這麼做,因為冒險是生命必要的部分。反之,目標是高明的管理風險,用一種可以避稅和隨著時間開創最大紅利的方法相信他人。

聰明信任他人是兩個因素的功能,也就是信任和分析,兩者在矩陣上並列(參見第321頁圖)。

信任主要是心的事情,是傾向、趨向於相信別人是值得信賴的,而且想要隨心所欲的信賴他們。這個傾向的程度可能和與生俱有的個性有關,與生命中重要的人對你的信任(或不信任)有關,或是與你本身信賴別人的經驗(好或壞)有關,或者,最可能的是,與這些綜合的因素有關。

分析主要是心智的事情,是分析、評估、推理、考量含意與可能性,然後做出合理的決定與解決辦法。同樣的,你「良好分析」的程度可能與各種因素或這些因素的綜合有關,包括你的天賦才華或能力,教育和思考的方式、作風以及(或)生活的經驗。

我和兒子克里斯和布利坦相處的經驗,顯然說明了這兩個因素。有一天我帶他們去釣魚,玩得很愉快,釣完魚之後去吃

東西。布利坦（五歲的他當時有信賴別人的高度傾向）好好的感謝了我一番，他說：「爸比，謝謝你，**非常**謝謝你！你是**全世界最好**的爸比！」克里斯（九歲的他已經比較愛分析了）說：「布利坦，你不能就這麼說他是世界上最好的。你還不知道是不是呢，因為這個世界上還有很多的好爸爸。」然後，他忽然醒悟到他可不想因此得罪我，於是又加了一句：「我敢說他是……全世界**第九**好的爸爸！」

你會如何評估自己的這兩個因素？你一般而言是容易信任他人，還是容易懷疑他人、謹慎小心？你容易分析、推理、思考事情，還是只是粗略的想一下問題，就繼續做其他的事？

你認為自己目前的傾向對你「聰明信任」他人的能力增加或減少幾分？看看這個矩陣，包你睜大眼睛！

第一區（高度信任；低度分析）是**受騙上當**的「盲目信任」區。這是盲目的樂觀，人們滿心喜悅的信任每一個人。在這裡會發現那些「每分鐘都在誕生的笨蛋」，也就是一定會在網路、行銷、投資，及其他騙局被坑騙的人。

第二區（高度信任；高度分析）是「聰明信任」的**判斷**區。這是結合信任與分析，運用智慧處理風險的地方，是做出良好判斷的地方，包括提高本能與直覺。如果你有不信任的傾向，本能與直覺會特別的告訴你，不要信任他人。相反的，沒有分析，你可能誤把信任的傾向當成本能與直覺。因此，結合高分析與高信任，就是把本能與直覺拉抬到良好判斷的領域。

聰明信任的意思不是要信任每一個人。根據當時的情況，你的判斷可能是不要信任，或者只是有限的信任，就像我前面提到的例子裡，那位總裁對離職的董事長那樣。

聰明信任™矩陣

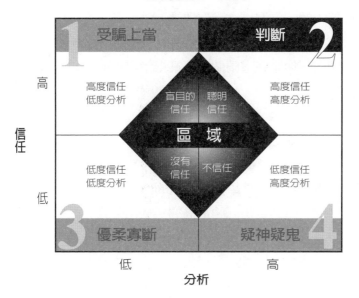

第三區（低度信任；低度分析）是「沒有信任」的**優柔寡斷**區。位於這裡的人往往誰也不信任，因為他們自己的分析能力低，所以往往連自己也不信任。這個區的特點是優柔寡斷、不安心、保護、擔憂、猶豫不決、沒有機動性。

第四區（低度信任；高度分析）是「不信任」的**懷疑**區。這一區的人對信任他人這件事小心謹慎或是完全不信任人。事實上，有的人疑神疑鬼的，**除了**自己誰也不相信。這一區的人幾乎全部依賴對評估、決策和執行做的分析（通常是他們自己的）。

好了，可能令你跌破眼鏡的事情來了。在信任他人方面，你覺得最大的危險在什麼地方？

顯然，第一區（受騙上當）有很大的危險。如果你盲目的相信每一個人，遲早會受到教訓。

第三區（優柔寡斷）顯然會輸得很慘。分析力差加上低信任的傾向，你會在這兩個世界裡得到最慘的結果。這裡是高風險低報酬。

大部分人最大的意外是在第四區（疑神疑鬼）。許多人以爲這是風險最低的區，因爲你在這裡仔細分析和計算、考慮事情。你是既懷疑又有戒心，所以並沒有準備信任他人。你小心翼翼；盡量讓每一件事情在自己的直接控制之下。

然而，這其實是風險最高的一個區。當你高度懷疑時，往往會盡量求證，翻來覆去的分析每一件事情，結果反而降低速度、提高成本，而且還會錯失機會，減少合作與協同作用。你唯一真正得到的只有你自己的分析，可是這個分析可能失之狹隘或偏頗，你卻未必明白這一點，因爲你切斷自己了解別人寶貴的想法、靈感、智慧和觀點的機會。

到最後，只相信自己、事必躬親的人，只能把公司帶到他個人能力所及的境界。他們無法提升自己。此外，和他們一起工作也很打擊士氣。他們有趕跑人才的高風險，那些人都是他們最棒、最有才華的員工，但是往往無法忍受在受控制與限制的環境裡工作。

我以前認識一位疑神疑鬼的老闆，總是認爲員工會偷他的東西，所以幾乎每天都會盤問他們，有時候甚至在員工要離開辦公室時進行「搜身」。這個人相信大家都在設法偷他的東西，但是事實上並沒有人這樣做。他這種多疑的舉動趕跑了最有才華的員工，因爲他們受不了在這種不信任的環境下工作，

或是為這種疑神疑鬼的老闆做事。

　　第四區的主管和領導人，也會支付我們在組織信任裡討論到的許多低信任稅，而且失去創新、合作、合夥、忠誠等高信任紅利。悲哀的是，他們的懷疑有時候反而會促成原本擔心的事發生，而這又進一步證實他們的懷疑。他們用別人不可信賴的方式去對待對方，結果製造出惡意串通向下沉淪的循環。

> 猜疑到最後證明是對的，就會付出代價，這個定律屢試不爽。
>
> ——梭羅

　　第四區的危險非常高，尤其是對領導人而言。這個危險就是識見有限、缺乏合作、人才疏離、失去機會，亦即付高額稅金與喪失紅利。這就是何以在這個「平世界」的全球經濟體系中，**不**信任人通常是其中最大的風險。

　　那麼為什麼會有人進入第四區？有的人可能是因為有鉅細靡遺、完美主義或甚至事必躬親的傾向；有的人則是與根深柢固、缺乏信任他人的基本思惟有關。也許他們真的認為自己比所有的人好，或比所有的人都來得聰明；也許他們只信任自己；也許他們以前受過教訓，所以現在過度懷疑別人；也或者以往從來沒有人給予他們信任。不論哪一種情形，他們似乎有認為別人不能信賴的基本思惟。除非他們採取必要的步驟改變思惟，否則永遠會卡在高危險、低速度、高本成的第四區。

過度信任他人可能使你受騙，但信任不足卻會使你活在痛苦之中。

——專欄作家 克蘭（Frank Crane）

到目前為止，風險最低和回報最高的是在「聰明信任」的第二區（判斷力）。這一區裡的風險雖然真實存在，但是可以發揮智慧減輕和處理。你不但分析、仔細評估與考量問題，還有信任的傾向，讓別人放鬆並鼓勵別人發揮創意與判斷力，產生協同作用。因此在第二區，「判斷力」是倍增的，信任的傾向也是倍增的，因為你自己的信任傾向變成催化劑，使別人也產生同樣的傾向。他們不想辜負那樣的信任。

換句話說，第二區是積極的。高度分析和高度信任不但產生強有力的判斷力，還產生有動力的協同作用，產生持續、無盡的可能性。

記住：聰明信任未必表示要信任某人。你可能決定有限度的信任或完全不信任，就像在第四區會做的一樣。可是決定看起來或許相同，然而表現會非常不一樣，因為這一區使用的方法本身，十之八九都會建立信任。

界定因素

聰明信任矩陣可以成為非常有用的判斷和規範工具。

在分析方面，有助三個重要變數的考量。你可以問這些問題：

1. **機會**（情況或手上的工作）是什麼？

2. 有什麼**危險**？

　　—可能的結果是什麼？

　　—發生這樣結果的可能性是多少？

　　—這個結果的重要性和明顯性有多少？

3. 相關人士的**信用**（品德與能力）如何？

　　我們來看看這些問題如何在實際的情況下，幫助決定聰明信任。還記得我處理小聯盟奪旗足球隊那個小女孩安娜的經驗嗎？如果運用這些分析的問題，我會問：

　　「**機會**是什麼？」錦標賽的冠軍面臨威脅，當時是最後一場比賽，安娜的技術和經驗都沒有其他球員好，我讓她上場是因為必須符合小聯盟規定讓每名球員上場的時間，之後才能任意的讓其他球員上場。

　　「**風險**是什麼？」我們可能贏，也可能輸。整個球隊可能樂翻天，也可能大失所望。安娜可能覺得是勝利者，也可能覺得自己是球隊落敗的罪魁禍首，或者她可能覺得，我在緊要關頭對她沒有信心，不認為她可以達到目標。我可能被烙上英雄……或是笨蛋的印記。雖然小聯盟比賽的結果，對大部分人而言並非世界末日，但是對安娜、其他隊員，以及每一個有關的人來說，可能是很重要的事情。

　　「相關人士的**信用**如何？」所有的隊員都是很棒的孩子，他們很努力磨練技巧，一路過關斬將闖入冠亞軍決賽。安娜的個性不但展現在她的行為方式上，也展現在她當初決定與這些男孩子一爭長短的決定上。只是，她的能力沒有隊上其他球員那麼好而已。

　　根據這三個問題的答案（換句話說，也就是根據理智的分析），許多教練在冠亞軍爭霸戰勝負未分的關鍵時刻，會決定走馬換將。

　　然而第二個因素，信任的傾向發揮作用。那一點牽到一個與理智分析不同的面向；它牽涉到出自內心深處的感覺，從**懷疑**到**戒慎小心**到**充裕**（請參閱第327頁聰明信任矩陣）。

　　我並不**懷疑**安娜的動機或意向（這一點使我置身第四區域）。顯然，我信賴她的品德。

　　我對她的能力方面的信心，是戒慎小心的，這一點會使我置於第四區的上半部，或是第二區的下半部。

　　然而，整體而言我的信任傾向是**充裕**的。我相信賦與信任可以發揮激勵作用，而我也相信安娜。我知道這對她的一生可能是一個關鍵時刻。

　　我當天在場上雖然沒有時間清楚的一一考量所有因素，但是在我迅速決定使這一刻成為信賴的時刻時，它們全都發揮了作用。我相信這個抉擇顯而易見是在「聰明信任」第二區。我們贏得勝利，那個抉擇至少是部分原因；隊上的每一個人都覺得很歡欣，安娜在她的一生之中也有了一個重要的正向經驗。

　　如果我們輸了那場球的話，我還會認為我的決定是在運用「聰明信任」嗎？沒錯，我還是會這麼認為。我相信這件事不只是對安娜傳達出訊息，也是對隊上的每一個人傳達訊息，讓他們知道我信任他們，而且會支持他們，不論當時有什麼風險。贏球不是唯一重要的事情。當時同樣面臨威脅的，是這些孩子們對自己付出努力的感受，還有在球隊裡的整體經驗影響他們這一生的自信，以及對能不能受到信任和信任他人的感

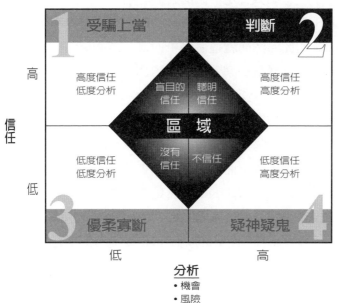

聰明信任™矩陣

覺。

信任他人的一般原則就是，對正在努力贏得信任的人，視情況給予信任，對已經贏得信任的人則充分賦與信任。記住，即使在你充裕的付出信任時，還是應該要求承擔責任，因為那是一個實際上提升信任的原則。

處理風險

決定要不要付出信任，並不永遠是一個風險問題。為了讓大家對如何做到這一點有更清楚的概念，我們就來看一看前面說過的一些例子，重新透過這個矩陣的鏡片來檢視。

首先，我們看巴菲特從沃爾瑪連鎖手中收購麥克連物流公司的例子。這個機會是一個潛在的收購。**不對要收購公司的財務展開正當的調查**，是非常危險的事情，而且對大多數人來說可能都是如此。然而就這個例子而言，這個危險可能沒有一般來得大。沃爾瑪是一家公開上市的公司，遵守規定和受到公眾審查。除此之外，沃爾瑪的人員信用（品德和能力）很高。再說，巴菲特的聲譽隆厚，影響力也非常大，而且說老實話，沒有人會嘗試在收購上市公司中詐騙巴菲特的。所以巴菲特決定充分信任、握手成交而不做財務調查時，大大的加快速度和降低成本。這是聰明信任嗎？當然是。那是第二區。

即使是在第二區，還是有使用很多方法的空間。視情況的不同，「聰明信任」做出的判斷可以從完全的信任到完全不信任，或是在一些核心面向（例如誠信、立意、才能）給予信任，但在其他面向並不這麼做（例如成效）。高度信任關係得享的紅利，以及特殊的情況、危險、相關者的品德與能力，都會被列入考量。信任的傾向與分析結合起來，就可以得到最大紅利和使危險降低到最小。

為何許多受信任的經理人無法成為領導人

我在這整本書中從頭到尾都說，「領導力」是用激發信任的方式得到成果。許多受到信賴的經理人是擁有高品格與高技能、有信用的人，但從來沒有成為「領導人」，因為他們不知道如何「聰明信任」他人。他們基本上是在第四區運作，也就是懷疑區。他們可能**委派**，也就是指派別人工作，但是限定完成工作的點點滴滴。他們給的是**假信任**，換言之，只是毫無誠

意的給予「口惠」說信任他人，實際上卻是大小事情一把抓。他們並沒有充分的**交託**，沒有把要用到所有權與權責、讓別人發揮較大智謀、營造產生高信任紅利環境的**經營管理工作**（負有信任的責任）交給別人。

委派工作用的是腦力，交託事情則是發自內心的，是出自你的感覺。人們不學習信任他人，就不會充分成為「領導人」這三個字真正的意思，不論是工作上或在家都一樣。

有一次研討會結束時，一位以法律總顧問職務退休的男士對我說：「我的法律訓練和經驗，讓我有不信任的傾向。這個傾向有時候對我是有利的，可是大部分時間都製造很大的問題，害我陷入昂貴又耗費時間的法律關係。而且在個人關係上對我造成很大的損害，因為我把工作上的思考傾向帶進個人的生活。現在我開始從事一個新的職業，而且這個從信任傾向開始的想法鼓舞了我。我不知道結果會怎麼樣，不過我相信這是起頭，是一個更好的開始。」

我當然贊同——這**是**一個更好的開始。

任何一位領導人該做的第一件事，就是激發信任，也就是讓大家淋漓盡致的發揮個人的創意與能力，和建立高信任環境讓大家可以有效和別人合作。這在工作上和在家裡都是一樣的。

那麼你要如何激發信任？就是做我們在這整本書裡談的事情。首先，你從自己和自己的信用（四個核心）開始做起，激發信任。第二，你一直用建立信任的方式表現，建立別人對你的信任（十三個行為），包括堅定與明智的信任他人（聰明信任）。你在比較大的領導角色上，運用四個核心和十三個行為

在你的「組織」(企業、部門、團隊,或家庭)建立一致性,在市場建立商譽,在世界做出貢獻。在你做這些事情的時候,就會激發出信心和信任,締造成果。

有的領導人的作風是注重細節,他們雖然並不是真正做細節管理,可是他們給人的感覺就是不信任人。就信任低落的稅而論,所有領導人想一想自己的風格在別人眼中的觀感如何,會是明智之舉,而比較講究細節的領導人多付出一分努力與別人溝通,並且養成基本的信任傾向,也是明智之舉。

我要再一次申明,特別是在「平世界」經濟裡,建立、培養、付出,和恢復信任的能力,是當代關鍵的職能與個人的能力,而運用「聰明信任」則是那個能力裡一個重要部分,使你可以在分析與信任的傾向中,產生一個有力的平衡和協同作用。反過來,這也會產生判斷力,使你有效提升自己,並且激發出別人的才華、創意、協同作用和最大的貢獻。

失去信任之後
再予以重建

人們築起太多牆壁，
卻沒有造築足夠的橋。

——牛頓

我最近讀到一位知名商業作家寫的一篇文章，裡面說道：

你無法重獲信任。你懷疑這個說法？用力的想一下你被人背叛的時候。那個壞傢伙有沒有找到方法重獲你的信任？你和被我問過的數以千計的人一樣，答案是永遠不可能。信任只能得到一次和失去一次。一旦失去，就永遠失去了。

也許你有一些看來可以證實這個說法的經驗。也許你曾經辜負別人對你的信任，後來雖嘗試重建，但徒勞無功。也或者有人辜負你的信任，你發誓無論如何再也不信任那個人！說不定你發過誓再也不會信賴**任何人**。

顯然辜負信任會產生痛苦、失望，和損失，會對人際關係、合夥關係、計畫、夢想，所有種類的事業造成巨大的破壞。

我承認在有些情況下，信任是永遠無法恢復的。有時候背信的程度太嚴重，背叛得太深，痛苦太大，信任已被粉碎，再也沒有辦法把碎片拼湊完整。事實上，可能連**嘗試**恢復的機會都沒有。因此，我衷心同意那些人所說，到目前爲止最好的方法是從一開始就絕對不要辜負信任。信任不是一個理所當然的東西，而是要被建立、重視、珍惜和小心保護的。

然而，生活的本質就是所有的人一生之中，無疑都有必須處理辜負信任的時候，而且說不定這種次數還多得很。有時候我們做了蠢事，結果突然驚覺信任帳戶裡的存款大幅減少，甚至透支。剎那之間懷疑替代了協同作用。夥伴的關係切斷了，生意被帶走了，家庭破裂了。現在尋求的是懲罰。

有時候，我們可能犯下無心的錯誤，或是能力有些許不足，然而卻被解讀爲違反品德，而這是更難恢復的事情。

我們在說明十三個行爲的那一章討論過，影響信任的不是我們的行爲方式，而是人們對那些行爲的解讀，以及他們得出的推論。記住，人們往往是根據行爲來判斷別人，卻根據用意來判斷自己。因此，表現不良但是用意良好的行爲，可能導致別人以爲居心不良，大大提高提款金額和恢復信任的困難度。

所以我們要怎麼做？眞的有可能恢復信任嗎？去嘗試是明智之舉——還是愚不可及？

記住，當你談到恢復信任時，你說的是改變別人對你的感覺和信心，而那是非你所能控制的。你無法強迫別人信任你，不能使他們對你有信心。他們可能同時在處理生活中其他的事情，因此這個挑戰對他們來說比較棘手；或者他們可能把你能力的不足解讀爲品德的缺失，使問題的複雜度大爲提高。重點

是，就算你無法恢復某一個情況或關係裡的信任，只要加強你的核心和養成十三個行為的習慣，你就會提高在其他的情況與關係裡，建立或恢復信任的能力。

在所有層面恢復信任

現在再來逐一看這五圈漣漪的一些例子，了解信用與行為如何幫助你恢復每一個層面的信任。要留意的是，在許多情況中處理背信這個挑戰的過程，會為更大的信任打下基礎。

社會的信任

在社會的層面上恢復信任的意思是重建國家、機關團體、企業、職業，以及其他一般人的信任，包括消除懷疑和譏諷，用貢獻、創造價值、道德的行為取而代之。

許多資料顯示，社會的信任度是可以提高的。就在安隆案和世界通訊案醜聞爆發後不久，二○○二年華信惠悅諮詢公司做的一項調查顯示，員工對管理階層的信任度只有百分之四十四。數年後華信惠悅第二次做的調查顯示，這個比例已經提高到百分之五十一。

過去三十年來，愛爾蘭共和國的領導人，把國家的重心由對內轉為對外，使國家從經濟獨立走向互相依賴；使過去古老的教育體制脫胎換骨，成為全球無庸置疑的教育領導者之一；並經由有目的的合作來改善勞工和諧、爭取移居海外的人才回國工作、幫助愛爾蘭成為一科技重鎮，成功吸引外國企業投資。事實上，愛爾蘭吸引美國在歐洲將近百分之二十五的投資，但人口僅占歐洲的百分之一。

　　愛爾蘭總理艾恆（Bertie Ahern）發表評論說：「科技顯然是我們的動力，使愛爾蘭全新的世代產生信心，協助創造就業，為我們的同胞提供未來，遏阻了移民的狂瀾。」

　　愛爾蘭共和國的領導階層是透過刻意合作的努力，包括面對現實、提升實力、展現成果等行為在內，才做到這一切。結果，他們建立了這個國家在全球的信用和信任。

市場信任

　　在市場信任方面，確實有許多情況是一旦違反顧客的信賴，就沒有第二個機會。做最後決定的人是顧客，他可以選擇不再跟你做生意，一走了之。我說過，違反的是品德，特別是誠信時，尤其是如此。

　　然而，經驗顯示用四個核心和十三個行為恢復市場信任是可能的事，甚至還可以提高。

　　舉一個例子。一九九〇年代，耐吉（Nike）因為在外國合作的一些製造廠裡的情況，被行動人士砲轟為沒有負起社會責任。總裁奈特（Phil Knight）採取措施彌補過失。他坦承這個問題是「剛開始的反應不當，這個錯誤我們難辭其咎」。耐吉在後續幾年的行動和行為，展現了可見的成果和堅定的承諾，提升整個業界的環境，同時成為一個主要的企業公民。二〇〇六年，他們在「最佳企業公民」排行榜名列第十三。他們以公開透明的行為解決這個問題，重拾失去的信任。外界還是有批評的聲浪，但是正如耐吉品牌董事長帕克（Mark Parker）和丹森（Charlie Denson）在「企業責任報告」中所說：「我們想要建立信任，使利害相關人不是用感覺，而是根據事實來評價我

們。公開透明是這個過程中缺之不可的工具。」

組織的信任

在組織內恢復信任看起來不易，尤其是組織的重心幾乎完全放在生產上面，而沒有注重維持未來生產力時。然而，高信任組織的表現勝過低信任組織三倍，這個事實是一個努力的強力誘因。高信任不但創造出一個很好的工作環境，也提供強力的競爭優勢。

我在柯維領導力中心擔任執行長的最初數週，有過組織信任失而復得的經驗。我走馬上任後，對繼續贊助教育部門是否明智深感懷疑。我衷心重視這個部門的使命和潛在的影響力，但是因為我們大幅降低在教育市場的價位，以使更多人能夠參加課程，所以內部普遍認為這個部門並沒有貢獻任何利潤給這個組織。不幸的是，當時並沒有很好的財務資料可以提出不同的看法。

我和教育部門的員工關係一向良好，但是我在會議中隔著會議桌，和這個部門的總監面對面，對這個部門的存在提出質疑。此外，讓我遺憾的是，我違反了十三個行為中的部分行為，在背後批評人。顯然這些事情對我和那位領導人以及整個部門的信任帳戶結存，有很大的負面影響。

最後財務部門終於發揮功能，研發出正確的財務報告系統，運用作業成本制和作業管理技巧，使我們對所有部門真正的獲利有一個全盤的了解。結果發現，教育部門的價格儘管打了折扣，但仍有盈餘，而且利潤幾乎可和收益最好的部門並駕齊驅。

這些資料出爐的那一天，我走進那位總監的辦公室，說：「對不起，我錯了，我向你和全部的人致歉。我會補償你和你的部門，而且會成爲教育部門的最大支持者。」我真的這麼做，成爲這個部門的支持者，竭盡全力讓每一個人知道教育是一個有盈利的生意，而且經營得很出色。

結果，我和這位總監及整個部門的信任帳戶結存一飛沖天。雖然我當時並不知道那個影響力，但是那位總監後來告訴我，我的道歉對他個人和整個部門而言意義重大，爲這個部門後來十年非凡的成就定調。

我只知道當時那位總監和整個部門對我的信任感不但恢復了，還比以前更高。現在回想起來，我可以了解這個經驗如何證實展現忠誠與彌補過失的重要性、在組織內恢復信任的價值，以及信任對速度與成本的影響。

人際關係的信任

我曾在前面指出，如果你是一家公司的主顧，一旦他們違反你對他們的信任，你可能不會給他們挽回的機會。那不過是交易，你可能不認爲有什麼大不了。可是假如是家人辜負你的信任，那就不是交易了。因爲家人的關係更爲重要，而且含意更深遠，你會希望恢復信任感的意願更大，更坦率。

我的一個同事告訴我這件事：

一位住在附近社區的名醫，在教會裡擔任受人敬重的職位，貢獻他的時間治療窮困的第三世界國家的病人，而且和他家附近的鄰居和社區裡的許多人都是朋友，也是一個慈父和深

情的丈夫……直到他和一個女人發生婚外情。他的祕密生活和
令人尷尬的行為，和他在教會、在家裡對別人的教導背道而
馳，後來東窗事發，他的世界瞬間大亂。他的婚姻一片混亂，
兒女深受傷害，大都不願跟他講話；他在教會裡的職務被免
除，名譽嚴重受損。

　　後來有兩件事情展開了療癒復原的過程，為重建尊敬與信
任打下基礎：1. 他結束這段婚外情，請求妻子與家人的原諒；
2. 他的妻子選擇留在他身邊，公開支持他，給他重新獲得她的
信任以及恢復自尊的機會。她沒有對他視而不見，也不像某些
情感上遭受虐待的配偶那樣自怨自艾。她維護自己的自尊，給
他下達最後通牒，要求他的生活方式和行為做某些改變。雖然
她的行動很重要，但是他自己的行動才是攸關一切。他並沒有
用說謊的方式為自己洗脫罪名，而是請求原諒。他做了必要的
改變，並且信守承諾永不再背叛她的信任。他謙卑的面對社
區、家庭，和鄰居，並沒有傲慢或自以為是。每一個人都知道
這件事，他也知道這一點，所以也要重建他們的信任。慢慢
的，他的婚姻、家庭、聲譽開始復原。雖然大家並沒有忘記這
種個人和公共的過失，但是一個人在品德、行為方面的態度和
改變，可以使他重獲信任與尊重。

　　當然不是每一個置身這種情況的人，都會嘗試重獲信任。
而且處於信任低落情況的人，常常覺得自己無能為力，沒有辦
法引起正向的改變。然而這些例子以及其他很多的例子都顯
示，只要你願意，就可以重建別人對你的信任感，即使是親密
的個人關係面臨困難時也一樣。重獲信任的努力本身，會使這

股信任感比以往更加堅強。

自我信任

最難恢復的信任，往往是對自己的信任。對別人失信、未能實現目標，或是做出違反自己最深切的價值觀的行為時，自我信任可能真的會一落千丈。一而再的對自己失信時，往往會自責萬分，嚴重懷疑以後是否還會對自己有信心。

數年前，一位信譽良好但不善於理財的朋友，被迫宣布生意破產。這是很丟臉的事情，尤其是這件事人盡皆知，嚴重減損他的自信心。他必須賣掉部分個人的財產，以便保有房子，他的妻子必須在家創業，他必須另謀差事。

每一個人都以為，這個人在宣布破產時，他的財務壓力就結束了，可以重新來過。然而，他對自己的遭遇感到難過，但是害債權人陷入他的債務裡，讓他更加難過。於是他連續數年身兼三到四份工作，有時候幾乎是二十四小時的工作，以償還依法他不必償還的債務。最後，他把最後一個債權人的債務還清，終於無債一身輕。

數年後，這個故事傳出來（但不是他說出來的），每一個人都對他做的事感到十分詫異，尤其是他並沒有法律義務支付那些債務。他在朋友、鄰居和家人那裡的信用立刻高漲。

然而對他而言更重要的是，他重建了對自己的信用。雖然做起來十分辛苦，但是他用行為恢復自我信任，然後覺得心安理得。

當別人失去你的信任時

到目前為止，我們討論的都是在失去別人的信任時要如何重獲。可是當別人失去你的信任時，你會怎麼做？

就像你失去別人的信任以後，不能強迫別人再信任你一樣，別人失去你的信任時，也不能強迫你自己再信任他們。重建對背信者的信任是一個只有你能做的抉擇。然而在你斟酌自己的選擇之際，建議你考慮三個非常有幫助的原則：

不要妄下判斷。你知道別人不信任你時的那種感覺，也知道平白無故被誤解、冤枉、錯誤判斷的感覺。所以站在別人的立場想一想，給別人有利的判斷。不要不自覺的認為能力上的失敗就是品德的失敗。許多錯誤並不是刻意造成，所以不要曲解它們。

很快寬恕別人。我想要在這裡說清楚的是，原諒和信任是兩回事。例如，受虐的配偶一再「原諒」對方（意思就是一再寬恕並且回到配偶身邊，繼續任由對方蹂躪）並**不是**我現在討論的寬恕。那**不是**聰明的信任。

我現在討論的**是**：除去心中對冒犯我們的人（不論故意或不小心）的怒氣、惡意、責備、指責或懲罰；拒絕當別人的法官和陪審團，不要把非自己所能控制的事情放在心上，包括別人的態度、行為，以及以前發生的事情；在生理、心理、精神、情緒上放鬆自己，不要在意別人的錯誤、弱點或不好的選擇。

曼德拉是寬恕的好例子。他在羅本島上被監禁二十七年才獲釋，後來成為南非總統。他發表就職演說時，親自邀請當年

的那些獄卒坐在第一排，展現他的寬恕，他認為這是治療他自己的靈魂必須要有的心胸。

寬恕並非易事。事實上，對很多人來說，這還需要一點神助。然而不論是否選擇信任他人，為了自己和別人，永遠都有寬恕別人的需要。事實上，在能夠寬恕別人之前，我們其實並沒有真正自在的運用「聰明信任」，而是背負著情緒的包袱，使自己的分析與信任的傾向變得遲鈍。

寬恕是美好生活的原則，也是彌補過失的責任之一。不能夠寬恕別人，就違反了這個重要的行為，不但剝奪自己明確判斷、心情的自由、可能獲得的高信任紅利，也可能妨礙別人原諒自己與個人有所改變的機會。

我們是世界公民，是人類的一份子，為了自己與別人的最佳利益著想，必須寬恕別人。寬恕之後，無論選擇朝信任的哪一個方向，都可以自由自在的向前。

以重建信任為第一優先

我的一個好朋友和大家分享這件事情：

我兒子到差不多十四歲的時候，都是一個「模範」的孩子。他樂於參加家庭活動、成績很好，有很棒的朋友——我們以為自己教養成功了。當他開始拉開一點點距離時，我們以為這是正常的成長過程，還試著忍受這種情況。可是當他開始和一群新朋友出去鬼混，並且對他的活動愈來愈保密時，我們才知道麻煩來了。

於是我們決定把兒子放在第一優先，花比較多的時間陪

伴。我們減少給他的特權，設定家庭目標，也帶他去和諮商專
家談。這中間有很多的說教、道歉、保證和失信，而且隨著他
的年齡增長，他的選擇愈來愈危險。我們經常有挫敗和害怕的
感覺，可是我們決心永遠要讓他知道，我們絕對不會放棄，也
絕對不會停止愛他，不論發生任何事情都一樣。

　　情況愈來愈糟，我們告訴他因為我們太愛他，所以無法支
持他過他選擇的生活方式。我們很歡迎他和我們同住，但必須
要依照我們的條件才行。如果他要過不同的生活，他就得去和
別人住。

　　於是他就搬出去了，而且他的生活方式每況愈下。這是一
件很讓人心痛的事，但我們盡量視若無睹，只是繼續實踐我們
的價值觀和重申我們對他的愛。我們確定他知道我們永遠歡迎
他和他的朋友們，星期天到我們家吃一頓晚餐。我們告訴他
們，在我們家的時候，就必須循規蹈矩，不過我們永遠歡迎他
們、愛他們，而且會把他們餵得飽飽的。有時候星期天來的是
一群粗野之人，可是不論他們看起來是什麼樣子，他們離開的
時候肚子都是飽的，心中充滿了愛。

　　慢慢的，我們的兒子找到了自己。他度過一些艱難的時期，
內心完全改變，現在重新又有十四歲以前那種驚人的精神。他
告訴我們，在那五年的苦難中，他緊握在手中的那條線，就是
他知道我們愛他，而且內心明白對自己最好的是什麼。他說他
知道他可以信賴我們，而現在，謝天謝地，我們知道我們也能
信賴他了。

　　在親密關係裡重建信任是困難和痛苦的事，有時候還要花

上好幾年的時間，然而生活裡沒有任何事情產生的紅利，會大
於優先處理這件事和重建信任。

背信，一個開始

對許多人而言，背信是一條死胡同，是一個關係的盡頭，
是一個機會的結束，有時候甚至是自信和重新信任他人的能力
的結束。

其實大可不必如此。事實上，我主張背信可以成為一個重
要的開始。

如果你辜負了別人對你的信任，那麼這會是一個振作自
己、改進自己的品德與能力，用你的作為激發信任的機會。希
望這麼做會發揮影響力，使被激怒、傷害的另一方能夠重建對
你的信任。即使不能，你的努力也會對別人有正向的影響，而
且絕對可以使你建立信任度更強的關係。

如果某人辜負了你對他的信任，這是你寬恕能力的增長、
學習如何「聰明信任」他人，以及把這個關係裡的任何紅利擴
大到極致的機會。

不論是哪一個情況，背信都提供你一個在建立自我信任與
個人信用方面大有進展的機會。努力重建別人對你的信任，或
是原諒和「聰明信任」對你背信的人，你的品德與能力在這個
過程中都會有所成長。你自己的明辨能力以及在生活每一個層
面建立、培養、重建、付出信任的能力，都會獲得信心。

信任的傾向

我發現信任他人，
直到他們證明自己不值得信任為止，
會有很多事情發生。

——前嬌生公司總裁暨執行長　柏克

你有沒有置身過一個情況，就是在沒有人相信你和信賴你的時候，某人卻相信和信賴你？那時你有什麼感覺？對你的生活造成什麼樣的不同？

我在大學畢業後不久，就遇到那樣的情況。那時我被特拉梅公司（Trammell Crow）錄用，當時這家公司是美國最大的不動產開發商，同時也躋身最早的美國「百大最佳雇主」排行榜。一般來說是由某一家地區分公司的合夥人負責員工的錄取工作，可是我被錄用的情況比較特殊，我是在和這家公司的總經理午餐會談時，對方當場提供我租賃仲介員的工作。他並不知道我會在哪一個分公司工作，但認為總有一個地方適合我。

我接受這份工作，然後到數家地區分公司和他們的合夥人面談。然而談了一個又一個的分公司，好像都沒有人對我有興趣。我在學校的成績不錯，工作經驗也很突出，可是我在履歷表上指出，我希望在工作幾年後，繼續深造拿到企管博士學位。沒有人想要投資訓練我，因為我工作兩年後就要拍拍屁股

走人。再說，我在履歷表上也坦言，我的事業目標是做管理諮詢和領導力發展，這一點並沒有打動那些合夥人，因為他們從事的是不動產開發。所以我的履歷和事業計畫基本上和每一個人都十分不搭調。當時我很天真，看不到這個問題，只覺得我不能對自己的意圖說謊，只說別人愛聽的話。

所以六週下來，我都被晾在一邊，只在這家公司辦公室外面奔波，什麼事也沒有做。我見了大約十來個合夥人之後，顯然沒有人想要錄用我，我相信當時那位總經理一定也在納悶他自己為什麼會錄用我吧。我萬分的沮喪。事實上，我的信心可說是有史以來的低落。

後來我又見了一位新的合夥人沃許（John Walsh），他似乎躍躍欲試，想在我身上碰碰運氣。他說：「我喜歡這個人，我相信他，我要他在我的團隊裡。」他把我納入麾下，而且從一開始就像對待他錄用的那些 MBA 和法學院畢業生一樣對待我，讓我銘感五內，渾身充滿幹勁、備受鼓舞。我不想要讓他失望。

我一直到六個月後才做出成效。在那段時間裡，我常常懷疑自己的能力，可是沃許始終相信我。然後，驀然之間，我的業績開始起飛，我做不到兩年，就成為辦公室裡業績最好的租賃仲介員，而且在全美也是數一數二。

沃許對我的信心終於開花結果，不但以公司的利潤而言對他有實質的利益，對我來說也一樣，因為這個成果塑造了我的領導力和我的一生。我現在想到這個人時，心中充滿了愛和感恩。除了我父親之外，沃許是在我的工作生涯中對我影響最大的人（對我的個人生活也有深遠的影響力），因為在沒有人看

好我的時候，他相信我，並且在我身上冒險。他對我的信任，使我發揮最好的一面。

我送給你這四個字：我相信你。

——法國物理學家和數學家 巴斯卡（Blaise Pascal）

　　大部分人在人生的路上，都有某種類似的經驗，就是某人相信我們，我們的人生因而截然不同。最教人興奮的是，**我們可以為別人做同樣的事**！我們可以相信他們，幫助他們接受挑戰，幫助他們發現沒有被察覺的潛力，然後做出大貢獻、嘉惠所有的人。

　　只要想一想沃爾瑪與山姆會員量販店創辦人華頓之類的人發揮的影響力。前營運執行副董事長山德斯（Dean Sanders）說，華頓到各門市做店訪後，回來會打電話給山德斯說：「給這個男孩一間店去管理。他已經做好準備了。」山德斯對某一個人的經驗表示擔心時，華頓只說：「給他一間店就是了，我們就來看看他做得怎麼樣吧。」

　　想想看這些公司領導人發揮的影響力，像諾斯壯信任員工會運用良好的判斷力，或是麗池卡爾登授權員工一個不低的額度，讓他們直接為顧客解決問題，或是百思買的員工可以在自己想要的任何地方和任何時間工作，只要把工作做好就可以了。

　　信任會使人發揮長處，真正改變互動的技巧。雖然有少數人濫用這股信任，但是絕大多數的人並不會如此，而是會對信

任做出驚人的回應。這時候,他們不需要外界的監督、控制或「胡蘿蔔與棍子」的激勵方法。他們已經受到鼓舞,懷著別人對他們的信任感做事情。他們不想辜負別人的信任,想要回報。

不論我們是誰,都有無數機會可以信任他人和激發別人的信任。在這麼做的同時,我們就產生了驚人的影響——不只是對他們個人的生活,也包括所有受他們做的事情影響的人的生活。

我們也在自己的生活裡帶來改變。信任是相互的,換句話說,你愈信任他人,別人也就愈信任你。反之,不信任他人的人,一般而言自己也不被別人信任。用老子的話說:「信不足焉,有不信焉。」

信任的時刻

事實上,商業、歷史、文學、生命中許多具有意義的事件,都取決於重大的信任時刻,取決於願意用驚人的方式付出信任的人。

我想到馬其頓帝國的亞歷山大大帝,一生中的一個關鍵性時刻。波斯國王大流士三世懸賞一千個塔冷通(貨幣單位)給殺死亞歷山大的人。當時亞歷山大已經感染肺炎,命在旦夕。醫師們都不敢為他治病,害怕他死了以後,自己會受到毒死亞歷山大和接受大流士賄賂的誣陷。唯獨從亞歷山大小時候就開始照顧他的朋友和醫師菲立普,願意為他醫治,因為他對自己的藥品有信心,也對與亞歷山大之間的友誼有信心。歷史學家古爾柏(H. A. Guerber)說:

高燒最嚴重時，菲立普說他希望用一支很強的藥救大王一命，但是他得去熬藥。

就在菲立普熬藥之際，亞歷山大收到一封信，警告他小心他的醫師，因為這個醫師已被波斯國王大流士三世賄賂要毒死他。菲立普拿著盛裝著藥汁的杯子回來時，亞歷山大一手拿著杯子，另一隻手拿那封信給他看。然後，就在菲立普讀信的時候，亞歷山大把藥一仰而盡。

菲立普看到信中的指控時，臉色變得死灰，然後抬眼看著這個掌握他命運的人，而亞歷山大則笑著把喝完藥的杯子交還給他。亞歷山大完全有理由如此信任他的醫師，後來這個藥果真治好了他的病。

我想到雨果的《悲慘世界》中，那位天主教的主教，他不但寬恕了那個竊賊尚・瓦強（Jean Valjean），而且肯定他的價值，對他付出信任，永遠改變他的生命。

我想到蘇麗文老師，付出信任和信心給一個看不見、聽不見，也無法開口說話的小學生——海倫・凱勒，結果獲得驚人的成果。

我想到企業家歐米迪亞，他是以大部分人都是好人、是可以被信任的人為基本前提，創辦了一家公司。

我想到一位教練相信一名運動員的潛力。

我想到一位朋友在艱難的時刻依然忠於某人。

我想到一個年幼的孩子信任他的父母。

我**記得**一位父親對一個七歲男孩的信任。

寧願信任所有人而受騙上當，

為那個信任和那個欺騙而垂淚，

也勝於懷疑別人。因為如果受到信任，

會使這個人因為受到真心信任而蒙福。

——英國作家 肯布爾（Frances Anne Kemble）

選擇信任

我們天生就有信任他人的傾向。小時候，大部分人都是天真無邪、容易受騙上當的。生活的經驗使許多人變得比較不信任人——而且有時候是有好理由的。

然而，不論是什麼情況，我們都可以選擇維持或恢復信任的傾向。關鍵在於寬恕的能力，以及用分析平衡信任傾向的能力，使我們有判斷力付出「聰明信任」，把紅利擴大的極致，同時把危險減低到最小。

我在自己的生活中，經歷過這個等式的兩端。我曾經處於被嚴密管理，沒有被賦與信任的情況。我知道那對我做事情的投入程度、承諾、振奮、創意，以及能量與天賦產生的強力負面影響。可是我也曾經處於獲得充分信任的情況，所以知道那股信任感是如何激發和使我釋出自己最大的潛力。

偶爾我也會受到教訓。我也信任過沒有貫徹始終的人，然而就大部分情形來說，我見到了當人們堅持到底時，得到令人難以置信的成果。我見到他們努力達成別人的期望。我看到他們渾身活力、精神振奮、全心投入。我看到他們樂意為工作付

出全心全意，我看到他們化解分歧、超越困難、完成偉大的事情——而且速度**很快**，因爲他們具有信任他人的智慧。

在現今「平的」全球經濟裡，信任是繁榮必要的條件，這是無可迴避的事實。在個人與家庭關係裡，信任對滿足、歡喜絕對是必要的。

事實上，我們可以建立信任。我們可以培養信任感，可以信任他人，可以重建信任。我們在個人和組織方面都可以變得有信用，可以用激發信任的方式表現。我們可以在生活的每一個面向增加速度和降低成本。

所以我們爲什麼不想去做？爲什麼我們不想用激發信任的方式生活和領導別人？

或許還是史懷哲說得最透徹：

在每個人的一生中，心中的熱情會在某個時候熄滅，直到遇到另一個人才又再度燃起熊熊火焰。我們應該感謝那些重新激發我們內在心靈的人。

信任他人會激發內在的心靈，包括對方的和我們的。這麼做會觸動和啓發所有人內在都有的信任傾向，以及被信任的傾向。這麼做會把快樂帶進人際關係，把成效帶進工作，把信心帶進生活。最重要的是，它會在我們生活的每一個面向產生令人刮目相看的紅利：信任的速度。

關於柯維林克國際公司

CoveyLink™

柯維林克國際公司（CoveyLink Worldwide）是信任「專賣店」，專門協助世界各地的企業與人們，用激發信任的方式領導眾人，明顯提高個人與組織的效能與影響力。

柯維林克國際公司由小史蒂芬·柯維和林克（Greg Link）共同創立。CEO雜誌指出，兩人攜手合作，成功的實踐了富蘭克林柯維公司史蒂芬·柯維博士撰寫的《與成功有約》一書中的理念。柯維林克公司注重實際可行的技巧與行為，用實用的方法培養領導力和信任。他們培養受信任、績效卓越、能對別人發揮影響力的人，再由此創造出高信任、高效能的組織。這個連漪效應藉由可測量、生生不息的組織成長和動力，證明其影響力。

詳細資料請上網http://www.coveylink.com/ 查詢。想知道信任你的人是誰，請上 www.WhoTrustsYou.com。想知道對你的組織情況而言，組織信任及行為的索引，請上 www.speedoftrust.com

關於睿仕管理顧問公司

RIGHT
MANAGEMENT
A MANPOWER COMPANY

柯維林克公司及富蘭克林柯維公司台灣獨家總代理。具30年跨國顧問經驗的美商睿仕管理顧問公司（Right Management）是美商萬寶華（Manpower Inc.）集團旗下的人才與職涯管理的專家，我們的客戶包括80%以上美國財富500強企業，以及70%以上的全球財富500強企業。藉著遍佈全球50多個國家、300多家分支機構中的3,500名員工，以及3,000多位合作顧問與專家，睿仕管理以豐富的技術、資源和專業知識，幫助客戶解決在人才管理面臨的挑戰。我們在5個關鍵領域，包括人才測評、領導力發展、組織效能、人員凝聚力、人員重置與職涯轉換，幫助企業凝聚人才策略與企業策略，培養人才、?低成本及提高績效。

歡迎您撥冗來訪，讓我們有機會為您提供更專業、詳盡的服務。您可瀏覽我們的網站www.right.com，或致電2325-2600隨時聯絡我們，辦公室地址：台北市仁愛路三段136號8樓808室。

國家圖書館出版品預行編目資料

高效信任力：達成目標的極速能量／小史蒂芬・柯維（Stephen
M.R. Covey）、茹貝卡・梅瑞爾（Rebecca Merrill）著 . -- 錢基
蓮譯 . -- 第一版 . --
臺北市：遠見天下文化, 2008.02
　　　面；　公分 . --（心理勵志；304）

譯自：The speed of trust :
　　　the one thing that changes everything

　ISBN 978-986-216-090-9（精裝）

　1. 商業倫理　2. 職場成功法

198.49　　　　　　　　　　　　　　　　　97002770

心理勵志 304B

高效信任力
達成目標的極速能量

作　　者／小史蒂芬‧柯維 (Stephen M.R. Covey)、茹貝卡‧梅瑞爾 (Rebecca Merrill)
譯　　者／錢基蓮
總編輯／吳佩穎
責任編輯／余思（特約）
封面暨內頁設計／吳慧妮（特約）

出版者／遠見天下文化出版股份有限公司
創辦人／高希均‧王力行
遠見‧天下文化 事業群榮譽董事長／高希均
遠見‧天下文化 事業群董事長／王力行
天下文化社長／王力行
天下文化總經理／鄧瑋羚
國際事務開發部兼版權中心總監／潘欣
法律顧問／理律法律事務所陳長文律師　　著作權顧問／魏啓翔律師
社　　址／台北市104松江路93巷1號2樓
讀者服務專線／（02）2662-0012
傳　　真／（02）2662-0007；（02）2662-0009
電子信箱／cwpc@cwgv.com.tw
直接郵撥帳號1326703-6號　　遠見天下文化出版股份有限公司

電腦排版／立全電腦印前排版有限公司
製版廠／東豪印刷事業有限公司
印刷廠／祥峰印刷事業有限公司
裝訂廠／聿成裝訂股份有限公司
登記證／局版台業字第2517號
總經銷大和書報圖書股份有限公司　　電話（02）8990-2588
出版日期／2008年2月27日第一版第1次印行
　　　　　2024年3月20日第三版第1次印行

原著書名／THE SPEED OF TRUST: The One Thing that Changes Everything
Copyright © 2006 CoveyLink, LLC.
Complex Chinese Edition Copyright © 2008 by
Commonwealth Publishing Co., Ltd.,
a member of Commonwealth Publishing Group
CoveyLink and the CoveyLink logo and trademarks are trademarks ofCoveyLink,
LLC. and their use is by permission.
ALL RIGHTS RESERVED

定價／450元
條碼：4713510944455
書號：BBP304B
天下文化官網　bookzone.cwgv.com.tw

天下·文化
BELIEVE IN READING